Uri & Judith Chanoch

Von Kaunas über Dachau in ein neues Leben

Allitera Verlag

Beiträge zur Geschichtswissenschaft
Reihe Lebenszeugnisse

Herausgegeben von Ernst Piper

Uri & Judith Chanoch

Von Kaunas über Dachau in ein neues Leben

Erinnerungen eines Holocaust-Überlebenden

Aus dem Englischen von Sabine Zaplin

Herausgegeben vom Bund Widerstand und Verfolgung e. V.

Allitera Verlag

Die englische und hebräische Originalausgabe erschien 2018 unter dem Titel: »Uri Chanoch and Judith Chanoch, Untold Story: From Kovno and Dachau to a New Life« © Yad Vashem, Hebrew and English editions. First published in Hebrew by Yad Vashem (2018)

Herausgabe und Druck der deutschen Version dieses Buches wurde von der CONFERENCE ON JEWISH MATERIAL CLAIMS AGAINST GERMANY, INC. großzügig unterstützt.

Zur Erinnerung an meine Elten,
Frida und Feivel Shraga Chanoch,
meine Schwester Miriam (Merke)
und all die Mitglieder der Familie Chanoch,
die im Holocaust ermordet wurden.

Allitera Verlag
Ein Verlag der Buch&media GmbH München

Layout, Satz und Umschlaggestaltung: Johanna Conrad
Gesetzt aus Stempel Garamond LT und The Sans
Umschlagvorderseite: Uri Chanoch, 1947 © privat
Printed in Europe · ISBN 978-3-96233-288-4

Allitera Verlag
Merianstraße 24 · 80637 München
Fon 089 13 92 90 46 · Fax 089 13 92 90 65

Weitere Publikationen aus unserem Programm finden Sie auf www.allitera.de
Kontakt und Bestellungen unter info@allitera.de

Inhalt

Preface of the English Edition

This is the story of a boy who survived hell and grew up to be a kind-hearted man of great charm, raised a family, and became a successful businessman, loved people and helped those in need. He was my first love and my life's partner for fifty-eight years, His life story is also a chronicle of a period in the history of the Jewish people and the State of Israel.

We started writing this book in his last year, when he knew that the end was drawing near, he asked me to continue and tell his story.

The book is lovingly dedicated to our family, to our three children and five grandchildren, who were life's greatest gift to us.

Judy Chanoch,
November 2018

* * *

My heartfelt thanks go to everyone who helped publish the book. To the scientific editor, Dr. Bella Gutterman, who illuminated the dark chapter in Uri's past and that of the Lithuanian Jews. To the editor Dorit Rogovov, who faithfully preserved the spirit of the book with commendable patience and devotion. And with appreciation and praise for the design of the cover to the 2W Design publishing team and the Yad Vashem studio.

Prolog der englischen Ausgabe

Dies ist die Geschichte eines Jungen, der aus der Hölle entkam, um zu einem warmherzigen, charmanten Mann heranzuwachsen. Ein Mann, der eine Familie gründete, ein erfolgreicher Geschäftsmann wurde, die Menschen liebte und stets half, wo jemand in Not war. Er war meine erste große Liebe und wurde mein Gefährte fürs Leben, über 58 Jahre lang war er an meiner Seite. Seine Lebensgeschichte ist zugleich ein Kapitel in der Geschichte des jüdischen Volkes und des Staates Israel. Im letzten Jahr seines Lebens, als er bereits wusste, dass es sich dem Ende zuneigte, begannen wir, an diesem Buch zu arbeiten – er hatte mich gebeten, es weiterzuschreiben und seine Geschichte zu erzählen.

Dieses Buch ist in Liebe gewidmet unserer Familie, unseren drei Kindern und fünf Enkelkindern – das größte Geschenk, welches das Leben uns gemacht hat.

Judith Chanoch,
Tel Aviv, im November 2018

* * *

Mein herzlicher Dank geht an all die, die geholfen haben, dieses Buch heauszugehen: Der wissenschaftlichen Editorin, Dr. Bella Gutterman, die die dunklen historischen Kapitel in Uris Leben und das der litauischen Juden beleuchtet; der Editorin Dorit Rogovov, die mit unendlicher Geduld und Hingabe, dem Geist des Buches getreu, ihre Arbeit leistete; dem 2W-Design-Herausgeberteam sowie dem Yad Vashem Studio mit Anerkennung und Lob für die grafische Gestaltung.

Einleitung

Mein Leben war gut. Ich habe Sorgen und Freuden erlebt, hatte eine behütete und glückliche Kindheit und ging anschließend durch die Hölle. Ich war arbeitslos und hungrig, aber ich habe auch Glanz und Wohlstand genossen. Habe allergrößte Bedrohungen überlebt, habe Liebe und Freundschaft erfahren, und die ganze Zeit über habe ich immer daran geglaubt, dass »auf Regen Sonnenschein« folgt. Diese Worte aus dem Lied, das meine Mutter mir so oft vorgesungen hatte, wurden zum Leitmotiv meines Lebens – selbst wenn alles hoffnungslos schien, verzweifelte ich nicht, denn ich wusste ganz sicher: Die Sonne würde schon wieder scheinen.

Jetzt bin ich 87 Jahre alt und lebe, als würden meine Tage nie enden. Ich bin beschäftigt mit Verhandlungen, Konferenzen und Geschäftsreisen. Ich versuche, so vielen Menschen wie nur irgend möglich zu helfen. Immer noch glaube ich daran, dass ich etwas verändern kann.

Uri Chanoch, Israel, 2015

Kindheit in Kaunas, Tage der Unschuld

Ich wurde hineingeboren in eine Welt voll Optimismus und Hoffnung. Zehn Jahre nach dem Ende des Ersten Weltkriegs, einer Zeit voll Grausamkeit, Tod und Zerstörung, glaubten die Menschen fest daran, dies wäre der letzte Krieg gewesen. Litauen, dieser kleine baltische Staat, erlangte nach jahrhundertelanger Unterdrückung durch polnische und russische Herrschaft endlich seine Unabhängigkeit.

Zum ersten Mal erhielten Juden die vollen Bürgerrechte und Präsident Antanas Smetona[1] führte Gesetze ein, welche jeden offen zutage tretenden Antisemitismus verboten. Litauens Juden glaubten, nun hätte eine Ära des Friedens und der Sicherheit begonnen. Merkten sie tatsächlich nichts von der noch schwelenden Glut unter der oberflächlichen Stille? Begriffen sie wirklich nicht, dass viele Litauer niemals aufgehört hatten, ihre jüdischen Nachbarn zu hassen?

Ich wurde in Kaunas geboren, wo ein Drittel der Bevölkerung einmal aus Juden bestanden hat. Es war und ist immer noch eine schöne Stadt. Die Straßen sind meist schmal, die Häuser haben höchstens zwei oder drei Stockwerke. »Lasves Aleja«, die Lasves-Allee, ist ein wunderschöner, von Bäumen gesäumter Boulevard, der sich mit seinen Cafés und Geschäften einmal quer durch die Stadt zieht. Die Flüsse Neris und Vilija trennen die flacheren Ebenen der Stadt von den Aleksotas-Hügeln und den »Grünen Bergen«, auf denen einige stattliche Stadthäuser thronen.

Am Tag meiner Geburt, Ende März, war die Stadt ganz in Weiß getaucht, tief in Schnee gehüllt, in dem man versinken konnte, und ein eiskalter Wind wehte vom Fluss herüber, der nicht weit von unserem Haus entfernt war. Doch Mutter sagte immer, der Duft des Frühlings, der schon hinter der Ecke wartete, sei bereits in der Luft.

Bikkur Holim[2] – das bedeutet »Krankenbesuch« – war ein jüdisches Privatkrankenhaus, das über ein schönes und nagelneues Gebäude verfügte. Die Ärzte und Krankenschwestern versorgten das Neugeborene,

[1] Smetona war der erste Präsident Litauens. Nach dem sowjetischen Einmarsch im Jahr 1940 floh er aus dem Land.

[2] Das Krankenhaus befand sich in einem modernen Gebäude, die dort tätigen Ärzte waren Litauer und Juden. Der Direktor des Krankenhauses war Dr. Elkhanan Elkes, der spätere Vorsitzende des Ältestenrats, welcher mit der deutschen Verwaltung in Kaunas zusammenarbeitete.

das respektable viereinhalb Kilo auf die Waage brachte und bereits den Kopf voll prächtiger schwarzer Haare hatte. Meine Eltern gaben mir einen hebräischen Namen, was in jener Zeit ungewöhnlich war: Uri. Üblicherweise entschied man sich für den Namen eines verstorbenen Verwandten. Mein Name wurde von den nächsten Angehörigen sofort gedehnt zu Urinkeh, und später von meinen Freunden zu Urkeh, denn litauische Juden, die sich selbst »Litvaks« nannten, neigten dazu, allen Namen ein »-keh« am Ende anzuhängen.

Als ich 65 Jahre später zum ersten Mal wieder nach Litauen zurückkehrte, besuchte ich das Innenministerium in Kaunas. Am Empfangstresen eines Büros, das aussah, als wäre seit dem Tag der Eröffnung im Jahr 1920 kein einziger Stuhl bewegt worden, saß ein Angestellter. Er zog einen dicken Ordner heraus, der voll vergilbter alter Dokumente war, und entnahm ihm einen Bogen, der bedruckt war mit Lettern einer altmodischen Schreibmaschine:

»Am 28. März 1928 geboren wurde Uriah Chanoch, litauischer Staatsangehöriger.« Neben meinem Namen und denen meiner Eltern stand das Wort »Zydas«, Jude. Nicht einmal, gleich zweimal, sodass um Gottes willen kein Zweifel hinsichtlich meiner Abstammung aufkommen möge.

Genau dort, in jenem Raum, wurde ich auf der Stelle um ein Jahr älter. Offensichtlich war ich im Jahr 1928 zur Welt gekommen und nicht, wie ich immer gedacht hatte, 1929. Ich vermute, die Quelle dieses Irrtums war die Tatsache, dass ich im Getto und im Konzentrationslager so oft falsche Altersangaben gemacht hatte, dass ich mich irgendwann tatsächlich nicht mehr an mein korrektes Geburtsjahr erinnern konnte.

Warum hat man mich nach dem Heerführer der Hethiter benannt, den König David zum Tode verurteilte, weil er sich in Uriahs Frau Batseba verliebt hatte? Und warum kürzten sie den Namen sofort ab in »Uri«? Wie kam es, dass meine Eltern einen modernen hebräischen Namen gewählt hatten, der zu jener Zeit so ungewöhnlich war?

Lag es daran, dass sie davon geträumt hatten, eines Tages nach Israel auszuwandern? Vielleicht hatten der Roman der englischen Schriftstellerin George Eliot[3], »Daniel Deronda«, und die Autobiografie von Uriel da Costa meine bücherverrückte Mutter inspiriert, mich Uri zu nennen

[3] George Eliot war das Pseudonym der englischen Schriftstellerin Mary Anne Evans (1819–1886). Sie schrieb zahlreiche Romane, darunter »Daniel Deronda«, mit dem sie ihre Sympathie für das nationale Wiedererwachen des jüdischen Volkes zum Ausdruck brachte.

und meinem vier Jahre später geborenen Bruder den Namen Daniel zu geben, der sofort zu »Danny« gekürzt wurde. Ich habe meine Eltern nie gefragt, wie sie auf unsere Namen gekommen waren – und später war niemand mehr da, den ich hätte fragen können.

Mein Vater, Feivel Shraga Chanoch, wurde in Žasliai – oder, wie die Litvaks sagen: »Zosleh« – geboren, einem pittoresken kleinen Dorf nahe Kaunas, mit einem rechteckigen Platz in der Dorfmitte. Zwei kleine tiefblaue Seen liegen in der Nähe, und Wälder mit Nadelbäumen. Unsere Familie lebte dort seit über 150 Jahren und seit Ende des 17. Jahrhunderts ist der Name Chanoch im Geburtenbuch der nahe gelegenen Stadt verzeichnet.

Mein Nachname Chanoch lässt mich vermuten, dass meine Ahnen sich nach ihrer Vertreibung aus Spanien zur Zeit der Inquisition in Litauen ansiedelten, nachdem sie zunächst Zuflucht in Italien oder der Türkei gefunden hatten, von wo aus sie nach Norden weiterzogen. Meine mediterrane Herkunft ist am Familiennamen Chanoch ersichtlich, der sich von den Familiennamen nordeuropäischer Juden unterscheidet; diese erhielten erst im 19. Jahrhundert Familiennamen, welche üblicherweise auf ihre Berufe oder Tätigkeiten verwiesen. Mein nahöstlicher Hintergrund zeigt sich zudem in meiner Hautfarbe, die davon zeugt, von der Sonne verwöhnt zu sein, und vielleicht auch an meinem Temperament. Wenn ich wütend werde, dann werde ich richtig wütend …

Die Verwandten väterlicherseits lebten alle in Zosleh: meine Großmutter Sara Leah, mein Großvater Moshe und ihre anderen beiden Söhne, Abraham und Israel, sowie Vaters Onkel. Es gab noch weitere jüdische Familien im Dorf, die sephardische Namen wie Shamash oder Don Yechiya trugen. Ich nehme an, dass viele spanische Juden Zuflucht in Litauen fanden.

Vater, der im Alter von 20 Jahren nach Kaunas umzog, war Holzhändler, oft reiste er hinaus aufs Land, von Zeit zu Zeit sogar bis nach Rumänien. Dort wählte er seine Ware aus dem, was in den Wäldern gefällt wurde. Er importierte nach Litauen und darüber hinaus auch ins Land Israel (das damals noch britisches Mandatsgebiet war), wohin er in den 30ern zweimal reiste, da er die »Nur«-Streichholzfabrik mit Holz belieferte, die der Familie Weizman gehörte, einer litauischen Familie, die ihre Streichhölzer in Akko herstellte.

Von einem seiner Besuche im Land Israel brachte mein Vater einen großen Wandbehang aus Stoff mit, der die Klagemauer zeigte: eine äußerst enge Gasse und eine hohe Mauer aus massiven Steinen, gegen die

Frida und Feivel Shraga Chanoch, Uri Chanochs Eltern, Anfang der 1920er-Jahre in Kaunas

sich ein paar Juden im Gebet neigten, gekleidet in Schwarz, orientalische Kopfbedeckungen auf den Häuptern. Der Wandbehang hing in unserem Wohnzimmer. Es war ein trauriges Bild, doch ich habe es immer sehr gern betrachtet und mir vorgestellt, dass ich eines Tages nach Jerusalem reisen und die Klagemauer besuchen würde.

Ich weiß nicht, von woher die Familie Ipp nach Litauen kam. Das war die Familie meiner Mutter. Ich vermute, sie lebten seit Generationen in Kaunas, doch nach dem Ersten Weltkrieg wanderten alle Brüder meiner Mutter nach Südafrika und in die Vereinigten Staaten von Amerika aus. Meine Mutter wurde in Kaunas geboren und arbeitete, als sie jung war, als Sekretärin für die Zeitung »Die Jiddische Stimme«[4]. Sie verließ das Blatt erst, als Miriam, meine große Schwester, zur Welt kam.

Mutter und Vater waren beide groß und gut aussehend. Mein Vater maß gut 1 Meter 80, und auch Mutter war groß und schlank. Während damals die meisten Frauen ihre Haare lang trugen, waren Mutters dunkelbraune Haare kurz geschnitten. Vielleicht lag es daran, dass sie

[4] »Die Jiddische Stimme« war eine Tageszeitung, die von 1919 bis 1940 in Kaunas erschien. Es war die erste zionistische Tageszeitung in Litauen, Herausgeber war Leib Garfunkel. Nach dem sowjetischen Einmarsch Anfang Juli 1940 verließ Garfunkel die Zeitung, ein politisch links stehender Herausgeber trat an seine Stelle. Die letzte Ausgabe der Zeitung erschien am 1. August 1940.

so gern im Fluss nahe unserem Haus schwamm und kurze Haare dafür bequemer waren. Ich erinnere mich, dass sie im Winter mit ihren Freundinnen zum Fluss ging, wo sie eine Art Kanal ins Eis schnitten, sodass sie, selbst wenn der Fluss zugefroren war, ihrer Leidenschaft frönen konnten.

Wir lebten in einer großen, geräumigen Wohnung nahe dem Rathaus. Meine erste Kindheitserinnerung ist die an die Feuerwehr. Es war an einem Sommertag, ich war drei Jahre alt und kletterte auf einen Stuhl, um von dort aus durch das offene Fenster hinauszusteigen auf den Mauerabsatz, der das ganze Gebäude umzog und auf dem ich nun zu balancieren begann. Vermutlich blieben Passanten wie versteinert stehen, als sie den Knirps da oben auf dem schmalen Absatz im zweiten Stock spazieren sahen. Irgendjemand muss die Feuerwehr gerufen haben. Die Feuerwehrleute stiegen auf eine Leiter und holten mich unversehrt herunter. Nie vergesse ich den Anblick der Menschen da unten auf der Straße, die zu mir hoch starrten. Wahrscheinlich war dies das erste Mal, dass ich eine Gefahrensituation erlebte und dabei feststellte, überhaupt kein Gefühl der Angst zu verspüren.

Meine zweite Erinnerung ist die an die Geburt meines Bruders. Ich war vier Jahre alt und wir fuhren mit einem Pferdewagen zum Krankenhaus. Das hinterließ einen unauslöschlichen Eindruck auf mich, denn ich war zuvor noch nie mit einem Pferdewagen gefahren. Unterwegs hielt mein Vater vor einem Delikatessengeschäft und kaufte mir dort eine Banane, vermutlich als kleinen Trost. Bananen waren in Litauen schwer zu bekommen, und ich war so bezaubert von dieser Frucht, dass ich nur wenig Notiz von dem kleinen, in Windeln gewickelten Bündel nahm, das mir da gezeigt wurde und das von diesem Moment an mein jüngerer Bruder sein sollte, Danny.

Zuhause erwartete uns Vince, ein Christenmädchen vom Dorf, das seit 13 Jahren in unserem Haushalt lebte und als ein Familienmitglied angesehen wurde. Sie bewohnte ein kleines Zimmer am hinteren Ende der Wohnung und war, wenn Mutter nicht da war, die Oberbefehlshaberin. Als Danny vier Jahre alt war und ich acht, bekam Vince ein Kind. Sie war unverheiratet und kein Mensch wusste, wer der Vater des Kindes war. Als ihre Schwangerschaft offensichtlich wurde, hat meine Mutter sie nicht zurück in ihr Dorf geschickt, da sie wusste, dass ihre Familie und die Nachbarn, allesamt streng katholisch, sie vermutlich verdammen würden. Mutter sorgte dafür, dass sie im Bikkur Holim, dem privaten jüdischen Krankenhaus, entbinden konnte, und ihre Tochter Theresa wuchs in unserem Haus als Familienmitglied auf.

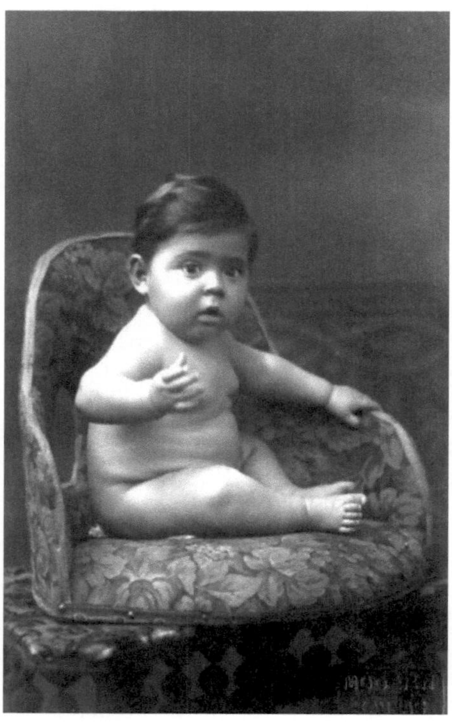

Der einjährige Uri Chanoch, 1929

Miriam Chanoch mit Uri (rechts) und Danny,
Mitte der 1930er-Jahre

Die Aufnahme Theresas in unsere Familie brachte mir zunächst großen Ärger, denn sofort begannen die anderen Kinder mich »Urkeh und sein Bastard« zu nennen. Doch glücklicherweise vergaßen sie das bald wieder. Zu diesem Zeitpunkt ahnte Mutter noch nicht, dass ihre Hilfsbereitschaft uns dereinst das Leben retten würde.

Das Leben zuhause folgte einer festgelegten Routine. Jeden Tag um zwei Uhr war der Tisch gedeckt, wo wir ein dreigängiges Mittagessen einnahmen. Abends durften wir niemals später als halb sieben daheim sein, denn um sieben Uhr wurde das Abendessen serviert. Im Winter brachte Vince am Freitagmittag den großen Topf mit Tscholent (dem Sabbateintopf) in die nächstgelegene Bäckerei, damit er dort über Nacht im Ofen garte. Am Sabbat wurde der Topf mittags zurückgebracht, und der Duft von Tscholent durchzog das Haus. Bis heute ist es eine meiner Lieblingsspeisen.

Im Esszimmer stand ein großer quadratischer, schwarz gestrichener Tisch mit acht dazu passenden Stühlen. Dem Tisch gegenüber stand ein Sofa, auf dem Vater gern seinen Mittagsschlaf machte, am liebsten nach dem Sabbatessen. An der Wand neben dem Sofa hing ein Telefon, ein seltener Gegenstand in einer Privatwohnung zu jener Zeit in Litauen. Ich denke, Vater benötigte es für geschäftliche Gespräche, und manchmal telefonierte Mutter mit unseren Verwandten, doch meiner Erinnerung nach waren das sehr kurze, fast geschäftliche Gespräche. Wenn Menschen damals miteinander reden wollten, trafen sie sich zuhause oder in einem Café.

Montags bestand das Mittagessen aus einer Milchspeise, zum Beispiel Milchreis, oder gekochtem Fisch mit Blintze, denn der Montag war der Waschtag. Eine Wäscherin kam in unser Haus. Sie war eine große Frau, deren Hände vom Rubbeln der Wäsche ganz rot geworden waren. Sie und Vince wuchteten den großen Bottich voll Wasser auf den Primus-Kocher. Schon bald kochte und sprudelte das Wasser. Als kleiner Junge sah ich immer neugierig beim Waschen zu, obwohl Mutter mich warnte, ich solle mich fernhalten vom kochenden Bottich. Ich liebte es, die gelben Seifenflocken im Wasser zu betrachten und die kleinen Säckchen mit einem blauen Material, die dem letzten Spülgang hinzugefügt wurden und dazu dienten, die Leintücher weiß zu halten. Vince und die Wäscherin spülten und wrangen die Wäsche aus, um dann hochzusteigen auf den Dachboden, wo sie aufgehängt wurde. Wenn alles getrocknet war, brachten sie die Wäsche wieder hinunter, um sie zu bügeln. Überall im ganzen Haus roch es nach frischer Wäsche. Bis heute ist das für mich der beste Geruch überhaupt.

Später, als Judith und ich schon verheiratet waren, stellte ich zahlreiche Gemeinsamkeiten zwischen unserem Familienleben in Tel Aviv und meinem früheren in Kaunas fest. Es stellte sich heraus, dass wir in ähnlichen Familien, ähnlichen Haushalten, ähnlichem Lebensstil aufgewachsen waren, obwohl uns in unserer Kindheit Tausende von Kilometern trennten. Judith erzählte mir, dass es auch bei ihnen montags Milchspeisen gegeben hatte, weil es auch ihr Waschtag war, mit der einzigen Ausnahme, dass ihre Waschfrau eine Jemenitin war.

Die Ähnlichkeit hinsichtlich unserer Speisen, hinsichtlich der engen familiären Beziehungen daheim, der regelmäßigen Verwandtenbesuche, der Bücher, die wir lasen, und der Lieder, die wir sangen, ist bemerkenswert. Vielleicht ist dies eines der Geheimnisse unserer engen Beziehung.

Damals hatten Kinder und Eltern ein anderes Verhältnis zueinander als heutzutage. Der Vater war das Familienoberhaupt und wurde mit Respekt und Liebe behandelt, doch wir standen ihm nicht so nahe wie Mutter; vielleicht lag es auch daran, dass er beruflich oft für lange Wochen unterwegs war. Als kleiner Junge habe ich es geliebt, auf seinem Schoß zu sitzen und seinen Geschichten zuzuhören. Unter den Liedern, die er mir vorsang, war »A Tsigaleh a weiße« mein Lieblingslied. Als ich größer war, erzählte er mir Geschichten über sein Leben in Zosleh.

Manchmal saß Vater nachmittags im Café Monica und war dort immer umringt von Freunden. Ich weiß noch, wie sie ihn jedes Mal, wenn er von einer seiner letzten Auslandsreisen heimgekehrt war, gefragt hatten: »Nu, Reb Feivel, was ist geschehen da draußen in der großen weiten Welt, und was wird dort künftig geschehen?« Ich weiß nicht, warum sie ihn so nannten, denn Vater war nicht sonderlich religiös; vielleicht wollten sie ihn auf diese Weise ehren. Ehe er ihre Fragen beantwortete, bestellte er »etwas Großes, Langes«. Ich wusste, dass er damit auf

Frida Chanoch, Uris Mutter, Anfang der 1920er-Jahre

einen ganzen Hering und etwas zum Trinken anspielte. Den Fisch aß er zuerst, mit einer Schnitte Schwarzbrot, die dick mit Butter beschmiert war. Das Getränk hob er sich zum Nachtisch auf. Anschließend besprachen er und seine Freunde das Tagesgeschehen. Ich erinnere mich, wie er nach seiner letzten Reise erklärte: »Es geschehen sehr viele Dinge da draußen in der Welt und die meisten davon versprechen nichts Gutes. Aber was soll ich euch sagen? Wer weiß schon, was die Zukunft uns bringen wird.«

Mutters Lied – Leitmotiv meines Lebens

Mutter war der Mittelpunkt in unserem Leben. Obwohl ich das mittlere Kind war, das Sandwich-Kind, habe ich mich niemals benachteiligt gefühlt. Ich wusste, wie sehr sie mich liebte. Sie brachte mir gute Manieren bei und dass man andere mit Respekt behandelte, sie lehrte mich, aufrichtig und ehrlich zu sein, und sie besaß ihre ganz eigenen Wege, uns zu zeigen, wie das ging.

An der Haustür stand ein kleiner Tisch. Unter einer bestickten Serviette lagen dort immer ein paar Münzen für die Armen bereit. In Kaunas gingen verarmte Menschen von Haus zu Haus, um Almosen zu sammeln. Vielleicht war das einfacher, als auf der Straße zu betteln und sich dafür schämen zu müssen, dass man dabei von Menschen gesehen wurde, die einen kannten.

Eines Tages hatte ich unbändige Lust auf Süßigkeiten. Mutter war nicht zuhause, doch ich wusste ja, wo ich etwas Geld finden würde. Ich hob die Serviette an, nahm aber nicht alle Münzen, bloß zwei davon. Rasch steckte ich sie in die Tasche und machte mich auf den Weg zu Toters Kiosk am Stadtplatz, nicht weit von uns. Der Kioskinhaber hatte den Spitznamen »Toter« wegen seiner schrägen Tataren-Augen. Ich weiß nicht, wie Mutter meine Tat entdeckte, doch als sie heimkam, fragte sie mich, warum ich die Münzen genommen hatte, die doch für die Armen bestimmt seien. Sie bat mich, neben ihr Platz zu nehmen, und erklärte mir, wie hart es sei, arm und fürs Überleben auf Almosen angewiesen zu sein. Wenn es dir möglich ist, sagte sie zu mir, solltest du anderen helfen und lieber geben, als zu nehmen. Was war es mir peinlich, dass ich den Lebensunterhalt der Armen geklaut hatte, bloß um mir davon Süßigkeiten zu kaufen. Bis zum heutigen Tag kann ich niemanden fortschicken, der um Hilfe bittet.

Einige sonderbare Gestalten irrten damals durch die Straßen von Kaunas. Da war zum Beispiel Haimelah Ritzkus, der Sohn eines Rabbis, der pausenlos von seiner geplanten Reise nach Paris erzählte, ohne jemals irgendwohin zu reisen. Oder der meschuggene Leizer, der am Sabbatmittag an der Haustür erschien, wenn die Luft vom Duft des Tscholent durchzogen war. Dann sang er einen Marsch und schlug dazu mit den Fingern an der Tür einen Rhythmus, und anschließend wartete er, bis ihm ein Teller Sabbateintopf serviert wurde. Dann gab es eine

Frau, die alle »die Koldereh«, die Wolldecke, nannten, weil sie einen Schal im Arm trug, der zur Gestalt eines Babys gefaltet war. Niemand wusste, welche Tragödie diese unglückliche Frau überstanden hatte. Markus, Sohn aus adligem Hause, stand draußen vor der Oper und sang Arien mit seiner Bassstimme. Jeder wusste, dass sein Wahnsinn das Ergebnis einer enttäuschten Liebe war. Er hatte sich in ein Mädchen verliebt und wollte es heiraten, doch ihre Familie war nicht ehrenwert genug, sodass seine eigene Familie ihm diese Heirat untersagte. Seitdem irrte er durch die Straßen und rezitierte Reime, die er selbst verfasst hatte. All diese Menschen prägten das Straßenbild. Wir betrachteten sie voll Neugierde, doch niemals haben wir uns über sie lustig gemacht oder sie ausgelacht.

Meine Familie achtete die religiösen Traditionen, doch gläubig waren wir nicht. Freitags bereitete Vince für den Sabbat einen festlichen Tisch vor, mit weißer Tischdecke und einem Paar glänzender Silberleuchter mit weißen Kerzen. Daneben lagen zwei Laib Challah-Brot, zugedeckt mit bunt bestickten Leinentüchern. Mutter zündete die Sabbatkerzen an und bedeckte ihr Gesicht mit den Händen, wobei sie die Lippen in stummem Gebet bewegte. Immer rätselte ich, was sie wohl sagte, worum sie Gott wohl bat. Wir führten einen koscheren Haushalt, Milchiges und Fleischiges wurde getrennt. Vor dem Zubettgehen sprachen wir das Shema-Gebet, das uns vor Albträumen schützen sollte, und wenn Mutter nicht daheim war, hielt Vince uns dazu an, das Gebet zu sprechen. Viermal im Jahr gingen wir in die Synagoge, an Rosch ha-Schana, dem jüdischen Neujahrsfest; an Jom Kippur, dem Sühnetag; an Erev Pessach, dem Sederabend, mit dem das Pessachfest beginnt; und an Erev Schawuot, dem Erntedankfest 50 Tage nach Pessach. In der Synagoge sprang ich hin und her zwischen dem Vater, wo ich am Boden saß, und dem Frauenbereich auf der Empore, wo Mutter, meine Tante und die Cousinen sich wichtige Informationen zuflüsterten und zwischen den Gebeten neueste kleine Gerüchte austauschten. Sie sprachen Jiddisch, und wenn sie nicht wollten, dass wir Kinder sie verstanden, wechselten sie ins Russische.

Wie erkläre ich am besten die Widersprüche zwischen Traditionsbewusstsein und Alltag? Vater zum Beispiel war starker Raucher, er fischte sich seine Turmac-Zigaretten aus einer flachen Blechdose. Ich denke mal, dass er am Sabbat und an den hohen Feiertagen nicht geraucht hat, aber sicher bin ich mir da nicht. Vielleicht hat er sich in den Hof geschlichen, um sich dort eine Sabbatzigarette zu gönnen. Und dann erinnere ich mich an den Schreck, der mich packte, als mich mein Cousin Mulkeh dabei erwischte, wie ich ein trefes Würstchen, ein nicht koscheres Würstchen, aß, das ich bei einem Budenverkäufer erstanden hatte, der nahe der Oper einen glänzenden Würstchenstand aus Metall führte. Ausgestattet mit weißer Schürze und Kochmütze, steckte er die Frankfurter Würstchen in ein längliches Brötchen, das er mit einem scharfen Messer aufschlitzte; anschließend belegte er alles mit Sauerkraut und etwas Senf und schlug es in ein Stück weißes Papier ein. Dieser Hotdog ließ mir das Wasser im Munde zusammenlaufen, noch ehe ich in diese Delikatesse hineingebissen hatte. Welche Angst ich hatte, dass Mulkeh meinen Eltern verriete, dass ich einen nicht koscheren Hotdog gegessen hatte. Ich versprach ihm, alles zu tun, was er wolle, wenn er mich nur nicht verpetze. Mulkeh hielt dicht, aber ich bin niemals wieder zu dieser Hotdog-Bude gegangen. Dennoch hat das Erlebnis meine Leidenschaft für trefe Würstchen nicht gemindert. Sie zählen bis zum heutigen Tage zu meinen Leibspeisen. Wenn ich nach Zürich reise oder München, führt mich mein erster Weg in eine Nebengasse zum nächsten Hotdog-Stand.

Da meine gemeinsamen Synagogenbesuche mit Vater nur eine seltene Angelegenheit waren, bin ich mit der Reihenfolge der Gebete nicht sonderlich vertraut. Als ich Rabbi Shmuel Avidor Hacohen[5] kennenlernte, der in seiner ihm eigenen angenehmen Art die Menschen näher mit Religion vertraut machte, begann ich wieder, etwas häufiger in die Synagoge zu gehen – am Sabbat und zu den Feiertagen. Vor den ehrfurchtgebietenden Tagen[6] stifte ich einen Stuhl, sowohl als Platz für mich als auch, um die Synagoge zu unterstützen. Manchmal erfahre ich dann die Ehre, die Bundeslade zu öffnen oder die Thorarolle zu tragen oder andere Gebote ausführen zu dürfen, und ich bin sowohl gerührt als auch darüber besorgt, es könnte mir dabei ein Missgeschick unterlaufen.

Mein ganzes Leben lang habe ich an Jom Kippur gefastet. Das tue ich eigentlich immer noch, obwohl es mir schwerer fällt, sodass ich manchmal wenigstens ein bisschen Wasser trinke. Warum behalte ich all dies bei? Ich glaube nicht an Gott. Wie könnte ich das auch nach der Erfahrung des Holocaust? Vielleicht liegt es daran, dass ich ein Gewohnheitsmensch bin und Traditionen sehr liebe.

5 Rabbi Shmuel Avidor Hacohen (1926–2005) war der Rabbiner der Synagoge von Kfar Shmariyahu. Er war berühmt wegen seiner Aktivitäten für Verständigung und Versöhnung innerhalb der israelischen Gesellschaft.

6 So heißen die hohen Feiertage in der jüdischen Religion.

Wie war die Haltung meiner Eltern gegenüber der Religion? Haben sie an Gott geglaubt? Ich weiß es nicht. Damals erwarteten Eltern von ihren Kindern, dass sie sich höflich benahmen, ihre Hausaufgaben erledigten und gute Schüler waren. Die Psychologie steckte noch in den Kinderschuhen und in Kaunas hatte man vermutlich ohnehin noch nie etwas davon gehört. Wenn ich traurig war oder mal weinen musste, fragte Mutter mich: »Was ist passiert, mein Kind?« Dann berichtete ich ihr schluchzend, dass ich mich mit einem Freund gestritten oder beim Fußballspielen versagt hatte. Sie nahm mich in den Arm, gab mir einen Kuss und sagte: »Ist doch nicht so schlimm, Urinkeh. Das kann doch jedem mal passieren. Wird schon alles wieder gut.« Mit ihrem weißen Taschentuch, das sie stets bei sich trug, wischte sie mir die Tränen fort – und alles war wieder gut.

Es gab ein Lied, das Mutter uns immer vorgesungen hat. Heute kann ich mich nur noch an den Refrain erinnern: »Denn auf Regen folgt stets Sonnenschein«. Sie erklärte uns, dass das Leben genauso sei und, wenn mal etwas Schlimmes geschehe, man niemals die Hoffnung verlieren dürfe. Wir sollten immer daran glauben, dass das Leben wieder besser würde und die Sonne wieder zum Vorschein käme. Diese Botschaft habe ich mein ganzes Leben lang in mir bewahrt und hole sie in den schwersten Stunden hervor.

In jener Zeit trennte ein Schleier aus Schweigen uns Kinder von den Erwachsenen. Vermutlich waren die Erwachsenen der Ansicht, dass Kinder nicht alles wissen mussten. Zwar gab es in unserer Familie keine düsteren Geheimnisse, doch Themen wie Geld oder Beziehungen wurden in unserer Anwesenheit nicht debattiert. Das mag der Grund dafür gewesen sein, dass ich absolut keine Ahnung von Verwandten in Amerika und Südafrika hatte. Dank ihnen besitze ich heute ein paar Familienfotos, Bilder von meinem Vater, meiner Mutter und meiner Schwester und auch eine Aufnahme von mir als Baby. Denn von meinem Zuhause ist mir nichts geblieben außer meinen Erinnerungen.

Mutter hatte uns nie davon erzählt, dass ihr Vater gleich nach dem Ersten Weltkrieg nach Amerika emigriert war und sich in Brooklyn niedergelassen hatte. Dort starb er Anfang der 1940er und wurde auf der litauischen Parzelle des Friedhofs begraben, Seite an Seite mit Frau Lockatch, die er anscheinend in Amerika geheiratet hatte. Ich vermute, er war Witwer – aber wo und wann starb meine Großmutter, die Mutter meiner Mutter? Ich weiß nicht einmal ihren Namen. Vermutlich starb sie bereits vor meiner Geburt. Diesen Großvater habe ich erst entdeckt, als ich das erste Mal nach Amerika reiste. Mein Cousin Seymour nahm mich mit auf den Friedhof und berichtete mir, dass Großvater, nachdem er hier Fuß gefasst hatte, seine beiden Töchter, Mutter und Tante Leah, nachholen wollte. Das war in den frühen 20ern. Die beiden hatten ihm geantwortet, dass sie jeweils kurz vor ihrer Heirat standen und dass das Leben in Litauen angenehm und friedlich sei und sie auf keinen Fall nach Amerika auswandern wollten. Hätten sie nur schon damals gewusst, wie gewaltig ihre Welt umgestürzt werden würde …

Zwei seiner bereits erwachsenen Töchter sind dem Großvater nachgefolgt. Diese meine amerikanischen Tanten wurden nach dem Krieg mit der Hilfe von »Kennen Sie …« gefunden, einer Rubrik in der jiddischen Tageszeitung »Forverts«[7]. In jenen Jahren wurden auf diese Weise in verschiedenen Ländern Überlebende zusammengeführt.

Wie viele litauische Juden, so wanderten auch einige meiner Onkel, Brüder meiner Mutter, um die Jahrhundertwende nach Südafrika aus. Warum ausgerechnet dorthin? Weil Schiffseigner, die auf ihren Frachtern Kohle und verschiedene andere Güter von Südafrika nach Europa brachten, nicht unbedingt mit leeren Schiffen zurückreisen wollten. Also verkauften sie sehr günstige Schiffspassagen. Auf diese Weise landeten zahlreiche Litvaks in Südafrika, wo sie geschäftlich erfolgreich wurden und vom Wohlstand profitierten. Nach dem Zweiten Weltkrieg machten wir unsere südafrikanischen Verwandten ausfindig und korrespondierten mit ihnen. Noch Jahre später wussten wir, sobald ein hochgewachsener, gut aussehender Mann oder eine ebenso attraktive Frau vor unserer Tür stand, dass ein weiterer Angehöriger der Familie Ipp eingetroffen war, den wir herzlich empfingen, denn für mich sind auch weit entfernte Verwandte Familienmitglieder, die mir nah am Herzen liegen.

In Kaunas verbrachten wir viele frohe Stunden mit der Familie von Mutters Schwester Leah und mit ihrer Cousine Tante Hinda. Bei unseren Besuchen in Zosleh trafen wir Vaters Verwandte. Onkel Israel zum Beispiel, einen attraktiven Junggesellen, und Onkel Abraham, seine Frau Ita und ihren Sohn Benzion, der etwas jünger war als ich. Mit dem Einmarsch der Deutschen verloren wir den Kontakt zu ihnen. In den meisten Dörfern hielten sich die Deutschen nicht lange damit auf,

[7] Der »Forverts« (die englischsprachige Ausgabe hieß *Forward*) erschien in New York, er wurde 1897 von antizionistischen Sozialisten gegründet. Nach der Balfour-Erklärung von 1917 milderte die Zeitung ihre Kritik an der zionistischen Bewegung.

Gettos abzugrenzen. Sie brachten die Juden, mithilfe von deren litauischen Nachbarn, lieber gleich an Ort und Stelle um.

Das Massaker an den Juden von Zosleh verlief ähnlich wie in den anderen litauischen Dörfern. Die Deutschen und ihre litauischen Komplizen trieben sie ein kurzes Stück aus dem Dorf hinaus, befahlen ihnen, Gruben auszuheben und sich anschließend auszuziehen. Nachdem die litauischen Dorfbewohner die Kleidung geplündert hatten, wurden die Juden erschossen und in die Gruben gestoßen, die sie zuvor selbst ausheben mussten.

Onkel Abrahams Frau und sein Sohn wurden sofort erschossen und in die Grube gestoßen. Abraham selbst war, wie alle Chanoch-Brüder, ein großer, kräftiger Mann, der die Schüsse überlebte. Im Schutz der nächtlichen Dunkelheit gelang es ihm, aus der Grube hinauszuklettern. Nackt humpelte er zurück ins Dorf. Vermutlich hoffte er, da er unter den litauischen Nachbarn gute Freunde besaß und gemeinsam mit ihnen beim Militär gedient hatte, bei einem von ihnen Hilfe und Schutz zu finden. Doch als er sich in der Morgendämmerung dem Dorf näherte, erkannte ihn ein Kamerad, zog seine Pistole und erschoss ihn.

Mein Onkel Israel hatte vor dem Krieg Olga geheiratet, eine Tochter der berühmten jüdischen Familie Cohen. Das Paar zog nach Memel (litauisch »Klaipeda«)[8], eine Hafenstadt nahe der deutschen Grenze. Sie hatten zwei Töchter, Carmela und Yael. Als die Deutschen Memel im März 1939 annektierten, flohen Onkel Israel, seine Frau und die Töchter nach Zosleh. Onkel Israel arbeitete bis zum Einmarsch der Deutschen als Aufseher in einem Sägewerk. Anscheinend hatte auch er gehofft, dass seine Freunde unter den Dorfbewohnern, mit denen er aufgewachsen war und viele glückliche Stunden bei gemeinsamem Musizieren und Tanzen verbracht hatte, ihn und seine Familie schon retten würden.

Diese grausamen Details des Massakers an den Juden von Zosleh sind bekannt, weil zwei aus der Gegend stammende Lehrer über die Ereignisse geforscht, diese dokumentiert und sogar in Form eines Gedenkbuches herausgegeben haben. Es hat mich sehr bewegt, dass nichtjüdische Litauer bereit waren, sich mit diesem schmerzhaften Thema zu beschäf-

8 Eine baltische Hafenstadt, die bis 1919 zu Ostpreußen gehörte. Nach dem Ersten Weltkrieg stand sie unter der Verwaltung des Völkerbundes und wurde 1923 von Litauen annektiert. Im März 1939 wurde die Stadt nach einem deutschen Ultimatum wieder in das Deutsche Reich eingegliedert, danach kam es zu Schikanen gegenüber den Juden der Stadt. Bevor die Deutschen die Stadt einnahmen, hatten die meisten jüdischen Einwohner sie bereits verlassen. Trotzdem wurden die meisten Juden ermordet.

tigen. Bei einem meiner Besuche in Litauen, im Rahmen der Verhandlungen um die Rückgabe jüdischen Besitzes, lernte ich diese beiden Lehrer kennen, welche den Mord an den Juden des Dorfes festgehalten haben. Ich spendete Geld, damit der Friedhof wiederhergestellt werden konnte. Aus Berichten von Menschen, die den Ort besucht haben, weiß ich, dass die beiden meine Bitte erfüllt haben und später ihre Schüler dafür gewannen, die Aufgabe zu übernehmen. Ich bin nie nach Zosleh zurückgekehrt. Es war einfach zu schmerzhaft.

Eine zerbrochene Geige und »Faust« mit sechs Jahren

Das Leben in Kaunas war friedlich und angenehm. Nach dem Mittagessen erledigte ich meine Hausaufgaben und danach ging ich hinaus, um mit meinen Freunden Fußball oder Korbball zu spielen. Alle meine Freunde waren Juden. Es war, als ob wir in einer Blase leben würden, umgeben von jüdischen Verwandten und Bekannten. Nur manchmal stießen wir mit einer Bande jugendlicher Rowdys zusammen, die uns »Zydas« (Juden) nannten und uns verfluchten, doch so etwas kam äußerst selten vor, denn das litauische Gesetz stellte öffentliche antisemitische Äußerungen unter Strafe. Ich vermute, dieses Gesetz hat uns blind gemacht gegenüber dem Hass, der bereits unter der Oberfläche brodelte.

Chanukka war eines meiner Lieblingsfeste. An jedem Abend traf sich die ganze große Familie bei einem von uns zuhause, um die Kerzen anzuzünden. Der große Leuchter, die Chanukkia[9], wurde auf eine Fensterbank gestellt, sodass jeder sehen konnte, dass wir das Fest der Lichter feierten. Wir aßen knusprige Kartoffelpuffer, Latkes und mit Marmelade gefüllte Krapfen, wir drehten einen Kreisel aus Blech und warteten ungeduldig darauf, dass wir unser Hanukkah-Gelt, unsere Münzen, erhielten. In diesem Zusammenhang muss ich eine kleine Sünde gestehen: Da Danny die glänzenden Münzen für wertvoller hielt als die papiernen Banknoten, habe ich manchmal ein paar seiner Scheine gegen meine Münzen »eingetauscht«. Wir trugen das Geld auf unsere Sparkonten bei der Bank in der Lasves Aleja. Der Bankangestellte trug

[9] Eine Chanukkia besitzt neun Arme. Acht von ihnen stehen für die acht Nächte, in denen das Öl im Tempel brannte, und am neunten Arm steckt jene Kerze, die »Shamash« genannt wird und mit welcher die anderen entzündet werden.

alles in unser Sparbuch ein, und wir waren riesig stolz, unser eigenes Geld auf der Bank liegen zu haben. Auf diese Weise brachten unsere Eltern uns sehr klug bei, Geld lieber zu sparen, als es zu verplempern. Vielleicht liegt es daran, dass ich mein ganzes Leben lang immer nur kaufe, was ich wirklich brauche, und nicht verstehe, was es für ein Vergnügen sein soll, auf Shoppingtour zu gehen.

Bei unserem allerersten Besuch in Litauen, 50 Jahre nach Kriegsende, suchten Danny und ich die Bank auf, die sich immer noch im gleichen Gebäude in der Lasves Aleja befand, und wollten uns das Sparguthaben auszahlen lassen, das dort seit unserer Kindheit gelegen hatte. Mit großer Geduld hörten die Bankangestellten unserem Anliegen zu und erklärten uns anschließend ausführlich, dass aufgrund des großen zeitlichen Abstands und auch noch wegen des Krieges und den vielen Regimen, die es seitdem gegeben habe, es ihnen zu ihrem allergrößten Bedauern leider nicht möglich sei, uns das Geld, das wir ihnen anvertraut hatten, jetzt noch zurückzuzahlen …

Unser Alltag war genauso klar geregelt und gleichbleibend wie die Wiederkehr der Jahreszeiten. Zu Beginn des Winters wurden ein Fass Sauerkraut und Säcke voll Kartoffeln aus dem Dorf geliefert und im Keller gelagert. Im Sommer waren es Kisten voll Äpfel und Birnen. Im kühlen Untergeschoss hielt sich das Obst und Gemüse ausgezeichnet. Zu Pessach trafen Kartons mit Matzen und Gläser voll Sahne und Butter ein. Anfangs lieferte der Milchmann uns täglich frische Milch nach Hause, später kam die Milch in Glasflaschen, versiegelt mit einem Deckel aus Aluminium.

Alle anderen Lebensmittel kauften wir in der Nähe ein. Jeden Morgen bat Vince mich, zu Kapulskis[10] Bäckerei zu laufen, um frische Brötchen fürs Frühstück und die Schulbrotzeit einzukaufen. »Lauf du, Kind«, sagte sie, »du bist noch jung und deine Beine sind kräftiger als meine.«

Nachmittags saßen wir am großen Tisch und machten unsere Hausaufgaben. Mutter saß derweil auf dem Sofa unter dem Wandbehang mit dem Bild der Klagemauer und half uns bei schwierigen Fragen, während sie strickte oder las. Vater ging ins Café Monica, das am schönsten

[10] Kapulski, eine jüdisch-litauische Familie, begründete eine Bäckereikette, die sehr erfolgreich war. Einige Familienmitglieder emigrierten nach Israel, wo sie ihre Bäckertradition fortsetzten.

Boulevard der Stadt lag, um Freunde zu treffen und wohl auch, um Geschäftsabschlüsse zu tätigen.

Im Winter besuchten wir an jedem Sabbat nach dem Mittagessen Tante Leah und ihre Töchter Bella und Frumah sowie ihren Sohn Mulkeh. Nachdem wir uns aus den vielen Schichten von Mänteln und Hüten geschält hatten, setzten wir uns zu ihnen an einen großen Tisch, tranken Tee aus dünnen Gläsern in silbernen Haltern und aßen Lekach[11] und Butterkekse. Meine Cousine Bella und ihr Ehemann Boris waren grad frisch verheiratet. Ich erinnere mich, wie neugierig Danny und ich waren, zu erfahren, was die beiden hinter der verschlossenen Tür ihres Zimmers wohl vorhatten. »Lasst sie in Ruhe«, sagte Mutter dann immer, »kommt her zu uns an den Tisch.«

An jedem freien Winternachmittag ging ich mit Freunden zum Schlittschuhlaufen am »Ye-Te-Su«, der großen Eisbahn. Ich lief ganz gut, ich konnte Pirouetten drehen oder auf einem Bein laufen, und der italienische Tango »La Chitarra Romana«, der dort immer wieder gespielt wurde, ist mir bis heute ins Gedächtnis eingraviert, als hätte ich ihn erst gestern wieder gehört. Auf dem Heimweg ging ich manchmal ins belebte, verräucherte Café Monica zu Vater, der mir ein köstliches Stück Kuchen spendierte, und anschließend machte ich mich auf den Heimweg. Unterwegs traf ich ein oder zwei Freunde, wir unterhielten uns ausführlich, und dann ging jeder nach Hause.

Die Litvaks teilten sich in zwei zionistische Gruppen, den rechten und den linken Flügel. Eines Tages kam Zeev Jabotinsky nach Kaunas, der weltberühmte Anführer des rechten Flügels, den zahlreiche Litvaks bewunderten, der bei den Mitgliedern der Arbeiterbewegung jedoch ziemlich umstritten war. Ich ging zu der Versammlung, da ich der Beitar-Jugendgruppe angehörte, die ihn als ihren großen Anführer betrachtete. Die Veranstaltung fand im Gloria Filmtheater statt, der Saal war zum Bersten voll.

Dann tauchte eine Gruppe Jugendlicher auf, vielleicht Mitglieder von Shomer Hatzair (der Arbeiterbewegung) oder einer anderen Gruppierung, die ihn ablehnte, und begann, mit Eiern auf ihn zu werfen. Die Eier trafen ihn nicht, doch sie zerbrachen am Bühnenboden und ergossen sich über seine Füße. Sofort erhob sich großer Aufruhr im Saal. Ich

11 »Lekach« ist der jiddische Ausdruck für einen luftigen Biskuitkuchen in verschiedenen Geschmacksrichtungen.

Uri beim Geigespielen, 1936

war zutiefst erschrocken und wütend über dieses Benehmen gegenüber einem Helden wie Jabotinsky.

Manchmal sah ich mir im Gloria Filmtheater einen Kinofilm an. Die meisten Filme waren auf Russisch oder Englisch, sodass wir sie nicht verstehen konnten. Wir konnten nur die Untertitel lesen. Eines Tages wurde ein Film gezeigt, der im Land Israel gedreht worden war. Die Schauspieler sprachen Hebräisch, und bis heute erinnere ich mich, wie fasziniert ich von den Szenen aus Tel Aviv war, dieser kleinen, weißen Stadt, umgeben von Gärten, untermalt von Joseph Golands[12] wunderbarem Bariton, mit dem er den Titelsong des Filmes sang, »Tel Aviv, Ho Tel Aviv«. Jahre später, 1946, kurz nachdem ich im Land Israel angekommen war, lud mich mein Zieh-Onkel Zalo Landau (zu ihm und seiner Frau Mina werde ich später in dieser Geschichte noch kommen) in das Kabarett »Hamatateh« (der Kehrbesen) ein, das seine Vorstellungen in einer großen Baracke in der Ben Yehuda-Straße gab. Als Joseph Goland die Bühne betrat und dasselbe Lied sang, das mich in diesen glücklichen Nachmittag meiner Kindheit zurückversetzte, setzte mein Herz für einen Moment lang aus und ich konnte nur mit Mühe die Tränen zurückhalten.

Meine erste Begegnung mit der Oper fand in Kaunas statt und war eine Katastrophe. Ich war fünf oder sechs Jahre alt und meine Eltern nahmen mich mit in dieses große, weiße, kunstvoll verzierte Gebäude zu einer Aufführung des »Faust«. Gewiss wollten sie mir die Musik nahebringen. Als Mephisto die Bühne betrat, erschrak ich mich zu Tode und schrie vor Panik, sodass meine Eltern mit mir hinausgehen mussten. Doch offensichtlich ist mir von diesem Opernabend auch irgendetwas Gutes im Gedächtnis geblieben. Denn ich liebe die Oper und würde niemals in der Pause gehen, selbst wenn die Aufführung endlos lang und langweilig sein sollte. Ich tue das aus Respekt gegenüber den Sängern und Musikern. Während der 25 Jahre meiner Mitgliedschaft im Vorstand und Aufsichtsrat der Israelischen Oper habe ich gelernt, wie viel Arbeit in dieser Kunstsparte geleistet wird. Diese öffentliche Rolle habe ich weit mehr als andere geliebt.

Als Judith zu meinem 80. Geburtstag ein Fest in der Art von »Das war Ihr Leben« organisierte, war das für mich eine Riesenüberraschung. Es war ein wunderbarer, bewegender Abend mit vielen Freunden, die ich

[12] Joseph Goland (1907–1973) war ein israelischer Sänger und Schauspieler, der regelmäßig in den USA auftrat.

ewig nicht gesehen hatte. Die Intendantin der Oper, Hannah Munitz, hatte einen Tenor und eine Sopranistin mitgebracht, die zwei meiner Lieblingsarien sangen. Ich war so stolz, als sie erklärte, dass ich meine Aufgabe an der Oper dafür verwendet hätte, großes Augenmerk auf die Werkstätten zu richten und darauf, dass diese ordentlich geführt würden, »wie eine Apotheke«, sodass die Opernmitarbeiter anständige und bequeme Arbeitsbedingungen hatten.

Und so verlief meine kurze Musikkarriere: Als meine Cousine, Rina Appel, Violine studierte, beschloss Mutter, dass ich dieses Instrument auch erlernen sollte. Sie engagierte einen Lehrer, der zweimal die Woche zu uns ins Haus kam. Dieser Lehrer verlangte von mir, täglich Tonleitern und einfache Stücke zu üben. Auf diese Weise vergingen zwei Jahre.

Eines Tages, es war im Sommer, hatte ich gerade die Geige in der Hand, um zu üben, als von unten meine Freunde nach mir riefen. Viel lieber wäre ich mit ihnen hinausgegangen, um Fußball zu spielen. Vince bestand darauf, dass ich weiter übte und meine Freunde fortschickte. Sie füllte einen Topf mit kaltem Wasser und goss diesen von oben über meinen Freunden aus. Von jetzt auf gleich herrschte Stille. Ich wäre vor Scham und Verlegenheit am liebsten gestorben. Heißer Zorn überkam mich, blind vor Wut warf ich die Geige von mir, die sofort zerbarst. Dann rannte ich nach draußen, meinen Freunden hinterher.

Als Mutter heimkam und die zerbrochene Geige sah, erklärte sie leise: »Schluss damit, du hörst auf mit dem Instrument.« Und das war das Ende meines Geigenunterrichts.

Zuhause wurde Jiddisch und Hebräisch gesprochen, und als ich fünf Jahre alt wurde, kam ich in den Kindergarten des Jüdischen Gymnasiums[13], wo ausschließlich Hebräisch gesprochen wurde und auch der Unterricht auf Hebräisch stattfand. Es war eine mutige Entscheidung, ein Gymnasium einzurichten, dessen vorherrschende Unterrichtssprache Hebräisch war. Bis dahin war Hebräisch in erster Linie die heilige Sprache der Gebete und seine Wiederbelebung als moderne Alltagssprache steckte noch in den Kinderschuhen.

13 Das Hebräische Gymnasium in Kaunas bestand von 1927 bis 1940 unter der Leitung des Pädagogen Dr. Moshe Schwabe. Im Jahr 1925 wurde ein großes Grundstück nahe dem Ufer des Flusses Nemunas erworben und zwei Jahre später wurde das Gymnasium in einem modernen Gebäude eröffnet.

Unterricht auf Litauisch gehörte von der ersten Klasse an ebenfalls zum Lehrplan.

Der Aufbau des Gymnasiums ging auf die Initiative von Dr. Moshe Schwabe zurück, der später in das Land Israel emigrierte und seit 1925 an der Hebräischen Universität arbeitete, wo er 1939 zum Leiter des Instituts für Klassische Studien berufen wurde. Es gab keine Schuluniform, nur eine blaue Schirmmütze, verziert mit Goldstreifen und dem Schulabzeichen. Wir trugen sie voll Stolz, weil nun jeder sehen konnte, dass wir Schüler dieser angesehenen Schule waren.

Jeden Morgen machten Miriam, Danny und ich uns gemeinsam auf den Weg zum Gymnasium, das nur wenige Minuten Fußweg entfernt von zuhause war. Meine Schwester ging immer ein gutes Stück voraus. Sie war vier Jahre älter als ich und wollte nicht von anderen zusammen mit uns, diesen kleinen Brüdern, gesehen werden. Danny trödelte immer hinterher, blieb hier und dort stehen, um sich irgendetwas unterwegs anzuschauen, einen kleinen Hund zum Beispiel, der eine Katze anbellte, welche über die Straße ging. Jedes Mal musste ich ihn an der Hand hinter mir herziehen und ihn antreiben, denn ich wusste: Wenn wir zu spät kamen, setzte es Strafen.

Ich war ein guter Schüler, aber nicht unbedingt herausragend. Meine Lieblingsfächer waren Geschichte und Geografie, während mir Litauisch und Mathematik verhasst waren. Wenn mir langweilig wurde, schaute ich aus dem großen Fenster hinaus auf den Fluss, beobachtete die Schiffe, die darauf vorüberfuhren, und erst die Ermahnung des Lehrers holte mich zurück ins Klassenzimmer. Ich war so ein gutgläubiges Kind: Als Kessler, der Litauisch unterrichtete, einmal fragte, wer seine Hausaufgaben nicht gemacht hätte, und verkündete, er würde die Wahrheit an dem erkennen, was auf die Stirn der Kinder geschrieben stünde, fasste ich mich sofort an die Stirn. Kessler grinste und bestrafte mich …

Am ersten Schultag nach den großen Ferien im Jahr 1939 kam ein neuer Schüler in unsere Klasse. Er hieß David Heuer und war typisch österreichisch gekleidet: kurze Lederhosen mit Hosenträgern und knielangen Wollsocken. Kinder können so grausam sein. Kaum hatte er das Klassenzimmer betreten, wurde er ausgelacht. »Das ist unser neuer Freund, der gerade aus Österreich hergezogen ist«, stellte der Lehrer ihn vor, »und ich bitte euch alle, ihn herzlich willkommen zu heißen.« In der Pause bemerkte ich, dass der neue Schüler abseitsstand, und lud ihn ein, mit uns Fußball zu spielen. Er erzählte uns, dass sein Vater Gefäßspezialist sei und sie aus Österreich hierher, nach Litauen, hätten fliehen müssen, da sie nirgendwo sonst hätten hinziehen können. Später fügte er noch hinzu, dass einer der Patienten seines Vaters der litauische Präsident sei. Als das Deutsche Reich im März 1938 Österreich annektierte, setzte umgehend eine brutale Verfolgung der Juden ein und viele versuchten, das Land zu verlassen, was sich oftmals als schwierig erwies. In ihrer Verzweiflung entschieden die Eltern unseres neuen Mitschülers, in Litauen Zuflucht zu suchen, nachdem ihnen die Emigration in ein anderes Land nicht möglich war. Der Präsident kam ihrer Bitte sofort nach, und so landeten sie in Kaunas.

Noch ahnte die Familie Heuer nicht, wie bitter ihr Schicksal noch werden würde – wie auch viele Juden aus Polen oder anderen Ländern, die 1939 Zuflucht in Litauen fanden, nachdem ihre Länder von den Deutschen überfallen worden waren.

Nichts hasste ich mehr, als Hausaufgaben zu machen. Aber Lesen lernte ich sehr schnell und wurde rasch zur Leseratte. Die Bücher von Karl May über den Wilden Westen und das Leben der Indianer in Amerika, allen voran über ihren Helden Winnetou, verliehen meiner Fantasie Flügel und ließen mich dorthin fliegen, zu diesem so weit entfernten Kontinent. Außerdem las ich »In 80 Tagen um die Welt« von Jules Verne. Am liebsten aber waren mir die Bücher über das Land Israel. Ich verschlang die historischen Romane von Abraham Mapu[14]. Obwohl Mapu in Kaunas lebte und niemals in seinem Leben das Land Israel besucht hatte, stellte er das Alte Judäa so plastisch in seinen Büchern dar, dass ich die Tiger und Löwen förmlich vor mir sah, wie sie im Tal des Jordanflusses lebten, und die hoch über Jerusalem aufragenden Berge sah ich vor mir wie in einem Film.

Ich war nur sechs Jahre lang Schüler des berühmten Gymnasiums, an dem ein paar Jahre vor mir auch die Schriftstellerin und Dichterin Leah Goldberg die Schulbank gedrückt hatte, doch meine Schuljahre zählen zu meinen glücklichsten Kindheitserinnerungen.

60 Jahre nachdem meine Schulzeit unterbrochen worden war, besuchte ich das Gymnasium erstmals wieder. Seit den 1990er-Jahren war ich beinahe jedes Jahr einmal in Litauen, wo ich mich bemühte, etwas von dem enormen Gemeinsinn wieder lebendig werden zu lassen, der während des Holocausts vernichtet worden war. Während meiner Verhandlungen

14 Abraham Mapu (1808–1867), in der Nähe von Kaunas geboren, gilt als Schöpfer des modernen hebräischen Romans. Sein erster Roman »Ahavat Zion« (»Die Liebe Zions«) suchte vor allem, die Jugend für die Ideen des Zionismus zu begeistern, und war ein großer Erfolg.

verfolgte ich noch eine andere Idee. Ich wollte veranlassen, dass eine Gedenktafel an der Fassade meines Gymnasiums auf dessen tragische Geschichte hinwies. Ich habe mit allen möglichen Leuten gesprochen, welche die Anbringung einer solchen Gedenkinschrift genehmigen könnten, so mit dem Bürgermeister von Kaunas und mit dem Leiter des Ministeriums für Erziehung. Wieder und wieder wurde ich abgewiesen, doch ich habe nicht aufgegeben. Nach Jahren voller Ausflüchte und Absagen erhielt ich schließlich die Erlaubnis, mein Gymnasium mit einer Gedenktafel versehen zu dürfen, allerdings nicht an der Eingangsseite des Gebäudes, in dem sich jetzt eine Berufsschule für Schneider und Schuhmacher befindet. Lediglich im Foyer durfte ich die Tafel anbringen lassen.

Als diese Genehmigung erteilt worden war, fragte der Schuldirektor die Schüler, wo denn ihrer Meinung nach die Tafel angebracht werden sollte. Die Schüler sprachen sich einstimmig dafür aus, dass diese außerhalb des Gebäudes hängen sollte, sodass jeder sie sehen konnte. Und genauso geschah es.

Der Direktor organisierte eine würdevolle Zeremonie, die in Gegenwart des Bürgermeisters und Vertretern des Erziehungsministeriums stattfand. Ich brachte die Tafel aus Israel mit, und nun steht darauf auf Englisch, Hebräisch und Litauisch die Geschichte des Jüdischen Gymnasiums geschrieben, das einst hier stand und dessen Schüler fast alle im Holocaust ermordet worden sind. Wenn ich mich nicht irre, ist dies der einzige Ort in Kaunas, an dem sich eine Gedenktafel befindet, deren Inschrift unter anderem auch auf Hebräisch formuliert ist.

Zu Beginn der Sommerferien reisten Danny und ich immer nach Zosleh, in das Dorf von Großmutter Sura-Leah. Aus Sicht von uns Kindern war diese 40-minütige Zugfahrt eine endlos lange und höchst anstrengende Reise. Großmutter und der jüdische Kutscher aus dem Dorf erwarteten uns bereits am Bahnhof. Wenn es kalt war, wickelte Großmutter uns fest in warme Decken. Der Kutscher trieb sein Pferd an, und ich freute mich auf zwei aufregende Wochen.

Zosleh sah aus wie jedes andere litauische Dorf. Doch nicht im Entferntesten ähnelte es den kleinen jüdischen Städtchen in Polen oder Russland, wie Chagall sie gemalt hat, mit überfüllten Alleen und Ziegen, die von einem Dach zum andern sprangen. Vielleicht lag es daran, dass die Juden ebenso wie die Christen mit Landwirtschaft und Viehzucht beschäftigt waren.

Im Dorfzentrum standen kleine eingeschossige Häuschen um einen großen Platz herum, in denen die Bewohner in zwei oder drei Zimmern zusammenlebten. Auf der Vorderseite der Häuser befanden sich kleine Läden.

Jeden Dienstag war Markt. Bauern verkauften ihre Erzeugnisse und kauften Produkte aus den jüdischen Läden. Meine Verwandten lebten in den Häusern, die unmittelbar an den Platz angrenzten. Alle meine Cousins und Cousinen trugen hebräische, überwiegend sogar israelische Namen: Rina, Carmela, Yael und Benzion. Ich weiß nicht, warum ihre Eltern ihnen hebräische Namen gaben; vielleicht lag es daran, dass Hebräisch in Litauen eine seit mehreren 100 Jahren gesprochene Sprache war. Vielleicht lag es aber auch daran, dass sie hofften, eines Tages ins Land Israel zu kommen.

Großmutter Sura-Leah war eine unabhängige und außergewöhnliche Frau. Sie zog drei Kinder auf und sorgte auch für den Lebensunterhalt der Familie, denn Großvater Moshe war den ganzen Tag in der Beth Midrash, dem theologischen Seminar, das zur Synagoge gehörte, studierte in der Bibel und gab sich nicht mit Alltagsproblemen ab. Großmutter hielt eine Schafherde in einem Stall nahe dem Haus und ein paar Mädchen aus der Dorfbevölkerung spannen Garn aus der Wolle und webten Stoff auf Heimwebstühlen.

In einem der Zimmer stand Onkel Israels großer Flügel. Damals fand man in den Dörfern höchst selten ein solches Instrument, doch Onkel Israel war musikalisch sehr begabt und spielte mehrere Instrumente. Darum hat Großmutter ihm wahrscheinlich gerne diesen Flügel gekauft. Er war der jüngste ihrer drei Söhne und für mich der Lieblingsonkel. Als ich noch klein war, hat er viel und geduldig mit mir gespielt, und später, als ich größer war und er uns in Kaunas besuchte, hat er sich zu mir gesetzt und sich mit mir unterhalten. Manchmal steckte er mir einen Geldschein zu, damit ich mir etwas kaufen konnte, Süßigkeiten oder Spielzeug.

50 Jahre nach dem Krieg, bei unserem allerersten Besuch in Litauen, fuhren wir auch nach Zosleh. Wir wussten genau, dass alle Juden dieses Dorfes ermordet worden waren und dass sich die Litauer ihren Besitz unter den Nagel gerissen hatten und in ihren Häusern lebten, trotzdem zog es uns dorthin.

Da standen wir also auf dem Platz und hielten Ausschau nach Menschen, die hier vor dem Krieg gelebt hatten. Man brachte uns zum Haus einer alten Frau, die aussah wie die Hexe aus dem Märchen, mit einem Kopftuch auf dem Haupt und einer Krücke in der Hand. Wir fragten sie, ob sie die Familie Chanoch gekannt habe, und sie antwortete, sie könne sich an gar nichts mehr erinnern.

»Vielleicht erinnern Sie sich aber doch noch an meinen Onkel, Israelkeh«, insistierte Danny in der Hoffnung, ihr Gedächtnis anzuspornen, »er war dieser große, gut aussehende Kerl, der immer Klavier gespielt hat.« Auf einmal leuchteten die Augen der alten Frau mit schelmischem Funkeln auf und für einen Moment war sie wieder ein 16-jähriges Mädchen.

»Aber ja, er war so ein charmanter Bursche, er hat ja sonntagabends oder an Feiertagen auch immer Akkordeon für uns gespielt, zum Tanz. Jetzt erinnere ich mich auch, dass seine Mutter immer Sura-Leah, die Shlumper[15], genannt wurde …« Nach so langer Zeit erinnerte sich diese alte Litauerin immer noch an meine Großmutter und an ihren jiddischen Spitznamen.

Nachdem ihr Gedächtnis wieder aufgefrischt war, erzählte sie uns, dass sie sich auch noch an Onkel Abraham erinnere, der ein Geschäft für Töpfe und Pfannen und andere Dinge geführt hatte. Als sie heiratete, habe sie kein Geld für Kochgeschirr gehabt und er habe ihr gesagt, sie könne sich nehmen, was sie benötige, und ihm das Geld später geben, wenn sie dazu in der Lage sei.

»Er war ein großer Mann mit einem großen Herzen«, erklärte sie.

Die alte litauische Christin war nicht die Einzige, die sich an meine Großmutter Sura-Leah erinnerte. Die Söhne und Enkel der Juden aus Zosleh hatten einen Abend ausgerichtet, mit dem an die Geschichte des Ortes erinnert werden sollte, und zu unserer Überraschung erschien dort ein sehr alter Mann. Er war in den 1930er-Jahren von Zosleh aus in das Land Israel emigriert. Für den Abend hatte er eine Kurzgeschichte mitgebracht, in der er über eine Frau geschrieben hatte, die er in seiner Jugend kennengelernt hatte. Die Geschichte handelte von unserer Großmutter, Sura-Leah. Dies sind die Worte des alten Mannes, dessen Name Tzemach Seth lautete:

»Sura-Leah war eine Frau, die sowohl in die Höhe als auch in die Breite ging, kurz: Sie war beides. Stets trug sie eine große Schürze um den Körper gewickelt, wenn sie dort im Eingang ihres Hauses stand, und an dieser trocknete sie sich, während sie an Markttagen die Bauern in ihr Haus lud, zuvor die Hände ab. Ihr Haus sah so aus wie die meisten anderen hier, mit einem Laden vorn und dem Wohnbereich hinten.

Eine tapfere Frau, deren Handarbeiten sich überall bemerkbar machten. Jeder, der ihr Haus betrat, stolperte als erstes über die Webstühle auf der einen Seite, wo die Dorfmädchen Garn spannen aus der Wolle

15 »Shlumper«: Jiddisch für unordentlich, schlampig.

ihrer Schafe, die sie auf ihrem Feld hielt. In der Raummitte verkaufte sie Produkte aus eigenem Anbau, den sie auf einem an ihr Haus angrenzenden Stück Land betrieb. Ein Sack Kartoffeln war da zu haben, eine Kiste Äpfel, eine Schachtel kleiner grüner Gurken oder ein Korb voll Eier, welche die Hühner gelegt hatten, die frei auf ihrem Hof herumliefen. Neben all dem stand ein Ladentresen mit einer Schublade für das Bargeld. Sura-Leahs Hauptgeschäft war das für Wollgarn, das sie am laufenden Meter verkaufte. Wollte sie diesen abmessen, so streckte sie die Arme einen Meter weit auseinander, und die Bauern wussten, dass sie ihr trauen konnten, denn Sura-Leah war eine ehrliche Frau. Auf dem Boden in ihrem Haus lief man Gefahr, auszurutschen und hinzufallen, so sauber war es dort. Vermutlich wurde sie deshalb spaßeshalber ›Sura-Leah, die Shlumper‹ genannt, weil es so weit entfernt von der Wahrheit war. Außerdem war Sura-Leah eine gebildete Frau. Sie konnte bereits lesen und schreiben zu einer Zeit, als dies nur sehr wenige Frauen vermochten.

Jede Woche wurde ihr die Zeitung ›Die Jiddische Stimme‹ zugestellt. Dann las sie all das, was in der Welt geschah; doch am meisten beschäftigte sie die Fortsetzungsgeschichte. Am liebsten hatte sie Zalman Shneours Heldengeschichten über Noah Pandry. Am Sabbatnachmittag kamen die Frauen aus dem Dorf zu ihr nach Hause, wo sie ihnen die Nachrichten aus aller Welt erzählte, Geschichten aus der Zeitung vorlas oder aus Büchern, die sie im anderen Zimmer aufbewahrte, dort, wo der Flügel ihres jüngsten Sohnes, Israelkeh, stand.

Sura-Leahs Ehemann hieß Moshe. Er war ein gottesfürchtiger Mann, ein Schriftgelehrter und Bibelkundiger, der täglich in der Synagoge saß und die Thora studierte. Rebbe Moshe besaß einen doppelten Sinn für Ehrfurcht. Zum einen lebte er in der Furcht vor Gott, zum anderen in der vor seiner Frau. Kaum hörte er sie mit deutlicher Stimme ihm etwas auftragen, so antwortete er: ›Nu shoin …‹ Das bedeutete ›So sei es.‹ Darum verliehen die Dörfler ihm den Spitznamen ›Moshe Nu shoin‹.

Sura-Leah wurden drei große, hübsche Söhne geboren und sie sparte weder an Geld noch an Kraft, um diese zu anständigen Menschen zu erziehen. Und das wurden sie auch, aufgeklärte, warmherzige Männer. Zwei von ihnen heirateten, doch ihr jüngster Sohn Israel, der auf litauische Weise Israelkeh gerufen wurde, blieb zuhause. Dieser reizende junge Mann, groß und gut aussehend, stach bereits in jungem Alter in allem, was er tat, aus der Menge heraus. Er war ein ausgezeichneter Fußballspieler, ein exzellenter Schüler, insbesondere in Mathematik, und wurde von den Mädchen verehrt, die ihm Liebeslieder sangen. Alle

Mädchen im Dorf träumten von Israelkeh. Er beherrschte mehrere Instrumente, das Akkordeon, das Klavier, die Geige, und Sura-Leah engagierte einen Lehrer aus Kaunas für ihn, der ihr schwor, dass er – würde er sich nur nach Kräften bemühen – einen Yehudi Menuhin oder Yascha Heifetz aus ihm machen würde. Solange Israelkeh mit den jüdischen Mädchen aus dem Dorf flirtete, tat Sura-Leah das ab und sagte: ›Lass ihn nur.‹ Doch als er sich in Nebengassen oder im Wald mit christlichen Mädchen traf, missfiel ihr dies und sie schickte ihn schleunigst nach Kaunas zum Studieren.

Das Schicksal der Sura-Leah und das ihrer Familienmitglieder war dasselbe wie das des ganzen Dorfes – ein bittertrauriges Ende.«

Danny und ich kehrten aus Zosleh zurück zur Familie nach Kaunas und gemeinsam fuhren wir auf der Parahod, einem Schaufelraddampfer, in die Sommerfrische nach Palankinė. Dort mieteten meine Eltern von den Bauern dieses kleinen Dorfes eine Hütte. Es gab kein fließendes Wasser und die Toilette befand sich draußen. Doch all dies schreckte meine Eltern nicht ab, denn Mutter liebte die unverfälschte, echte Natur. Wie sie es genoss, barfuß zu laufen wie die Bauersfrauen, wie gern sie im Fluss geschwommen ist.

Die meisten Litvaks aus Kaunas verbrachten den Sommer in kleinen Gasthöfen in der nahe gelegenen Stadt Kačerginė. Mutter zog es vor, ein Häuschen in Palankinė zu mieten, vielleicht, um die albernen Gespräche mit den Damen aus der Stadt zu vermeiden. Abends gingen wir gelegentlich ins Stadtzentrum von Kačerginė, wo es ein Café gab, in dem ein kleines Orchester spielte. Die Erwachsenen tanzten und die Kinder standen am Rand und sahen ihnen zu. Meine Schwester brachte mir dort das Tango- und Walzertanzen bei. Seitdem bin ich ein begeisterter Tänzer, und man behauptet, ich sei noch dazu ein ganz guter.

Stundenlang fuhren wir in Palankinė Boot, ausgeliehen vom Sohn des Hüttenbesitzers. Dort habe ich auch den Angelschein gemacht. Ein litauischer Junge brachte mir bei, wie man geduldig am Ufer stand und wartete. »Wenn der Schwimmer wackelt«, erklärte er, »dann weißt du, dass der Fisch am Köder angebissen hat. Dann musst du aber noch warten und nicht sofort die Leine einholen. Du musst den Fisch den Köder ganz herunterschlucken lassen und erst dann ganz langsam die Angel herziehen. Wenn der Fisch zu klein ist, mach ihn ganz vorsichtig vom Haken los, damit er sich nicht verletzt, und wirf ihn zurück ins Wasser.«

»Warum?«, wollte ich wissen.

»Weil er dir dann Glück bringt und dir der Gott der Fische ganz viele andere schickt.«

Ich verstand nicht, warum die Fische einen eigenen Gott hatten. Heute vermute ich, dass dieser Glaube ein Überbleibsel aus der heidnischen Vergangenheit der Litauer ist, die erst im 15. Jahrhundert zum Christentum bekehrt wurden; vermutlich sind sie darum bis heute sehr abergläubisch. Mein ganzes Leben lang habe ich diesen Rat des Jungen im Gedächtnis behalten und viel später, als ich meinen eigenen Kindern und Enkeln das Angeln beibrachte, gab ich diese »Angeltheorie« an sie weiter.

Als sie größer wurden, setzte ich die Angeltheorie auch für Herzens-, Flirt- und Liebesangelegenheiten ein: »Zuerst müsst ihr sehr geduldig sein und euch ein bisschen desinteressiert zeigen. Lasst den Jungen oder das Mädchen den Köder erst mal schnappen und anbeißen, also sich in euch verlieben, und erst dann zieht ihr langsam, ganz langsam an der Leine …«

Wie glücklich war ich, wenn diese Theorie funktionierte, und wie enttäuscht, wenn nicht.

In Palankinė wurde ich außerdem zum Experten in Sachen Waldbeerenpflücken, und das bin ich bis heute. Sobald ich in Europa einen Wald betrete, erkenne ich sofort die Wildbeerenbüsche aus den anderen heraus und kehre stets mit einem Korb voll Blaubeeren und Himbeeren heim, die ich über alles liebe und bei denen ich nicht aufhören kann, sie zu essen.

Auf Wiedersehen, Hebräisch – Willkommen, liebes Pionierdasein

Im Sommer 1939 erfuhr unser schönes Leben eine jähe Unterbrechung. Hitler und Stalin schlossen einen Nichtangriffspakt und teilten Ostmitteleuropa unter sich auf. Die Sowjetunion annektierte Lettland, Estland und Litauen. Es gab weder Schlachten, noch spürten wir den Beginn eines Krieges. Und trotzdem veränderte sich über Nacht unser gesamtes Leben.

Für uns Kinder fand die Revolution bereits am ersten Schultag statt, denn der Hebräischunterricht war fortan strikt verboten, an unserem Gymnasium wurde fortan ausschließlich auf Russisch, Jiddisch und Litauisch unterrichtet.

Wir verstanden Jiddisch zwar ganz gut, denn die Sprache wurde zuhause und in der Verwandtschaft gesprochen, dennoch hatten wir nie zuvor auf Jiddisch geschrieben oder gelesen. Russisch war eine völlig neue Sprache für uns und die kyrillischen Buchstaben kamen uns vor wie Chinesisch. Es war unbegreiflich, dass Hebräisch auf einmal eine verbotene Sprache sein sollte.

Wenn unsere Eltern über die neue Situation sprachen, konnten wir die Sorge und Betroffenheit am Klang ihrer Stimme erkennen. Als wir Tante Leah besuchten, ging es dort im Gespräch um nichts Anderes. Doch Juden sind immer schon voller Hoffnung und äußerst kompromissbereit gewesen, und ich vermute, dass sie alle glaubten, schon bald wieder ihr früheres Leben weiterführen zu können. Wir Kinder waren fasziniert von den Militärparaden, den Orchestern und ihren Märschen sowie von den Soldaten, welche durch die Straßen schritten und dabei synchron im Stechschritt die Beine hochzogen. Jedes Mal, wenn sie vorüberzogen, standen wir da, rührten uns nicht von der Stelle und sahen ihnen so lange zu, bis sie zurück in die Baracken marschierten.

Schon bald war klar, dass das Sowjetregime auf Zwang und Angst aufgebaut war. Einige meiner besten Freunde wurden mit ihren Familien nach Sibirien verbannt. Unsere Familie, die zur Mittelschicht zählte, war nicht betroffen, doch meine Klassenkameraden, die so weit fortgeschickt worden waren, taten mir leid. Wir bemitleideten sie alle. Die Armen mussten nun in der Verbannung leben, während wir zuhause bleiben durften, weiter zur Schule gehen, einander besuchen, Fußballspielen und Schlittschuhlaufen durften. Wir hatten noch keine Ahnung, wie fürchterlich und grausam sich unser Schicksal nur ein Jahr später wenden würde.

Meine Schwester Miriam wurde von der Universität, an der sie im ersten Semester Pharmazie studierte, ausgeschlossen und musste nun arbeiten gehen, denn zuhause hatte sich die Lage verändert, und das nicht nur wegen des Regimewechsels.

Am Abend vor Pessach kam ich gerade mit meinem Freund Izkeh aus der Schule, als wir in der Straße neben der unsrigen am Jüdischen Krankenhaus einen Krankenwagen stehen sahen, umringt von einer Menschenmenge. Normalerweise wären wir stehen geblieben, um herauszufinden, was passiert war, doch wir beeilten uns lieber mit dem Heimkommen, denn wir wussten genau, wie verärgert unsere Mütter sein würden, wenn wir ausgerechnet am Abend vor Pessach zu spät zum Essen kämen, wo sie doch noch so viel vorzubereiten hatten.

Als ich zuhause eintraf, berichtete Vince mir, dass Mutter nicht da sei, weil etwas Trauriges geschehen sei. Sie erzählte, dass Vater auf dem

Heimweg von seiner Geschäftsreise gewesen sei; er war in die fernen Provinzen gereist, um Bauholz zu kaufen. Vielleicht hatte er sich extra beeilt, um rechtzeitig zu den Feiertagen wieder zuhause zu sein, jedenfalls hatte er nicht auf den Bus gewartet, sondern war auf einem der Transporter mitgefahren, wo er auf einem Stapel Langholz saß. Unterwegs war der Wagen umgekippt und ein riesiger Holzstapel hatte Vater unter sich begraben und ihn dabei schwer verletzt. Der Krankenwagen, den wir auf unserem Heimweg in der Nachbarstraße gesehen hatten, war mit Vater an Bord auf dem Weg ins Krankenhaus gewesen. Sechs Monate lang lag Vater im Krankenhaus, bis er wieder hergestellt war. In den Folgejahren war er äußerlich noch immer der gut aussehende, große und starke Mann, doch innerlich war er zerbrochen. Vater war nicht mehr derselbe, den wir aus der Zeit vor dem Unfall kannten.

In den langen Monaten, die Vater im Krankenhaus verbrachte und in denen die Klinikkosten sich mehr und mehr anhäuften – schließlich gab es damals noch keine Krankenversicherung –, musste Mutter irgendwie für unseren Lebensunterhalt sorgen. Sie kaufte einen kleinen Lieferwagen und stellte einen kräftigen Litauer als Fahrer an, und so fuhren die beiden durch Kaunas, um Brennholz zu verkaufen. Obwohl sich unsere finanzielle Lage dramatisch zum Schlechten verändert hatte, gelang es Mutter, unseren Lebensstandard einigermaßen aufrechtzuerhalten, und Danny und ich konnten auf dem teuren Privatgymnasium bleiben. Sie arbeitete hart, ohne zu klagen. Meine Bar Mitzwa feierten wir nicht, was mich meiner Erinnerung nach nicht sonderlich störte, weil ich zu diesem Zeitpunkt schon durch den sowjetischen Einfluss einer gewissen Gehirnwäsche unterzogen worden und überzeugt davon war, dass Religionen überflüssig seien.[16]

Im Frühjahr 1941 hatte ich nur eine einzige Sache im Kopf: Ich wollte zu den Pionieren, der sowjetischen Jugendorganisation. Ich hatte große Sorge, nicht aufgenommen zu werden, da meine Eltern nicht zur Arbeiterklasse zählten, sondern zur Bourgeoisie. Mit viel Mühe und der Hilfe meiner Schwester, die als Sekretärin in einer Metallfabrik arbeitete, bekam ich einen Platz in einem Sommerlager. Am 10. Juni 1941 wurde ich nach Palanga geschickt, ans Ufer der Ostsee. Es war der erste Schritt auf dem Weg, ein Pionier zu werden.

Meine Eltern waren gegen diese Reise. Mutter hatte Angst, mich in diesen Zeiten so weit fortgehen zu lassen. »Niemand weiß, was morgen

16 Ich feierte meine Bar Mitzwa viele Jahre später, mit 75, gemeinsam mit meinem ältesten Enkel Omri.

sein wird«, warnte sie, »man muss nur lesen, was in der Zeitung steht: Was diese Deutschen da machen, kann einem Angst machen.«

»Was kümmerst du dich um die Deutschen?«, fragte ich. »Die sowjetische Armee wird uns beschützen. Was kann uns schon passieren? Außerdem sind es bloß zwei Wochen und schon bin ich wieder hier.« Schließlich gaben sie meinem Gequengel nach und erlaubten mir, mitzufahren. Mutter packte mir genügend Sachen für zwei Wochen in einen kleinen braunen Koffer, ermahnte mich, das Zähneputzen morgens und abends nicht zu vergessen und höflich gegenüber den Gruppenleitern zu sein. Sie begleitete mich zum Bus und ich stieg ein, in der Erwartung herrlicher Ferien. Durchs Fenster winkte ich ihr noch mal zu und sah, wie sie sich eine Träne aus dem Augenwinkel wischte. Niemand konnte sich auch nur im Entferntesten ausmalen, was mit uns und unserer Welt in den kommenden zwei Wochen geschehen würde.

Ich war zum ersten Mal allein unterwegs und so weit weg von zuhause. Durchs Busfenster sah ich hinaus in die Landschaft aus grünen Feldern und war überglücklich, diese zwei Wochen vor mir zu haben, auf die ich mich so sehr gefreut hatte. Wir wurden in Holzhütten untergebracht, das Meer war fußläufig zu erreichen. In jeder Hütte befand sich an der Wand eine lange Reihe Betten. Die meisten Kinder waren Litauer, nur ganz wenige Juden waren dabei, die ich nicht kannte, da sie auf andere Schulen gingen. Nicht einen Augenblick lang hatte ich Heimweh, im Gegenteil, ich genoss jeden einzelnen Moment. Wir waren von morgens bis abends beschäftigt: Übungen, Unterricht, Gespräche und Chorstunden. Wir sangen die russischen Lieder, die wir bereits von den sowjetischen Soldaten kannten, die durch die Straßen von Kaunas marschierten. Seit dieser Zeit liebe ich die russischen Märsche von damals, und wenn ich den Chor der Roten Armee höre, der ab und zu in Israel gastiert, wecken ihre Stimmen warme Erinnerungen in mir, die mein Herz zum Schmelzen bringen.

Morgens badeten wir im Meer und kehrten anschließend singend im Marsch zurück ins Lager. Für mich war es das erste Mal, dass ich die Ostsee besuchte. Der Sand war vollkommen weiß, hier und da glänzten darin kleine Brocken Bernstein, die ich emsig aufsammelte, im Kopf schon den Plan, eine Kette daraus aufzufädeln, die ich meiner Mutter schenken wollte. Das grau-blaue Wasser war eiskalt, doch schon nach wenigen Minuten spürte ich die Kälte nicht mehr. Ich hatte im Fluss schwimmen gelernt, während unserer Sommerferien im Dorf, doch das Salzwasser der Ostsee war eine völlig neue Erfahrung.

Abends saßen wir am Lagerfeuer und sangen. Nach ein paar Tagen war ich bereit, für Stalin zu töten und zu sterben. Schließlich braucht es nicht viel, um Kinder zu überzeugen, sodass ich innerhalb kürzester Zeit gründlich ideologisiert war. Doch das Schicksal wollte es anders und gab mir keine Gelegenheit, meine Treue zum Vater der Kommunistischen Internationale zu beweisen.

An einem Morgen im Sommer ging die Welt unter

Es war am 22. Juni 1941 um vier Uhr morgens, als wir vom Geräusch explodierender Granaten erwachten, von lauten Motoren und Gewehrsalven. Was war das für ein Tumult? Wir sprangen aus unseren Betten, rannten zu den Fenstern und sahen draußen einen Konvoi aus Panzern und Lkw, die mit schwarzen Kreuzen bemalt waren und auf denen Soldaten aufgereiht saßen, mit Gewehren bewaffnet. Deutsche Soldaten! Was war geschehen? Was taten die Deutschen hier? Wo waren die sowjetischen Soldaten? Waren sie verschwunden? Warum beschützten sie uns nicht?

Nachdem der Zug aus deutschen Panzern und Lkw vorübergefahren war, machte sich Stille breit und wir gingen wieder zurück ins Bett. Was sollten wir auch tun? Die Gewehrsalven waren verklungen, nur noch das Knattern der nachfolgenden Motorräder war zu hören.

Vermutlich war ich einer der ersten Augenzeugen des deutschen Überfalls auf Litauen, das ein Jahr lang zur Sowjetunion gehört hatte. Ein paar Stunden lang herrschte beträchtliche Verwirrung. Alle Kinder rannten hin und her, keines wusste, was es machen sollte. Viele Jahre später habe ich erfahren, dass einige der Lagerleiter einen Bus organisiert hatten, damit sie ein paar Dutzend Kinder fortbringen und den sich zurückziehenden russischen Soldaten mitgeben konnten, die mit ihnen nach Russland flohen. Nur wenige dieser Kinder waren Juden.

Am Mittag dieses Tages traf eine Gruppe bewaffneter Litauer in unserem Lager ein, sportliche weiße Bänder an den Ärmeln. »Juden raus!«, brüllten sie und befahlen, uns in Dreierreihen aufzustellen, damit sie uns anschließend durch die Straßen von Palanga treiben konnten, wo Flüche und Drohungen aus der Menge auf uns herab prasselten; die Menschen stießen und traten und bespuckten uns zudem, bis wir endlich eine Synagoge erreichten, in der die Juden der Stadt bereits zusammengetrieben worden waren.

Wir, eine Gruppe von Kindern aus dem Pionierlager, saßen zusammen auf einer Seite. Wir kannten niemanden hier und das Lager war völlig überfüllt. Kindern weinten, Frauen wurden ohnmächtig, es war unerträglich heiß. Ich hatte solchen Durst, aber ich wagte nicht, mich zu bewegen, und blieb sitzen, zusammen mit den anderen. Wir trauten uns nicht einmal, miteinander zu reden. Nach endlosen Stunden kamen litauische Wachen herein. Sie entfachten ein Feuer neben dem Altar und zündeten die Schriftrollen an, die sie aus der Bundeslade gerissen hatten. Es herrschte absolute Stille in der Synagoge, nur das knisternde Geräusch des brennenden Pergaments war zu hören, während dicker Rauch sich breitmachte, den nicht einmal die geöffneten Fenster herauslassen konnten.

Von Zeit zu Zeit holten die litauischen Wachen Gruppen von Männern aus der Synagoge und jedes Mal folgte dann aus der Ferne das Geräusch von Schüssen. Ich verstand, was da vor sich ging und wusste, dass mir nun ebenfalls der Tod bevorstand. Ein ganzer Tag und eine Nacht waren vergangen, ohne Essen, mit nur wenig Wasser aus bereitgestellten Kübeln, mit dem Befehl, uns im Innern der verschlossenen Synagoge zu erleichtern – als ein großer, strammer Litauer hereinkam.

»Alle Kinder aus Kaunas, die am Sommerlager teilgenommen haben«, verkündete er, »sollen die Synagoge sofort verlassen!« Mit schlotternden Knien ging ich hinaus. Ich wusste, nun würde ich sterben, und dachte an meine Mutter. Sie war derart dagegen gewesen, dass ich an diesem Lager teilnahm. Als ob ihr Herz bereits geahnt hätte, was geschehen würde.

Draußen stand ein Bus mit der Fahne des Roten Kreuzes. Es war ein heller, heißer Tag, und ich holte tief Luft, sog immer wieder die frische Luft ein, um meine Nase und meine Lungen von diesem Gestank nach Kot und Urin zu reinigen, der in sie gedrungen war. Ich bin nicht verwöhnt und kann manch harte Umstände ertragen, doch bis heute, so viele Jahre später, muss ich nur eine öffentliche Toilette betreten, die ungepflegt und schmutzig ist und nach Urin stinkt, und schon kehren die Erinnerungen an diese fürchterlichen Stunden in der verschlossenen Synagoge von Palanga zurück und mir wird speiübel.

»Wo fahren wir hin?«, fragte ich den Busfahrer.

»Nach Kaunas, mein Kind, nach Hause«, antwortete er und sah mich mitleidig an.

Es waren nur wenige Kinder im Bus. Ich saß allein in einer der Reihen und starrte durchs Fenster nach draußen. Müde und hungrig dachte ich daran, wie froh und glücklich ich noch vor zehn Tagen auf eben dieser Strecke gewesen war, nur dass die Fahrt in die andere Richtung ging. Mir war klar, dass ich auf wundersame Weise mit dem Leben davongekommen war, doch ich hatte keine Ahnung, was mit meiner Familie los war. Ich war vollkommen verzweifelt. Später erst erfuhr ich, auf welche Weise ich vor dem sicheren Tod gerettet worden war, der das Schicksal all jener gewesen war, die in der Synagoge von Palanga hatten bleiben müssen. Der Vater eines der Jungen, welcher mit mir im Pionierlager gewesen war, pflegte einen freundschaftlichen Kontakt zum Vertreter des Roten Kreuzes in Kaunas. Es gelang ihm, ihn zu überreden, die jüdischen Kinder, die noch im Lager waren, zu retten und einen Bus mit der Fahne des roten Kreuzes nach Palanga zu schicken, die in den ersten Kriegstagen noch sowohl von Litauern als auch von den Deutschen anerkannt wurde. So wurden wir, ein paar Kinder aus Kaunas, von einem weisen Juden und einem ehrlichen Litauer gerettet.

Zwei Stunden später kamen wir in der Stadt an. Der Bus hielt am Platz vor dem jüdischen Waisenhaus[17], und durchs Fenster sah ich Vince dort auf mich warten, zusammen mit meinem Bruder Danny, einem hübschen, blonden, neunjährigen Jungen, der aussah wie ein Litauer. Meine Eltern wagten sich nicht mehr auf die Straße aus Angst vor nationalistischen Schlägern, die gar nicht erst abwarteten, bis die Deutschen ihnen Befehle erteilten, sondern unmittelbar nach dem Abzug der sowjetischen Armee jeden Juden ermordeten, der ihnen über den Weg lief.

Zusammen mit Vince und Danny ging ich nach Hause, voll Angst, dass mich meine dunkle Haut und meine dunklen Haare sofort als Juden zu erkennen geben würden. Unterwegs erzählten die beiden mir, dass die Deutschen Kaunas bombardiert hatten, und als sie die Explosionen gehört und den Feuerrauch aus der Stadt gerochen hatten, war ihnen sofort klar geworden, dass der Krieg ausgebrochen war.

Als wir zuhause eintrafen, fiel Mutter mir schluchzend um den Hals. »Ich hatte solche Angst«, stieß sie aus, »mein Herz hatte gesagt, dass du nicht ins Sommerlager gehen solltest. Gott sei Dank bist du gerettet und wieder bei uns zuhause.«

Von diesem Tag an wagten wir uns nicht mehr aus dem Haus. Nur Vince ging hinaus und kaufte ein, manchmal nahm sie Danny mit. Wenn sie zurückkam, berichtete sie, was draußen vor sich ging. Es war fürchterlich: In der Hauptstraße der Stadt ermordeten Litauer 70 Juden in der Nähe einer Autowerkstatt[18]. Passanten waren stehen geblieben und

17 Es gab zwei jüdische Waisenhäuser in Kaunas. Das eine wurde von Rabbi Elchanan Spector eingerichtet, das zweite lag in dem Vorort Vilijampolė (Slabotkė). In diesem versteckte der Kinderarzt Petras Baublys, der Direktor des Kinderhauses, im Keller des Gebäudes jüdische Kinder und rettete ihnen auf diese Weise das Leben, wobei er sein eigenes Leben riskierte. Am 5. Mai 1977 wurde Dr. Petras Baublys durch Yad Vashem der Titel »Gerechter unter den Völkern« verliehen.

18 Am 27. Juni 1941 wurden einige Dutzend Juden im Hof einer Autowerkstatt, die einer litauischen Firma namens »Liutukis« gehörte, grausam ermordet, vor den

feuerten sie an, und die Polizisten standen lachend daneben und halfen sogar bei dem Massaker. In Vilijampolė, einem Vorort von Kaunas, in dem viele Juden lebten, gingen die Litauer von Haus zu Haus, zerrten die Juden heraus auf die Straße und ermordeten sie. Später erfuhren wir, dass auf diese Weise in den ersten Tagen der Invasion 800 Juden umkamen.

Eines Nachts hörten wir Fäuste an unsere Tür hämmern. Wir versteckten uns in einem der Zimmer weit entfernt vom Eingang, während Vince öffnete und mit ruhiger, leiser Stimme sprach, woraufhin wir das Geräusch von Menschen hörten, welche die Treppe hinuntergingen. Anschließend erklärte Vince uns, die Leute hätten sich in der Adresse geirrt und sie hätte ihnen die richtige genannt. Viele Jahre später erzählte ihre Tochter Thereza uns, dass in jener Nacht die Litauer gekommen waren, um uns zu töten. Doch Vince hatte ihnen erklärt: »Man hat meine Juden hier längst umgebracht und jetzt bin ich die Hausherrin und wohne hier mit meiner Tochter. Was habe ich doch für ein Glück, dass sie mir eine so schöne Wohnung hinterlassen haben.« Das haben sie ihr geglaubt, und um uns nicht zu ängstigen, hat sie uns eine andere Geschichte aufgetischt. So hat unsere treue Haushälterin uns das Leben gerettet.[19]

Augen einer großen Gruppe litauischer Schaulustiger. Zuerst wurden die Juden gezwungen, Fäkalien und Müll fortzuräumen, danach traktierten die Deutschen und die Litauer sie stundenlang mit Eisenstangen. Am Ende malträtierten sie die Juden mit Rohren, durch die sie ihnen so lange Wasser einflößten, bis diese erstickten. Um an die Ermordeten zu erinnern, wurde später ein Monument aus Granit an dieser Stelle errichtet.

19 Kurz nachdem die Deutschen Kaunas erreichten, gestatteten sie den Litauern, Juden in ihren Häusern zu überfallen und auf die Straße zu zerren. Einige wurden sofort ermordet, die anderen ins VII. Fort am nördlichen Stadtrand von Kaunas im Stadtteil Žaliakalnis gebracht. Hier starben die weitaus meisten jüdischen Opfer.

Das Getto Kaunas

Zu Beginn des August 1941 wurden an jeder Straßenecke Plakate angebracht, auf denen Restriktionen für Juden bekannt gegeben wurden. Das Gehen auf dem Bürgersteig war verboten, Juden mussten fortan am Straßenrand gehen. Jeder, auch die Kinder, hatte einen gelben Davidstern vorn an der Kleidung anzubringen und immer sichtbar zu tragen. Ferner mussten alle Juden ihre Häuser verlassen und nach Slabotkė umziehen, das zum Getto[20] erklärt worden war.

Das Wort Getto hörte ich damals zum ersten Mal in meinem Leben. Ich verstand seine Bedeutung nicht, aber meine Eltern erklärten uns, dass es vielleicht gar nicht schlecht sei. Wir würden dorthin ziehen, weil es ein abgeschlossener, eingezäunter Ort sei, an dem die Litauer uns nicht einfach so nach Lust und Laune auf der Straße oder zuhause ermorden könnten. Ich aber dachte mir, dass die Litauer jetzt sogar bei denen, die gar nicht jüdisch aussahen, so wie mein Bruder Danny, wussten, dass es Juden waren, wegen des Davidsterns, den jeder an seiner Kleidung tragen musste. Wie auch immer, kein Mensch konnte sich auch nur im Entferntesten ausmalen, was uns da erwartete, an diesem angeblich so sicheren Schutzort, den sie Getto nannten.

Vince wollte Danny mit in ihr Dorf nehmen. »Er hat blonde Haare und grüne Augen«, sagte sie, »er sieht aus wie einer von uns. Wer sollte draufkommen, dass er Jude ist?« Mutter und Vater waren hin- und hergerissen, doch am Ende erklärte Mutter: »Nein, es ist wohl besser, wenn er bei uns bleibt.« Vince ging in ihr Dorf und organisierte dort ein Pferd samt Wagen und Lebensmittelvorräten. Wir packten ein paar Möbel, Wolldecken, Küchenutensilien und Kleidung hinzu, und so zogen wir in das Getto Slabotkė, in ständiger Todesangst vor den Litauern, auf die wir möglicherweise unterwegs treffen würden.

Am Gettotor verabschiedete Vince sich unter Tränen von uns und Mutter legte ihr ihren Ehering in die Hand. »Du wirst das brauchen,

[20] Die ersten Anordnungen, ein Getto in Slabotkė (Vilijampolė) abzuriegeln, wurden den Mitgliedern des Interim-Komitees, eingerichtet von den Vorsitzenden der Jüdischen Gemeinde, bereits am 8. Juli 1941 erteilt. Der letztmögliche Tag für den Umzug ins Getto war der 15. August, doch viele Juden zogen bereits früher um. Das Getto dehnte sich auf beiden Seiten einer zentralen Straße aus, sodass ein großes und ein kleines Getto entstanden. Das Gelände war von einem Stacheldrahtzaun umgeben, an dem litauische Wachen positioniert waren.

jetzt, wo du in dein Dorf zurückkehrst«, sagte sie zu Vince, »aber bevor du dich dorthin aufmachst, geh noch rasch zu unserem Haus und hol dort alles heraus, was du nur auf diesen Wagen laden kannst.«

»Warum?«, schluchtzte Vince.

»Weil wir nie wieder nach Hause kommen werden«, sagte Mutter.

Als Vince zurück in ihr Dorf kam, waren ihre Eltern außer sich vor Wut, dass sie so in Ungnade gefallen war und ein uneheliches Kind in die Welt gesetzt hatte. Doch als die Deutschen dort einmarschierten, um die Pferde und den Weizen zu konfiszieren, konnte niemand mit ihnen reden, niemand außer Vince, die bei uns zuhause perfekt Jiddisch sprechen gelernt hatte und darum auch ein bisschen Deutsch konnte. Vince wurde zur Sprecherin im Dorf und niemand wagte mehr, auch nur eine Bemerkung zu machen über Thereza, den »Bastard«.

Als wir Thereza Jahre später wiedertrafen, erzählte sie uns, dass sie Mutters wunderbaren großen Goldring zu einem Juwelier in Kaunas gebracht hat, der daraus zwei Eheringe für ihre Tochter gefertigt hatte.

Neue Wörter: Getto – Eilbote – Aktion – Untergrund

Unserer Familie wurde ein Zimmer in einer Wohnung zugewiesen, die im zweiten Stock eines Hauses lag, das zu einer Arbeitersiedlung gehörte. Unsere neue Bleibe war so ganz anders als unsere bisherige schöne, große Wohnung. Zu unserem großen Glück gehörten zu dieser Unterkunft wenigstens eine Küche und ein Bad. Die anderen, die in alten Dorfhäusern untergebracht waren, mussten nach draußen zum Plumpsklo im Hof, selbst an kalten Wintertagen. Wer hat wohl vor uns in dieser Wohnung gelebt, und was ist mit ihnen passiert? Wir haben nicht gefragt und es war auch niemand da, der hätte antworten können.

Mit uns lebte noch eine weitere Familie in der Wohnung und es war keine leichte Aufgabe, sich gemeinsam ein Bad zu teilen und eine Küche, immer darauf warten zu müssen, dass man dran war, sich beim Kochen zu beeilen und beim Essen, denn die anderen waren ja auch hungrig. Ich kann mir vorstellen, dass die Situation für meine Eltern ganz schön schwierig war, aber ich erinnere mich nicht daran, dass sie sich jemals wegen der Überbelegung beschwert haben oder wegen der Lebensbedingungen oder überhaupt wegen des schlimmen Schicksals. Vielleicht haben sie sich mit dieser grauenhaften Veränderung deshalb abgefunden, weil es uns gelungen war, die Pogrome zu überleben, welche die Litauer in den ersten Tagen nach der Invasion der Deutschen durchgeführt hatten – als wir ins Getto umzogen, war die Familie immerhin noch vollständig.

Ich war erst 13 Jahre alt, doch ich war über Nacht erwachsen geworden und hatte kapiert, dass ich mir jetzt eine Arbeit suchen musste, denn nur so konnte man hier überleben. Zu meinem großen Glück kam ich beim Arbeitsamt des Gettos unter. Man gab mir eine Armbinde, die ich über den Ärmel ziehen musste, und auf der stand das Wort »Eilbote«, was so etwas wie ein Kurier war. Schnell fand ich heraus, dass ich aufgrund der großen Ähnlichkeit zwischen dem Jiddischen und dem Deutschen beinahe alles verstand, was mein Vorgesetzter sagte, und bald schon hatte ich außerdem ein bisschen Deutsch gelernt.

Mutter, Vater und meine Schwester hatten nicht so viel Glück wie ich. Sie wurden zur Zwangsarbeit verpflichtet und mussten zwölf Stunden am Tag beim Bau des neuen Flughafens nahe der Stadt arbeiten[21] oder in den größeren Fabriken, wo sie für die Deutschen kriegswichtige Güter herstellen mussten. Alle zwei Wochen wurden sie zur Nachtschicht eingeteilt. Wie oft muss ich an meine Mutter und an meine Schwester denken – Frauen, die bisher niemals körperlich gearbeitet hatten und die nun auf einmal gezwungen waren, stundenlang zu schaufeln und zu bauen, dem eiskalten litauischen Winter ausgesetzt – doch niemals habe ich sie klagen hören.

Die Flughafenarbeiter erhielten größere Essensrationen als andere. Meist nahmen sie eine Portion davon zur Seite für diejenigen, die krank im Spital lagen und von den Deutschen für so gut wie tot angesehen wurden, sodass für sie keine Essensrationen mehr eingeteilt wurden.

Danny blieb zuhause und war dafür zuständig, zusätzliche Lebensmittel aufzutreiben und zu kochen. Im Gemüsegarten der Vormieter sammelte er Kartoffeln, hackte etwas Brennholz, heizte damit den Ofen an und kochte Suppe aus den mageren Vorräten, die wir erhielten. So stand eine warme Mahlzeit bereit, wenn wir hungrig und erschöpft von der Arbeit heimkehrten.

Im Sommer pflanzte Boria, der Mann meiner Cousine Bella, vor dem Haus etwas Gemüse an. Ich erinnere mich nicht, dass jemals Gemüse aus unserem Garten gestohlen worden wäre, es wurden noch normale, anständige menschliche Umgangsformen beachtet. Anscheinend unter-

[21] Von Mitte September 1941 an wurden Männer und Frauen zur Zwangsarbeit in den Vorort Aleksotas geschickt, wo die Deutschen begannen, einen großen Flughafen zu bauen.

schied sich unser Getto in dieser Hinsicht von anderen, vielleicht, weil die meisten Bewohner miteinander verwandt waren, denn Kaunas war eine Kleinstadt.

Das Leben im Getto war hart, aber am schlimmsten waren die Demütigungen, der Hunger und die Angst. Angst war unser engster Begleiter, immer, 24 Stunden am Tag. Menschen wurden auf offener Straße überfallen und mehr und mehr verschwanden ohne jede Spur.

Eines Tages gab es einen Aushang, auf dem verkündet wurde, dass Fachleute zur Arbeit gesucht würden – Ärzte, Ingenieure und Juristen. Daraufhin meldeten sich 500 Menschen in ihrer besten Kleidung und in der Hoffnung, dass ihre benötigten Fähigkeiten ihr Leben retten würden. Doch es war nichts weiter als ein Täuschungsmanöver der Deutschen, denn all diese Menschen verschwanden und wurden nie wieder gesehen, und niemand wusste, wo sie hingerichtet wurden. Anschließend holten sie die Alten und nach diesen die Kinder. Eltern kehrten abends von der Arbeit heim und mussten feststellen, dass ihre Kinder verschwunden waren. Ich erinnere mich an die Schmerzensschreie und Klagen, die nach jeder dieser Razzien, den sogenannten »Aktionen«, aus den Häusern drangen. Auch wir mussten eines Tages, als wir von der Arbeit heimkamen, entdecken, dass meine Tante und mein Onkel fort waren – sie waren 50 Jahre alt. Sie haben auch unsere Cousine abgeholt, eine gut aussehende Französin, die 1940 aus Paris nach Kaunas geflohen war in dem Glauben, hier einen sicheren Hafen zu finden, nachdem die Deutschen Frankreich erobert hatten. Sie kam mit ihrer kleinen fünfjährigen Tochter zu uns, die nur Französisch sprach und in ihren hübschen Kleidchen aussah wie eine hinreißend niedliche Puppe. Sie lebten nebenan und als wir von der Arbeit zurückkehrten, waren sie weg.

Die Rettung eines kleinen Mädchens

Bella und Boria hatten sehr wohl verstanden, was für ein Schicksal die Kinder im Getto erwartete und waren auf der Suche nach einem Weg, ihre erst dreijährige Tochter Rinaleh zu retten. Auf wundersame Weise gelang es ihnen, einen Kontakt zu einer Litauerin herzustellen, die damit einverstanden war, die Kleine aufzunehmen. Doch wie sollten sie Rinaleh aus dem Getto schmuggeln? Boria, der in Berlin studiert hatte und fließend Deutsch sprach, konnte ins Gespräch mit einem der SA-

Männer kommen, der die Wachen befehligte, welche Boria und die anderen täglich auf deren Weg zur Arbeit bewachten. Der SA-Mann war kein Deutscher, sondern ein sogenannter Volksdeutscher, ein Kroate oder Deutsch sprechender Serbe mit deutschen Wurzeln. Boria bat ihn, ihm ausnahmsweise zu gestatten, ein Bündel Waren aus dem Getto herauszubringen. Als Gegenleistung versprach er, ihm seine goldene Uhr zu geben. Ehe er sich auf den Weg zu seiner Nachtschicht machte, legte er Rinaleh in einen großen Sack, lud sie auf einen Handkarren und stapelte ein paar Kleidungsstücke und Haushaltsgegenstände obendrauf. So zog er los zum Gettotor. Dort nahm der Wachmann auf einmal sein Gewehr von der Schulter und wollte mit dem Bajonett in die Waren auf dem Handkarren stechen. Boria griff nach dessen Arm. »Seien Sie nicht albern«, sagte er. Heute ist kaum zu verstehen, wie viel Mut dafür nötig war, so etwas zu tun. Offensichtlich war der Wachmann überrascht, er senkte sein Bajonett und streckte die andere Hand nach der goldenen Uhr aus. Boria zog hinaus durchs Gettotor und schloss sich der Arbeitergruppe an, die am Haus der Litauerin vorüberging, das nicht weit entfernt vom Gettotor lag.

Ohne gesehen zu werden, stahl er sich aus der Kolonne davon, legte den Sack mit dem Kind darin im Hof nah der Tür ab und eilte zurück zu der Arbeitergruppe. Glücklicherweise bemerkte im Schutz der Dunkelheit niemand etwas von dem Vorgang.

Viele Jahre später habe ich Boria gefragt, wie er so sicher sein konnte, dass seine Tochter keinen Laut von sich geben würde, ob er ihr vielleicht eine Schlaftablette gegeben hätte. »Nein«, entgegnete Boria, »ich habe ihr erklärt, dass sie wirklich mucksmäuschenstill sein muss, egal, was geschehen würde, denn sonst würde man uns alle beide umbringen. Das kann eine Dreijährige durchaus schon verstehen – und darum leise sein ...«

Bella und Boria haben Rinalehs Versteck einigen wenigen Verwandten genannt, damit in dem Fall, dass irgendeiner von ihnen überlebte, dieser in der Lage sein würde, die Kleine zu finden. Als Kaunas von den Sowjets befreit wurde, ist Sonja Balbach, eine unserer Cousinen, die einen Unterschlupf in der Nähe der Litauerin gefunden hatte, zu ihr gegangen und wollte das Kind abholen. Die Frau aber lehnte das ab. Zwei Monate später machten sich Boria, der aus dem Konzentrationslager Dachau gerettet worden war, und Bella, die das Lager Stutthof überlebt hatte, eilends auf den Weg nach Kaunas, um ihr Kind zu holen. Erst jetzt war die Litauerin einverstanden damit, sich von der Kleinen zu trennen und sie ihren Eltern zu übergeben. In der Zwischenzeit wa-

Yaakov Lipshitz (1903–1945), *Der junge Uri Chanoch, Ghetto Kaunas, 1941 bis 1944*, Bleistift, 25–35,1 cm, Kunstsammlung, Museum Yad Vashem

ren die Grenzen zwischen Ost und West geschlossen worden, und als Bella und Boria versuchten, mit Rinaleh das sowjetische Litauen zu verlassen, wurden sie nahe der Grenze verhaftet. Es wurde ihnen wegen Hochverrats der Prozess gemacht und sie wurden zu einer Haftstrafe verurteilt. Auf Anordnung des Gerichts wurde Rinaleh in ein sogenanntes Kinderhaus verbracht, was nur ein etwas freundlicherer Name für ein Waisenheim war.

Nach ihrer Entlassung kehrten sie zurück nach Kaunas, um dort zu leben. Sie bekamen noch einen Sohn, den sie Wolya nannten und der in Litauen aufwuchs. Als in den 1970er-Jahren die Auswanderung aus der Sowjetunion erlaubt wurde, kamen sie alle nach Israel. Boria erreichte ein biblisches Alter und erwarb sich große Anerkennung als Ingenieur, bis er 95 war. Er entwickelte sogar die Planungen für einen Teil des neuen Flughafens Ben Gurion. Doch ich greife hier vor und erzähle von einer Zukunft, die ich mir damals nicht im Traum hätte ausmalen können ...

Zurück zum Getto. Zu meinem Glück war ich sehr groß gewachsen und sah darum älter aus, als ich tatsächlich war, sodass ich weniger Gefahren ausgesetzt war, als Kinder sie hier für gewöhnlich zu gewärtigen hatten. Jeden Morgen erschien ich zur Arbeit im eingeschossigen Arbeitsamt mit seinem rot gedeckten Dach. Ein großer Ofen heizte das Büro, sodass es hier angenehm warm war. Der deutsche Kommandant war ein SA-Mann namens Gustav Hermann, der sich gegenüber mir und meinem guten Freund Haim Konvitz, der ebenfalls dort arbeitete, immer anständig benahm. Nie brüllte er uns an und er brachte uns sogar bei, wie wir in dem kleinen Beet neben dem Haus Gemüse anbauen konnten. »Es ist lebensnotwendig, einen Beruf zu haben, wenn das alles hier mal vorüber ist«, erklärte er uns. Bis heute frage ich mich, warum er das gesagt hat. Hat er wirklich geglaubt, dass wir überleben würden? Wollte er uns ein bisschen Hoffnung in die Herzen pflanzen? Schließlich musste er es besser wissen als wir, dass das, was uns erwartete, der Tod und nicht das Leben war.

Wir hörten und sahen all die Gräueltaten, die sich um uns herum abspielten, Menschen, die auf offener Straße ergriffen wurden, damit die Quoten der Deutschen für die Transporte nach Lettland oder in andere angeordnete Regionen erfüllt wurden; keiner von ihnen kehrte zurück. Eines Tages haben die Deutschen das Jüdische Krankenhaus, nachdem sie zuvor alle Öffnungen hermetisch abgedichtet hatten, in Brand gesetzt und niedergebrannt, und alle Patienten, Ärzte, Krankenschwestern und Pfleger darin saßen in der Falle.

Trotzdem ging auch hier, im Schatten des Todes, der Alltag weiter. Im Sommer spielte ich nach der Arbeit Fußball mit meinen Freunden auf einem kleinen leeren Feld. Gelegentlich, wenn ich Glück hatte, fand ich ein Buch zum Lesen, obwohl Bücher im Getto eigentlich strengstens verboten waren. Nach der »Bücheraktion«, bei der alle Bücher, die bis dahin von den Menschen mit ins Getto gebracht wurden, konfisziert worden waren, riskierte jeder, der noch Bücher besaß, sein Leben.[22] Es gab dennoch manche, die auf Bücher nicht verzichten wollten, trotz aller Gefahr. Ich liebte es, zu lesen, besonders Abenteuerbücher und historische Geschichten boten mir eine wunderbare Flucht aus der Realität.

Eines Tages kamen Mitglieder der Untergrundorganisation Beitar auf meinen Freund Haim und mich zu und baten uns, Arbeitserlaubnisscheine zu stehlen. Sie wurden in den verschlossenen Schubladen eines Büroschranks aufbewahrt, der an der einen Wand des Zimmers stand. Mit klopfendem Herzen und zitternden Händen zogen wir die oberste, unverschlossene Schublade auf, griffen hinten durch in die darunterliegende Schublade und zogen einige Blankoscheine heraus. Dann schlichen wir uns in Gustav Hermanns Büro und taten, als ob wir dort seine Stiefel polieren wollten, um blitzschnell die Zertifikate mit seinem Gummistempel zu stempeln, der in seiner Schreibtischschublade lag. Anschließend versteckten wir sie in unseren Hosentaschen. Am Abend übergaben wir sie dem Boten von Beitar. Mithilfe dieser Arbeitserlaubnisscheine gelangten mehrere Dutzend Jugendliche aus dem Getto, flohen in die nahe gelegenen Wälder und schlossen sich den Partisanen an. Viele von ihnen konnten gerettet werden.

Wir wussten, dass wir, sollten wir entdeckt werden, zum Tode verurteilt würden. Doch in unserer Unwissenheit, Unschuld und mit unserem ganzen Bubenmut glaubten wir fest daran, etwas sehr Bedeutendes zu tun. Zu unserem Glück gab es Hunderte dieser Blankoscheine. Niemand zählte sie oder bemerkte gar, dass ein paar davon fehlten.

Nach einem Jahr im Getto war ich aus meiner Kleidung, die Mutter von zuhause mitgebracht hatte, herausgewachsen – meine Arme und Beine ragten aus den Ärmeln und Hosenbeinen heraus. Das war ein Problem, denn im Getto gab es keine Bekleidungsgeschäfte. Dann aber

[22] Am 27. Februar 1942 wurde allen Gettobewohnern befohlen, die in ihrem Besitz befindlichen Bücher abzuliefern. Alle Bücher von Wert wurden nach Deutschland gebracht und was übrig blieb, kam in die Papiermühle, um dort wiederverwertet oder verbrannt zu werden.

hörten wir, dass eine Ladung Kleidung eingetroffen war und man sie in einem Lagerhaus in einer der Gettostraßen erhalten könne. Zusammen mit Mutter ging ich dorthin, und wir fanden ein Paar gebrauchte Hosen und eine Jacke, die mir passten. Ich brachte die Armbinde, die mich als »Eilbote« auswies, an der Jacke an und kehrte zurück zum Arbeitsamt. Später erfuhr ich, dass die Kleidung einem Jungen in meinem Alter gehört hatte, einem aus der Gruppe von Juden, die von München nach Kaunas deportiert und im Fort IX[23] ermordet worden waren. Die Kleidung, welche sie auf dem Weg in den Tod ablegen mussten, wurde weiterverwertet und ins Getto gebracht. Das war deutsche Effizienz.

Es gibt eine Zeichnung von mir in dieser Jacke, mit dem Erkennungszeichen am Ärmel, angefertigt von dem Künstler Jacob Lifshitz. Diese Zeichnung hat überlebt und befindet sich in der Ausstellung von Yad Vashem, im »Getto Kaunas«-Raum.

Ein Nazi-Offizier rettet meiner Mutter das Leben

Zu Beginn des Oktobers 1942 wurde über Aushänge im Getto angeordnet, dass sich alle Bewohner am 28. Oktober auf dem Aikštė Demokratu zu versammeln hätten. Welche Ironie lag darin, ausgerechnet zur Sammlung auf dem Platz der Demokratie aufzurufen, ehe es von dort auf einen Marsch in den Tod ging. Ich vermute, fast alle Einwohner des Gettos sind erschienen. Was hatten sie auch für eine Wahl? Die Tore des Gettos waren fest versperrt, Soldaten bewachten die Zäune, und selbst wenn es jemandem gelungen wäre hinauszukommen, wohin hätte er fliehen sollen? Der erstbeste Litauer, der ihn bemerkt oder erkannt hätte, hätte ihn auf der Stelle getötet oder den Deutschen ausgehändigt.

Im Morgengrauen machten wir uns auf den Weg zum Platz. Von überall her, aus beiden Teilen des Gettos – dem kleinen wie dem großen – strömten die Menschen auf die große Fläche, obwohl sie genau wussten, worin der Zweck dieser Versammlung bestehen würde. Schon früh am Morgen waren bereits 20000 Menschen dort. Der Platz war von Zäunen und Soldaten eingeschlossen. Zu Fuß bewegten wir uns lang-

[23] Vom 25. bis zum 29. November 1941 gab es mehrere Transporte deutscher Juden nach Kaunas. Vom Zug aus wurden sie zu Fuß ins Fort IX gebracht, wo sie ermordet wurden. Schätzungsweise 5000 deutsche und österreichische Juden wurden in Kaunas umgebracht.

sam in der Menge voran. Stunde um Stunde verging und immer noch warteten wir darauf, dass über unser Schicksal entschieden würde, über Tod oder Leben. Kinder weinten, Alte fielen in Ohnmacht, Kranke kollabierten und starben, und immer noch standen wir dort. Unter den schrillen Kommandoschreien der Deutschen ordneten die Menschen sich in eine lange Reihe ein und traten so vor SA-Obersturmführer Fritz Jordan und SS-Hauptscharführer Helmut Rauca.

Eine winzige Handbewegung entschied über das Schicksal der Menschen: nach rechts oder nach links, rechts oder links. Wir hatten alle längst verstanden, welche die »schlechte Seite« war – ich kann mich nicht mehr erinnern, ob es die linke oder die rechte war. Auf einer Seite drängten sich die Alten, Gebrechlichen, dazu viele Mütter und Kinder zusammen.

Vom Morgen bis tief in die Nacht standen wir auf diesem Platz. Während all dieser Stunden geleiteten die Deutschen und ihre litauischen Helfer die Reihen von Menschen, deren Schicksal besiegelt war, in Richtung Fort IX. Aus der Ferne hörten wir das Echo der Gewehrsalven und wussten, wir würden all diese Menschen nie wieder sehen. Nachdem die Tagesquote der Liquidationen, die im Fort IX möglich waren, erfüllt war, brachten sie den Rest der Verdammten ins kleine Getto, wo sie einen Tag und eine Nacht ohne Essen und Wasser ausharren mussten, um dann später in den Tod zu gehen, der im Fort IX auf sie wartete.

Als wir fünf, einander untergehakt, vor die SS-Offiziere traten, wussten wir bereits, dass sie die Alten, Frauen und Kinder aussortierten. Ich spürte, wie mir das Blut in den Adern gefror, und meine Beine zitterten. Danny war erst zehn Jahre alt und ich hatte solche Angst, dass sie ihn auf die falsche Seite schicken würden. Zu seinem Glück war auch er groß für sein Alter. Für einen Augenblick setzte mein Herz aus, doch dann geschah ein Wunder: Mit knapper Handbewegung wies der SS-Offizier unsere ganze Familie auf die Seite derer, die leben durften. Wieder einmal waren wir mit dem Leben davongekommen.

Also machten wir uns auf den Heimweg durch die stillen, leeren Straßen. Hier und dort war aus den Häusern Klagegeräusch zu hören. Wir gingen weiter, so lange, bis wir endlich wieder in unserem kleinen Zimmer waren. Für uns war es eine Insel der Sicherheit.

Am nächsten Tag kehrten wir zu unserer täglichen Routine zurück, wobei die Sorge um das Schicksal unserer Familienmitglieder beständig wuchs. Würden sie von der Arbeit zurückkehren? Was sollte aus Danny werden, wo doch die Anzahl von Kindern von Monat zu Monat kleiner wurde? Neben den Sorgen plagte uns der Hunger. Ich wuchs in rasendem Tempo und der Magen tat mir weh vor Hunger. Mir war klar, dass

Lebensmittel rationiert waren, und ich bemühte mich, meine Eltern nicht merken zu lassen, wie hungrig ich war. Doch Mutter wusste es.

Eines Tages, als sie mit ihrer Zwangsarbeitereinheit auf dem Weg zum Flughafen war, stahl sie sich aus der Arbeitskolonne davon, nahm ihr gelbes Abzeichen ab und eilte zum Markt, wo sie etwas zu essen kaufte, im Tausch für eine Goldnadel, die sie noch besaß. Es ist kaum beschreibbar, wie viel Mut dazu gehörte, so etwas zu tun. Auf dem Rückweg ins Getto bemerkte sie, dass der Litauer sie betrogen hatte. Er hatte ihr einen Laib Brot und ein Stück Butter verkauft, doch in der Schale war unter einer dünnen Lage Butter nichts als Stroh. Noch ehe sie sich von dieser arglistigen Täuschung erholt hatte, wurde sie von einem litauischen Polizisten verhaftet, der ihr gefolgt war und sie nun den deutschen Soldaten übergab. Die brachten sie auf der Stelle ins Fort IX, von wo niemand je zurückkehrte.

Als ich an diesem Abend heimkehrte, hielt mich unterwegs ein Bekannter meiner Eltern an und berichtete mir, dass Mutter auf ihrem Rückweg ins Getto verhaftet worden war. Ich wusste: Nun gab es keine Hoffnung mehr für sie. Die ganze Nacht brachte ich kein Auge zu. Wach lag ich da und dachte darüber nach, was ich tun konnte, um sie zu retten, doch ich wusste, dass sie keine Chance hatte. Am nächsten Morgen kam ich mit vor Weinen geschwollenen, roten Augen ins Arbeitsamt und noch immer konnte ich die Tränen nicht zurückhalten. »Was ist passiert?«, wollte Gustav Hermann wissen.

»Gestern ist meine Mutter verhaftet worden, sie haben sie ins Fort IX gebracht. Vielleicht können Sie sie noch retten?«

»Mach du deine Arbeit, mein Junge, und vergiss deine Mutter«, sagte Hermann. Ich saß in diesem Büro und die Tränen liefen mir über die Wangen. Nach ein paar Stunden flehte ich Hermann noch einmal an, mir meine Mutter zurückzubringen. Er erklärte mir, dass dies außerhalb seiner Macht läge. »Ich gehöre zur SA und die sind von der SS. Kein Mensch kann sie davon abhalten, Juden zu töten, das ist nun mal ihre Aufgabe.«

Ich fuhr mit meiner Arbeit fort und starrte ihn nur immer wieder flehend an. Vor Angst, ihn zu verärgern, sagte ich kein Wort mehr. Am nächsten Morgen erschien Hermann nicht bei der Arbeit. Leise weinend saß ich in der Ecke. Auf einmal kam er und sagte: »Geh mal nach draußen, da wartet eine Überraschung auf dich.« Sofort stürzte ich hinaus. Neben dem Haus stand ein Auto, und in diesem Auto saß Mutter.

»Wie hast du das geschafft, mich zu retten, mein Kind?«, fragte sie. »Noch nie ist auch nur einer von dort zurückgekehrt.«

Gustav Hermann war der einzige Deutsche, den ich kannte, der noch einen Rest von Anstand besaß. Nach dem Krieg, erfuhr ich, wurde er verhaftet. Dank der Aussage von einigen Juden aus Kaunas verurteilte man ihn zu lediglich drei Jahren Haft.

Zu meiner Arbeit als Botenjunge gehörte es, dass ich viele private Aufträge für die Deutschen zu erledigen hatte. Der schönste Tag in all diesen düsteren Jahren war jener, als ich ein Päckchen mit Handschuhen zu übergeben hatte, die ein Kunsthandwerker im Getto für einen der deutschen Offiziere angefertigt hatte, damit dieser sie seiner Liebsten schicken konnte. Mit einem Papier, das es mir gestattete, mich außerhalb des Gettos zu bewegen, und mit der »Eilbote«-Binde am Ärmel schritt ich durch das Gettotor hinaus und spazierte durch die Straßen der Stadt, so frei, wie ich es einst gewesen war. Dabei ging ich natürlich nicht auf dem Bürgersteig, Gott bewahre, das war für Juden streng verboten, nein, ich lief am Rand der Straße. Ich überquerte die Laisves Avenue, den Hauptboulevard der Stadt, kam nah am Café Monika vorbei, wo Vater mit seinen Freunden gesessen hatte, und passierte auch die Eisbahn. Aus der Ferne vernahm ich die Musik, die mir so gut gefallen hatte, und stellte mir vor, wieder frei zu sein. Dabei sog ich die frische, gute Luft tief und genussvoll ein. Schließlich erreichte ich die Adresse, die auf dem Päckchen aufgeschrieben war, und klopfte an die Tür. Eine große, gut aussehende Frau, auf deren Kopf ein geflochtener blonder Zopf zum Krönchen getürmt war, öffnete mir. Ich reichte ihr das Päckchen und wollte mich schon wieder auf den Weg machen, doch sie lud mich ein, mit ihr in die Küche zu kommen und mich einen Moment mit an den Tisch zu setzen. Dort bot sie mir ein Butterbrot an, eine dicke, weiße Scheibe beschmiert mit Butter und mehreren Schichten Wurst. Noch heute erinnere ich mich, wie köstlich das geschmeckt hat und wie sich für einen flüchtigen Moment mein Magen beruhigt hat. Sie war eine warmherzige Frau, die in mir wohl eher den verschreckten, hungrigen Jungen gesehen hat als den verachteten Juden.

»Kinderaktion«

Am 28. März 1944, es war mein 16. Geburtstag, begann die »Kinderaktion«[24]. Ihr Zweck bestand darin, die letzten noch verbliebenen Kinder im Getto zu vernichten.

[24] Die sogenannte Kinderaktion war die grausamste Aktion, die je im Getto statt-

Die Deutschen ordneten eine Ausgangssperre an, sodass die Menschen dazu verpflichtet waren, in ihren Häusern zu bleiben. Wir überlegten, was wir mit Danny tun sollten. Am Abend, bevor Mutter sich auf den Weg zur Nachtschicht am Flughafen machte, sagte sie zu mir: »Urinkeh, du passt auf ihn auf.« Wir beschlossen, dass ich ihn mit mir zur Arbeit nehmen und ihn auf dem Dachboden über dem Arbeitsamt verstecken sollte, denn dieser Ort war sicherer als jeder andere. Gewiss würden die Deutschen nicht ihr eigenes Büro durchsuchen. Wir brachen schon in der Nacht auf, noch vor der Ausgangssperre, die bei Tagesanbruch beginnen sollte. Über eine Leiter kletterten wir hoch auf den Dachboden, wo ich Danny unter einem Stapel alter Jacken und Plunder versteckte. Mein Freund Haim brachte seine Mutter und seine Schwester ebenfalls hierher, auch wenn seine Schwester kein Kind mehr war. Doch so waren sie immerhin an einem sicheren Ort, denn wer wusste schon, was die Deutschen noch geplant hatten?

Am Morgen trafen Dutzende von Lastwagen im Getto ein. Deutsche und ukrainische Soldaten sprangen heraus und fielen in die Häuser ein. Sie durchsuchten jede noch so kleine Ecke, spürten mögliche Verstecke auf, rissen Kinder aus den Armen ihrer Mütter, zerrten sie weg und warfen sie auf die Lastwagen. Aus Lautsprechern auf den Lastern dröhnte laute Musik, um das Weinen der Kinder und die Schreie der Mütter, die um ihre Kinder kämpften, zu übertönen. Eltern, die ihre Kinder mit ganzem körperlichem Einsatz retten wollten, wurden von den Soldaten erschossen und ihre Leichen zu den Kindern auf die Laster geworfen. Es übersteigt den menschlichen Verstand, die grauenhaften Szenen zu verarbeiten, die sich an diesem Tag in den Straßen von Kaunas abgespielt haben.

Unter allergrößter Anspannung und Sorge saßen wir im Arbeitsamt

gefunden hat. Das Ziel war, alle Kinder unter zwölf und Erwachsene über 55 zu ermorden. Den Juden wurde befohlen, in ihren Häusern zu bleiben, während Gruppen aus SS, litauischen Soldaten und ukrainischen Kollaborateuren hereinkamen und nach den Kindern suchten. Die gefangen genommenen Kinder wurden auf Lastwagen getrieben. Klagen und Flehen erfüllte die Straßen, doch die Deutschen blieben hartherzig und zwangen die jüdischen Polizisten, alle Verstecke zu verraten. Wer dies verweigerte, wurde erschossen. 1800 Kinder und alte Menschen wurden ermordet, 130 Polizisten wurden ins Fort IX gebracht und in den folgenden Tagen dort ermordet, unter ihnen ihr Kommandant, Moshe Levin, und seine beiden Stellvertreter. Die Jagd wurde am folgenden Tag fortgesetzt, und mit der Hilfe jüdischer Polizisten, welche der Folter nicht standhalten konnten, wurden Hunderte Opfer den Deutschen übergeben. Etwa 200 Kinder überlebten in ihren Verstecken im Getto die Aktion.

und hofften, dass die Deutschen diesen Ort auslassen würden, als plötzlich zwei Soldaten hereinstürmten und die Leiter hinauf zum Dachboden erkletterten. Haims Mutter und seine Schwester wurden sofort entdeckt, nach unten gebracht und auf den Lastwagen gedrängt. Haim begriff auf der Stelle, dass ihr Schicksal besiegelt war, und wollte mit ihnen gehen, doch der Offizier befahl ihm, beiseitezutreten. Als Haim sich anschickte, auf den Laster zu klettern, rammte der Soldat voll Kraft den Kolben seines Gewehrs auf Haims Hände, die sich hinten an der Ladeklappe des Fahrzeugs festklammerten, und stieß ihn fort. Nach wenigen Minuten fuhr der Laster an und rollte in Richtung Fort IX. Niemals hat Haim es sich verziehen, die beiden im Arbeitsamt versteckt zu haben.

Ich stand mit laut klopfendem Herzen am Eingang des Gebäudes und wartete, dass die Soldaten vom Dachboden herunterkämen. Auf einmal sah ich, wie Danny durch eine mir unbekannte Öffnung am Boden des Dachgeschosses hinuntersprang und im Zickzack die Straße hinaufrannte. Der Soldat richtete seinen Revolver auf ihn und begann zu schießen, bis Danny hinter der Kurve verschwand. In dem Moment, als ich sicher war, dass die Soldaten mir keine Aufmerksamkeit schenkten, rannte ich los in dieselbe Richtung, um nachzusehen, ob Danny verletzt worden war und ich ihm helfen könnte. Ich sah, wie er in eines der Häuser verschwand und rannte zurück zum Arbeitsamt. Ein Soldat, der mich kannte, lief hinter mir her. Er zog eine Peitsche heraus, die aus fest verknoteten Lederstreifen mit Metallstückchen an den Enden bestand, und peitschte damit auf meinen Rücken ein. »Wo hast du deinen Bruder versteckt?«, brüllte er. Ich fühlte, wie das Blut über meinen von den Peitschenhieben zerfetzten Rücken hinunterrann. Der Schmerz war beinahe nicht mehr zu ertragen, ich schrie und weinte.

»Wo hast du deinen Bruder versteckt?«, kreischte der Deutsche immer wieder. Ich weinte und stieß aus, ich wüsste nicht, wo er wäre, doch er hörte nicht auf, mich zu schlagen. Beinahe hätte ich aufgegeben, doch dann sah ich Mutter vor meinem inneren Auge. Was sollte ich ihr sagen, wenn sie Danny erwischten? Ich wusste, ich musste den Mund halten. Irgendwann habe ich dann wohl das Bewusstsein verloren.

Als ich wieder erwachte, stand jemand neben mir und sagte: »Geh nach Hause, sie sind weg.« Ich hatte keine Ahnung, was mit Danny geschehen war. Unter großen Schmerzen schleppte ich mich nach Hause, immer noch rann mir das Blut über den Rücken. Ich betete inständig, dass irgendein Wunder ihn gerettet haben möge.

Am Abend, im Schutz der Dunkelheit, tauchte Danny bei uns auf und erzählte, was ihm widerfahren war. Als er die Soldaten gehört hatte, wie sie zum Dachboden hochgeklettert waren, war er mit angehaltenem Atem still in seinem Versteck liegen geblieben. Einer der Soldaten hatte die Lumpen angehoben, mit denen ich ihn zugedeckt hatte, und hatte ihn fest am Arm gepackt. Im selben Moment hatte Danny die Öffnung am Boden entdeckt, sich losgerissen und war dort hindurch nach unten gesprungen, beinahe drei Meter tief, wo er fast auf einen anderen Soldaten gefallen wäre, der dort unten gestanden und geraucht hatte. So schnell er konnte war er davongerannt, als er die Schüsse hörte. Da war ihm eingefallen, wie er einmal im Kino gesehen hatte, wie jemand, der mit Schüssen verfolgt wurde, im Zickzack rannte, sodass es fast unmöglich war, ihn zu treffen. Genauso war Danny nun davongerannt, bis er in eine Sackgasse gekommen war. Dort hatte er einen Mann vor einem der Häuser stehen gesehen, der ihm bedeutete, in sein Haus hereinzukommen, wo er ihn in seinem Bett unter einem Stapel Leintücher und Tagesdecken versteckte. Wenig später hatte er Rufe und Schritte vernommen, dann hatte er gespürt, wie jemand den Stoffhaufen mit einem Bajonett durchstach. Sein Herz hatte gerast, er hatte den Atem angehalten, bis die Schritte sich wieder entfernten und er hörte, wie jemand auf Russisch fluchte. Da hatte er verstanden, dass das wohl einer der Ukrainer gewesen sein musste, der mit den Deutschen beim Mord an den Kindern kollaboriert hatte. Vielleicht war dieser Soldat nach all der schweren Arbeit dieses Tages nachlässig geworden …

»Ich habe nicht gewagt, mich zu bewegen, bis der gute Mann, der mich hereingeholt hatte, das ganze Bettzeug von mir wegnahm«, erzählte Danny uns, »dann hat der mein Augenlid hochgezogen und gesagt: Komm, mein Junge, trink etwas Wasser, und dann mache ich dir einen Tee. Warte, bis es dunkel wird, und dann gehst du nach Hause.«

Und so ist der zwölfjährige Danny mit dem Leben davongekommen, weil er so erfindungsreich, so mutig gewesen war und durch reines Glück auf einen freundlichen und mutigen Mann getroffen war, der sein eigenes Leben riskiert hatte, um das eines Kindes zu retten, das er nicht einmal kannte.

Wenn ich an all die Eltern denke, deren Kinder während der Kinderaktion an diesem Tag so brutal verschleppt wurden, und wie sie abends von der Arbeit heimkamen und das Haus leer vorfanden, ohne Kinder, dann bricht es mir das Herz. Seit meine eigenen Kinder auf der Welt sind, kann ich nicht verstehen, wie jemand weiterleben kann, nachdem ihm seine Kinder weggenommen worden sind.

Nach der Kinderaktion wurden die Lebensmittelzuteilungen für

Kinder eingestellt, und das Essen, was uns zur Verfügung stand, war nun noch weniger. Irgendwie mussten wir mit unseren mageren vier Portionen zurechtkommen. Doch Mutter verstand es, aus dem, was da war, etwas zu zaubern, und ich vermute, dass unsere Eltern ihren Anteil so kürzten, dass wir Kinder ein bisschen mehr zu essen bekamen. Drei Jahre lang lebten wir im Getto, drei Jahre voll harter Arbeit, Aktionen, Angst, Hunger und Tod. Die Menschen um uns herum verschwanden, mein Onkel und meine Tante, Nachbarn, Bekannte und Spielkameraden, doch wie durch ein Wunder haben wir das alles überlebt, sogar Danny, der als ein Kind eigentlich gar keine Chance hatte. Wir waren eine der wenigen Familien im Getto, die noch beisammen waren.

Im Mai 1944 verbreitete sich das Gerücht, dass die Deutschen vorhatten, das Getto zu liquidieren. Die nahende Sowjetarmee hatte bereits Vilnius erreicht, das etwa eine Stunde von Kaunas entfernt lag. Die Nachricht vom Sieg der Sowjets pflanzte ein wenig Hoffnung auf unser mögliches Überleben in unsere Herzen. Vater arbeitete hart. Nach seiner Zwölf-Stunden-Schicht am Flughafen zog er noch los, um »Malinas«, Erdlöcher, auszuheben für jene, die noch etwas Geld besaßen und hofften, sich in diesen Erdlöchern verstecken zu können, bis die Sowjets eintreffen würden. Nachts hörte ich meine Eltern flüstern, hörte, wie sie überlegten, ob auch wir das versuchen sollten und in einen der Gräben, die Vater ausgehoben hatte, gehen sollten.

Aber Mutter zweifelte an dieser Idee. »Was?«, fragte sie, »glaubst du, sie wissen nichts von den Malinas? Die werden keinen einzigen Juden übersehen, die werden alles durchkämmen, jede einzelne Ecke absuchen.« Sie wusste gar nicht, wie recht sie behalten sollte. Nachdem das Getto von allen Einwohnern geräumt war, führten die Deutschen eine Durchsuchung von Haus zu Haus durch. Die meisten waren aus Holz gebaut und fingen sofort Feuer, als die Deutschen mit ihren Flammenwerfern daran vorübergingen. Ein Großteil derer, die sich in Malinas versteckt hatten, verbrannten darin. Nur in ein oder zwei Erdlöchern konnten die Menschen sich retten und überlebten.[25]

25 Am 8. Juli 1944 wurde das Getto Kaunas zerstört, nachdem die Frontlinie immer näherkam. In Lastwagen und Lastkähnen wurden die Juden nach Deutschland evakuiert. Es gab den Befehl, die Häuser derjenigen, die sich in unterirdischen Gräben versteckt hielten, zu verbrennen oder zu sprengen. So wurden bis zu 1500 Menschen ermordet. Nur 90 Menschen überlebten und wurden nach Stutthof und Dachau deportiert.

Ich bin kein Mensch, bin eine Nummer

Im Juli 1944, etwa zwei Wochen bevor die sowjetische Armee Kaunas erreichte, teilten die Deutschen uns offiziell mit, dass »alle Einwohner des Gettos am Bahngleis zu erscheinen haben, ohne Gepäck oder anderen Besitz«. Was haben wir gedacht? Was haben wir gesagt? Im Nebel der Zeit versinkt so vieles, wie eben auch diese letzte Nacht. Wir hatten geglaubt, dass die Deutschen uns verschonen würden, weil sie uns doch als Zwangsarbeiter brauchten. Meine Eltern waren noch immer junge, gesunde Menschen Anfang 40, darum hofften wir. Oft denke ich über den Begriff Hoffnung nach. Wir wussten, dass die Deutschen uns die ganze Zeit über belogen hatten. Trotzdem redeten wir uns gegenseitig ein, dass sie, wenn sie uns hätten umbringen wollen, dies längst schon hier in Litauen hätten tun können und sich nicht die Mühe machen müssten, uns an einen anderen Ort zu verschleppen. Wir machten einfach weiter damit, auf unser Überleben zu hoffen, trotz alledem.

Eines der Phänomene, das unser Leben im Getto beherrschte, war die Gerüchteküche, aus der üblicherweise Schlimmes kam. Täglich entstanden dort neue Märchen und Vermutungen. Ich weiß nicht, wer der Erste war, der diese Geschichten verbreitete, denn niemand wusste wirklich genau, was geschehen würde. Das letzte Märchen, das wir im Getto hörten, war, dass wir nach Deutschland geschickt würden, um dort die Kriegsanstrengungen zu unterstützen. Drei Jahre lang war das Getto unser Zuhause gewesen – und nun waren wir wieder unterwegs.

Litauen ist wunderschön im Sommer, wenn die Bäume und Felder ihre Schneedecken abwerfen und sich in Grün kleiden, doch diese idyllische Oase hatte sich in einen Hort des Bösen verwandelt. Wir liefen lange, lange durch grüne, mit Blumen übersäte Felder hinein ins Ungewisse. Damit um Himmels willen niemand würde fliehen können, war die Sammelstelle nicht der Bahnhof in der Stadt, sondern ein weit entfernter Ort irgendwo in einem Feld, wo uns ein langer Güterzug erwartete. Soldaten brüllten uns an, wir sollten uns beeilen und in die Waggons klettern. Immer mehr Menschen drängten sich darin zusammen, immer enger wurde es, bis sich niemand mehr bewegen konnte. Die Türen wurden plombiert und der Zug setzte sich in Bewegung. Stundenlang standen wir in den verriegelten Waggons, dicht gedrängt, bewegungsunfähig, ohne Wasser oder Essen, auf dem Weg zu einem unbekannten Ziel. »Der Richtung nach zu urteilen, müssten wir auf dem Weg nach Polen sein«, sagte jemand.

»Nein, wir fahren nach Deutschland«, behauptete ein anderer.

Zuerst taten uns die Beine weh, dann wurden Hunger und Durst immer schlimmer und verschärften die Lage. Noch später fühlten wir gar nichts mehr und warteten nur darauf, dass dieser Albtraum aufhörte. Wir versuchten, durch die Spalten zwischen den hölzernen Balken der Güterwaggons zu spähen, doch wir konnten nichts erkennen. Nach einer gefühlten Ewigkeit, vielleicht war es ein Tag und eine Nacht, vielleicht auch mehr, hielt der Zug an.

»Wo sind wir?«

»Da ist ein Schild, auf dem steht ›Stutthof‹«, verkündete jemand.

»Sind wir in Deutschland?«

»Nein, in Polen.«

Es war stockfinster in dem Güterwaggon, die Suchscheinwerfer draußen blendeten uns.

»Frauen und Kinder raus!«

Der Befehl kam aus Lautsprechern, begleitet von Hundegebell und dem Schlagen von Gewehrkolben an die Seiten der Güterwaggons. Das Kommando »Schnell, schnell!« war uns längst vertraut. Wir wussten sehr gut, dass die Deutschen das ständig brüllten.

Nach kurzem Wortwechsel entschieden Mutter und Vater, dass Danny nicht aussteigen, sondern bei uns, den Männern, bleiben würde. Vielleicht erhöhte das seine Überlebenschancen. Mutter und Miriam wurden auf die Öffnung des Waggons zugeschoben. Keine Umarmung, kein Abschiedskuss. In dieser Menge, unter diesem Drängen war keine Zeit für so etwas. Kurz bevor Mutter ausstieg, drückte sie mir ein kleines Foto von sich in die Hand und sagte: »Vergiss mich nicht, mein Sohn.«

Ich erinnere nicht mehr viel vom restlichen Verlauf dieser Fahrt, die noch viele Stunden, vielleicht sogar ein oder zwei Tage dauerte. Von Zeit zu Zeit hielt der Zug in einem Feld oder an einer Bahnstation, um andere Züge vorbeifahren zu lassen. Der Waggon war völlig überladen. Es gab weder Essen noch Wasser, doch an Hunger oder Durst kann ich mich nicht erinnern. Als ob eine blickdichte Leinwand zwischen mir und jeglicher Erinnerung an die Fahrt stünde. Als die Türen schließlich geöffnet wurden, lagen Bewusstlose und Tote am Boden des Güterwaggons. Ein gebrülltes »Raus, raus!« empfing uns.

»Wo sind wir?«

»In Bayern«, antwortete jemand.

»Wo ist das?«

»In Deutschland.«

»Kaufering« stand auf dem Ortsschild. Erschöpft und hungrig stellten wir uns in Dreierreihen auf, das Gebrüll der Soldaten als Hintergrundgeräusch.

»Alle Wertsachen müssen abgegeben werden!«, bellten die Deutschen.

»Gebt den Bastarden kein Stück«, lief es als Flüsterparole von Reihe zu Reihe. Einige machten sich auf den Weg zu den Latrinen am Ende des Feldes, andere folgten ihnen und taten so, als würden sie miteinander reden, während sie die wenigen Wertsachen, die sie noch besaßen, in die Latrinen warfen.

»Glaubt ihr, ihr könnt uns verarschen, ihr jüdischen Drecksäcke?«, schrien die Deutschen. Sie kommandierten zehn der bekannten Persönlichkeiten aus dem Getto, darunter Dr. Elkhanan Elkes[26], dazu ab, in die Latrinen hineinzusteigen und die Wertsachen aus den Fäkalienhaufen herauszufischen. Ich sah diese ehrwürdigen älteren Herrschaften aus dem Plumpsklo kommen, mit Exkrementen beschmiert, und erkannte, dass wir hier einen Ort erreicht hatten, an dem die Gesetze der zivilisierten menschlichen Gesellschaft keine Gültigkeit mehr besaßen.

Wir betraten eine lange Halle, in der bereits Hunderte nackter Männer standen, dicht gedrängt, gedemütigt und beschämt. Für die Erwachsenen – mit vielen von ihnen war ich verwandt – war es zutiefst erniedrigend, doch es blieb keine Zeit für Erwägungen.

»Alle sofort in die Duschen, zack, zack!«, brüllten sie. Als sie uns befahlen, die Duschräume zu betreten, erhob sich ein furchtbares Schreien. Wir wussten bereits, was die Deutschen unter »Duschen« verstanden.

»Aha«, grinsten die Deutschen, »diese dreckigen Juden wollen sich wohl nicht waschen.«

Erst als einer der Soldaten seine Uniform auszog und die Duschräume betrat, wagten auch wir, es ihm gleichzutun. Das kalte Wasser belebte uns, unsere Körper ebenso wie unseren Geist, nach all diesen Tagen im Zug. Wir ahnten nicht, dass dies die letzte Dusche für die nächsten zehn Monate sein würde.

In einer Ecke der Halle lagen am Boden Stapel an Kleidung, die aus-

[26] Elkhanan Elkes, ein angesehener Arzt und Vorsitzender des Ältestenrats im Getto Kaunas, unterstützte die Versuche, eine Untergrundbewegung im Getto zu gründen. Im Juli 1944 wurde er in das Lager Landsberg in Deutschland deportiert, wo er starb.

sah wie Pyjamas, gefertigt aus grobem, dünnem, blau-grau-gestreiftem Stoff. Je ein solcher »Anzug« bestand aus einem Hemd und einer Hose, die von einer Schnur anstelle eines Gummibandes gehalten wurde, und einer Mütze. Ein kleiner, roter, dreieckiger Aufnäher wies uns als »politische Gefangene« aus und unter dem Etikett stand unsere Häftlingsnummer. Im KZ Kaufering, dem größten Außenlager des KZ Dachau, machten die Deutschen sich nicht die Mühe, uns die Nummer auf den Unterarm zu tätowieren. Sie wussten, wir würden diese harte Arbeit und den Hunger nicht länger als wenige Wochen überleben. Sie gaben uns Holzpantinen, aber keine Socken dazu, vielleicht, weil sie fürchteten, wir würden darin Dinge verstecken. Schon nach ein paar Dutzend Metern Fußmarsch hatten diese klobigen Holzpantinen tiefe Schrunden und Verletzungen in unsere Fußsohlen gerissen. Ich fragte mich, wohin ich das Foto meiner Mutter stecken sollte. Die Pyjamas, die man uns gegeben hatte, besaßen keine Taschen und ich hatte keine andere Wahl, als das Foto mit in eine meiner Holzpantinen zu stopfen. Nach wenigen Tagen hatten Schmutz und Schweiß das Bild zersetzt und ich wusste, ich würde meine Mutter nie wieder sehen.

Die Hölle namens Lager I

Auf einmal war unser altes Leben verschwunden, zusammen mit unserer Kleidung. Es fühlte sich an, als hätten sie uns gleichzeitig auch unsere Seelen genommen. Jetzt waren wir einzig an den Nummern auf unseren Hemden zu erkennen.

Vollkommen erschöpft trotteten wir in Richtung eines großflächigen Appellplatzes. Im Hintergrund erkannte ich Dutzende langer, flacher Dächer, die auf dem Boden zu liegen schienen. Was waren das für sonderbare Gebilde, fragte ich mich. Dächer ohne Häuser? Hundehütten? Und warum waren sie so lang? Und so viele? Nach stundenlanger Quälerei waren der Zählappell auf dem Appellplatz überstanden. Dies sollte zu einer neuen Form der Folter werden, zweimal täglich vorgeschrieben, auf dem Weg zur Arbeit und auf dem Rückweg, endloses Zählen der Häftlinge.

Am Rande des Zusammenbruchs vor Erschöpfung, Hunger und Angst taumelten wir auf die Dächer zu, die dort am Boden lagen, und endlich begriff ich. Was zunächst wie Hundehütten ausgesehen hatte, war für uns gedacht. Das waren die Dächer unserer Unterkünfte. Etwa anderthalb Meter tiefe Gräben waren entlang des Feldes gezogen worden, in denen Bohlen lagen, bedeckt mit einer Lage Stroh. Das Stroh war im Nu durchnässt vom Regen, der durch die als Dach dienenden Bretter drang. Diese Bohlen stellten die »Betten« dar, welche die Deutschen für uns vorbereitet hatten. Der Gang zwischen den Reihen war so eng und so niedrig, dass es unmöglich war, dort aufrecht entlangzugehen, ohne sich den Kopf an der Decke zu stoßen. Dieses Detail war nur ein weiteres auf der Skala der Erniedrigungen, dazu ersonnen, uns zum Kriechen und Ducken zu zwingen und unseren Willen zu brechen. Zusammen mit etwa 100 weiteren Menschen stiegen wir in dieses Erdloch hinunter. Vater, Danny und ich fanden einen Platz für uns auf einem der oberen Bretter, wo wir uns in die dünnen Decken hüllten, die man uns mit der Kleidung gegeben hatte. Wir waren nach all diesen vielen Tagen im Zug so hundemüde, dass wir sofort in tiefen Schlaf fielen.

Schon wenige Stunden später waren die Deutschen wieder zu hören, wie sie ihre Kommandos über die Lautsprecher brüllten. Niemals sprachen sie, immer brüllten sie, drängten uns mit ihrem »Schnell, schnell!«. Danach hatten sie dann alle Zeit der Welt, um uns stundenlang auf dem Appellplatz stehen und warten zu lassen. Wir stellten fest, dass die Mützen, die sie uns gegeben hatten, nicht dazu gedacht waren, unsere Köpfe damit zu bedecken, sondern als weiteres Foltermittel. Wenn wir auf dem Appellplatz standen, schrien die Deutschen wieder und wieder »Mützen auf! Mützen ab!«. Von dieser Übung waren wir erst erlöst, wenn die Tausend dort stehenden Menschen in perfektem Einklang ihre Mützen abnahmen und oberhalb der Knie auf ihre Schenkel schlugen. Erst dann begann der Zählappell.

Immer wieder zählten sie uns, als ob es möglich gewesen wäre, von hier zu fliehen.

Unser Frühstück bestand aus einer trüben braunen Brühe, die wohl Kaffee sein sollte, und zwei oblatendünnen Scheiben Brot. Das Abendessen war eine Scheibe Brot und eine Schöpfkelle wässriger Suppe.

Danny wurde zur Küchenarbeit abkommandiert, was wir als gutes Zeichen betrachteten. Vater und ich mussten mit einer großen Gruppe Männer einen langen Weg marschieren hin zu einem Ort, der wie ein gigantischer Krater aussah, etwa 30 Meter tief, in dem sich ein verflochtenes, wirres Gebilde aus eisernen Drahtmaschen und Zement befand. Das Geräusch der Betonmischer war ohrenbetäubend und über allem lag eine dichte Staubwolke.

»Was ist das hier?«, fragte ich einen Mann, der einen schweren Sack voll Zement auf dem Rücken schleppte.

»Das ist ein schlechter Ort, ein Todesort, mein Kind«, flüsterte der Mann, der wie ein Skelett aussah. Ich sah Hunderte, dieselben graublau gestreiften Anzüge am Leib, wie sie die schweren Zementsäcke schleppten. Dann blickte ich auf Vater. Er schwieg. Was sollte er mir auch sagen? Er drückte bloß meine Hand.

Als ich zwei Wochen später von der Arbeit zurückkehrte, hörte ich, wie andere sagten, die SS hätte alle Kinder mitgenommen. Ich rannte zum Appellplatz und sah, dass sie bereits in einer von Stacheldraht umzäunten Einfriedung weggesperrt waren. Sie waren die letzten 131 Kinder, die das Getto Kaunas überlebt hatten und mit uns ins Dachauer KZ-Außenlager Landsberg-Kaufering gekommen waren. Danny war einer von ihnen. Ein Bekannter von uns, der in der Küche arbeitete, erzählte uns, dass Danny beinahe vom Koch, einem Gefangenen aus dem Lager, gerettet worden wäre. Er hatte Danny in einem der großen Töpfe versteckt, doch ein kleiner Junge, der dies beobachtet hatte, verriet es den Deutschen. »Warum nehmt ihr nicht auch den Jungen mit, der sich in dem Topf da versteckt?« Die Deutschen zogen Danny heraus und verfrachteten ihn zu den anderen Kindern.

Ich sah Danny an, der hinter dem Zaun gefangen war. »Keine Angst«, sagte der alte deutsche Wachmann, »sie bringen ihn in ein Krankenlager. Du siehst doch selbst, wie dünn diese Kinder sind, es wird Zeit, dass sie weniger arbeiten und mehr essen.«

Tief in meinem Inneren war mir klar, dass er log, dennoch hoffte ich, dass er vielleicht doch die Wahrheit sagte, schließlich war er ein SA-Mann und kein SS-Offizier, genau wie Gustav Hermann, mein Kommandeur im Arbeitsamt.

Da stand ich nun und überlegte, ob ich lieber mit hinein in diesen eingezäunten Bereich und mit Danny fortgehen wollte oder ob ich bei Vater bleiben sollte, dem es von Tag zu Tag schlechter ging. Sie ließen uns nicht viel Zeit für Überlegungen. Die Kinder wurden auf Lastwagen getrieben, die mit ihnen in Richtung Lagertor verschwanden. Ich starrte auf Vater. Er schwieg, in seinen Augen standen Tränen.

Vater verschwand und nun war ich allein

Ein Arbeitstag dauerte zwölf Stunden. Wir arbeiteten in Schichten – abwechselnd in der Tag- und der Nachtschicht. Bei Nacht arbeiteten wir im Licht riesiger Scheinwerfer. Nach der Arbeit marschierten wir mehrere Kilometer zurück ins Lager. Wir waren hungrig und erschöpft, schleppten uns dahin auf unseren Füßen in diesen plumpen, offenen Holzpantinen, wir sahen aus wie Skelette. Wenn wir durch Dörfer und kleine Städte kamen, war da niemand, der uns wenigstens eine Brotrinde zugeworfen hätte. Das Böse ist schwer zu verstehen. Was hätten sie mit einer Frau oder einem Kind getan, wenn diese uns womöglich eine Scheibe Brot zugeworfen hätten?

Wir wussten damals nicht, dass unser Arbeitgeber die Baugesellschaft Moll war, welche der SS unseren Lohn zahlte. Wir arbeiteten unter unmenschlichen Umständen. Während wir uns über lose Holzbalken bewegten, schleppten wir schwere Eimer voll Zement, den wir in eine Zementgrube gossen. Manchmal brachen die Holzstufen unter dem Gewicht der Ladung zusammen und die Menschen fielen in den Zement hinein und wurden von diesem begraben. Wer stürzte, war verloren. Selbst wenn wir ihn hätten herausziehen können – er wäre bereits erstickt.

Jahre später fand ich heraus, dass der gigantische Krater, in welchem wir arbeiten mussten, Teil des Jägerstab-Projekts war – ein militärisch-industrieller Zusammenschluss, der Teile der Flugzeugmotoren für die Luftwaffe produzierte. Mehrere Dutzend Flugzeuge wurden aus diesen Teilen zusammengesetzt. Hitler hoffte, dass sie dazu beitragen würden, den Kriegsverlauf zu Deutschlands Gunsten zu ändern.[27] Heute weiß ich zwar, warum sie uns in Litauen nicht getötet hatten, sondern uns stattdessen den ganzen Weg bis nach Deutschland verschleppten, doch immer noch staune ich darüber. Wenn die Deutschen es so eilig damit hatten, dieses monströse Unternehmen fertigzustellen, dann hätten sie uns anständig versorgen und unterbringen sollen, damit wir besser arbeiteten. Anscheinend überwog ihr Verlangen nach dem Auslöschen der Juden die Dringlichkeit, den Bunker fertigzustellen. Als ich dort war, wusste ich natürlich nichts davon, doch ich wurde Zeuge der Be-

[27] Das Jägerstab-Projekt in der Kauferinger Region sah vor, drei riesige Bunker zu bauen, in welchen die Teile für die Messerschmitt 262 hergestellt werden sollten. Der Leiter dieser Außenlager war dem Leiter des KZ Dachau unterstellt. Der Plan war, 30000 Zwangsarbeiter zu beschäftigen, welche die SS bereitstellen sollte und welche in elf Außenlagern untergebracht werden sollten. Die ersten Häftlinge waren ungarische Juden, die im Juni 1944 hierher deportiert worden waren. Auf diese folgten große Gruppen Arbeiter aus Auschwitz. Die Bunker waren als die größten und innovativsten Zentren der Luftwaffen-Industrie der Nazis gedacht, doch aufgrund von Zement- und Metallmangel konnte nur ein einziger Bunker fertiggestellt werden, dessen Bau Ende Mai 1944 begann; bis heute sind Teile davon stehen geblieben.

sessenheit, auf jegliche Weise zu morden, was schon in dem Motto der SS in unserem Lager zum Ausdruck kam: »Vernichtung durch Arbeit«.

In der Zwischenzeit war der Sommer dem Winter gewichen und der erste schwere Schnee hatte den Boden zugedeckt. In unseren leichten Anzügen froren wir bitterlich bei Temperaturen von 10 bis 20 Grad unter Null. Der Winter 1944/45 war lang und sehr kalt. Mein Vater, der immer groß und stark gewesen war, wurde schwächer und schwächer. »Ich kann nicht mehr«, sagte er eines Tages, »morgen gehe ich ins Krankenrevier.« Wir wussten beide, was das bedeutete. Von dort kamen nur wenige zurück. Dennoch hoffte ich, dass ihm ein paar Tage Ruhe guttun und ihn wieder zu Kräften bringen würden. Er war immer so stark gewesen.

In der Morgendämmerung, ehe ich aufbrach zur Arbeit, sagte Vater mir: »Ich habe noch eine Unze Gold aufbewahren können. Die will ich dem Mann geben, der in der Küche arbeitet, damit er dich mit etwas Essen versorgt.«

Als ich am Abend zurückkehrte, war Vater nicht mehr da. Jahrelang habe ich geglaubt, dass er im Krankenlager von Lager IV gestorben wäre und im Massengrab des Lagers begraben läge, wo nach dem Krieg eine Gedenktafel errichtet wurde[28]. Doch es sollte sich herausstellen, dass dies nicht der Fall war.

Wann immer ich in den 1990er-Jahren während meiner Reisen nach Deutschland diesen Ort aufsuchte, habe ich an der Gedenktafel das Kaddisch gesprochen. Eines Tages, als ich das Büro der KZ-Gedenkstätte Dachau besuchte, habe ich mit Barbara Distel, der damaligen Gedenkstättenleiterin, gesprochen. »Es heißt, die Deutschen waren so gut organisiert,«, wollte ich von ihr wissen, »gibt es Aufzeichnungen mit den Namen der Menschen, die hier durchgingen?«

Nur wenige Minuten später brachte ihr die Sekretärin eine Fotokopie vom Auszug eines großen Registers, auf dem unsere Namen in wunderschön verschnörkelter Handschrift geschrieben standen, einer nach dem anderen: »Daniel Chanoch, von Dachau nach Auschwitz deportiert«; »Uri Chanoch, in Dachau festgehalten«; »Shraga Chanoch, von Dachau nach Auschwitz deportiert«. Auf diese Weise erfuhr ich, dass die Deutschen meinen kranken, erschöpften Vater in einem verplombten Güterwaggon für wenige Tage noch nach Auschwitz verschleppt

[28] Im frühen Dezember 1944 wurde nach einer Typhusepidemie, die unter den Häftlingen ausgebrochen war, entschieden, Lager IV unter Quarantäne zu stellen. Lager IV wurde zum Krankenlager aller Kauferinger Lager gemacht.

hatten. Vater war im selben Zeitraum dort angekommen, in welchem Danny als eines der »menschlichen Zugpferde« gedient hatte – Kinder, die Karren zogen mit der Kleidung derer, die gerade vergast worden waren.

Nachdem Vater verschwunden war, hatte ich das Gefühl, nicht mehr lange durchhalten zu können. Ich war allein, vollkommen erschöpft von der harten Arbeit und so hungrig, dass es wehtat. Immerhin konnte ich den Hungerschmerz verdrängen, indem ich sehr viel Wasser trank. Gelegentlich aß ich ein bisschen Salz, das es umsonst gab, um meinen Durst zu verstärken und mehr Wasser trinken zu können. Nach einiger Zeit, vermutlich aufgrund des häufigen Trinkens und meines gesteigerten Salzkonsums, geriet mein Flüssigkeitshaushalt aus dem Gleichgewicht und meine Füße schwollen deshalb so sehr an, dass ich kaum laufen konnte. Ich war so hungrig und so todmüde, dass ich nicht länger die Kraft besaß, um weiterzuleben. Beim morgendlichen Zählappell, als der deutsche Kommandant fragte, wer von der Arbeit befreit werden wollte, trat ich aus der Reihe hervor. Ich wusste, dass ich damit mein Schicksal besiegelte und mich zum Tode verdammte, doch ich war bereits zu apathisch. Ich wollte nichts mehr, als das Leid zu beenden.

In dem Moment sah ich Izia Rabinowitz – der mich aus dem Getto-Arbeitsamt kannte und ein Mitglied des Getto-Ältestenrats war – an der Seite des SS-Mannes stehen und ihm etwas ins Ohr flüstern. Er befahl mir, abseits zu stehen, und nach ein paar Minuten wies er mich an, ihm ins Lagerbüro zu folgen. »Du arbeitest jetzt hier als Laufjunge«, sagte er. Ich habe Izia nie gefragt, was er dem Deutschen zugeflüstert hatte, doch er hat mir damit das Leben gerettet. Die Arbeit war leicht. Ich musste das Büro sauber halten, die Bleistifte spitzen, die Tische und Regale abstauben, die Zigarettenstummel aufsammeln und die Aschenbecher entleeren. Zur Küche besaß ich freien Eintritt und konnte mir dort eine »Balashka« füllen, einen Blechnapf mit Henkel, in den viel mehr Suppe passte als auf die flachen Teller. Nach zwei Wochen hatte ich schon wieder etwas Kraft gewonnen.

An einem Morgen kamen die Arbeiter der Nachtschicht zurück und trugen meinen guten Freund Chaim auf einem Holzbrett. Blut strömte aus einer offenen Wunde in seinem Kinn. »Was ist passiert?«, fragte ich. Es stellte sich heraus, dass Chaim gestolpert und von einem der hölzernen Balken in Richtung des riesigen Zementbeckens gefallen war, in dem diejenigen, die vom Baugerüst fielen, begraben wurden. Zu seinem großen Glück war er bereits so leicht, dass er mit dem Kinn an einem Eisennagel hängen blieb, der aus dem Gerüst herausragte. Die anderen

Arbeiter nutzten die Gelegenheit, dass der Wachmann in diesem Augenblick gerade abgelenkt war, und befreiten – von diesem unbemerkt – Chaim von dem Nagel. Sie lagerten ihn auf einer Holztür, die sie gefunden hatten, und trugen ihn den ganzen Weg bis zurück ins Lager. So standen die Menschen mit gutem Herzen einander bei.

Chaims Wunde unter dem Kinn war böse. Seine Kameraden hatten den Wachmann davon überzeugt, dass der Verlust eines Arbeiters der Brigade sehr schlimm wäre, und brachten ihn in den Krankenblock des Lagers. Ich rannte eiligst dorthin und flehte Dr. Zacharin, den ich aus Kaunas kannte, an, Chaim zu retten. »Wenn du willst, dass ich ihn behandle, musst du mir Tabak bringen«, erhielt ich zur Antwort von dem jüdischen Arzt, der überall als schwierig bekannt war. Wie sollte ich Chaim nur retten? Woher sollte ich Tabak bekommen? Dann kam mir eine Idee. Jeden Abend, wenn die Deutschen gerade mal nicht aufpassten, zerkrümelte ich die Zigarettenstummel aus den Büro-Aschenbechern in eine kleine Schachtel, die ich dort gefunden hatte, und brachte diesen Tabak dem Arzt. Zwei oder drei Wochen später hatte Chaim sich erholt und ging zurück zur Arbeit. Chaim Konvitz überlebte, emigrierte nach Israel und gründete dort eine Familie. 50 Jahre lang arbeitete er als Kämmerer in der Gemeinde von Ramat Gan. Er gründete die Gesellschaft, welche die Patenschaft für die Fallschirmjägerbrigade in der Stadt übernahm und widmete sein Leben dem Geist dieser Gesellschaft – und er war mein bester Freund.

Eines Abends, als ich gerade fertig damit war, das Büro zu kehren, und die Tür öffnete, weil ich den Dreck draußen in den Abfalleimer werfen wollte, drangen ein eiskalter Wind und ein paar Schneeflocken herein. Draußen war es bitterkalt, und so entleerte ich den kleinen Staubhaufen auf dem Schneehügel, der sich neben dem Eingang angehäuft hatte, anstatt nach draußen zu gehen und ihn in den gut 20 Meter entfernten Abfalleimer zu leeren. Einer der Offiziere, die rauchend auf dem Balkon standen, gehüllt in warme Wintermäntel, sah, was ich tat, und fing sofort an zu schreien: »Du dreckiger Jude, du bist genauso widerlich, wie ihr alle seid!« Er kam sofort zu mir, schlug mir ins Gesicht, verkündete, dass ich bei meiner Arbeit versagt hätte, trat mich mit seinem schweren Stiefel und warf mich in den Schneehaufen, während er brüllte: »Morgen darfst du wieder Zement auskippen!«

Wann immer wir einem Deutschen begegneten, schlugen wir die Augen nieder. Niemals wagte ich, einem Deutschen direkt in die Augen zu sehen, doch ich bemerkte, dass in die SS-Gürtelschnalle das Motto »Gott mit uns« eingraviert war. Ich begann zu glauben, dass dies tatsächlich so sei. Wie war es sonst möglich, dass sie tun konnten, was sie wollten? Wie konnten sie uns schlagen, verhungern lassen, ermorden und selbst weiter gut leben, ohne dass ihnen etwas Schlimmes geschah? Hätte ich nur damals schon gewusst, dass nur ein Jahr später Johann Kirsch, der sadistische SS-Hauptscharführer, der uns in Lager I gequält hatte, festgenommen, verurteilt und im Landsberger Gefängnis gehängt würde.

Also kehrte ich zurück zur Zwölf-Stunden-Schicht auf der Baustelle, schleppte auf meinem Rücken die 50 Kilo schweren Zementsäcke, dem Lärm der riesigen Maschinen ausgesetzt, dem Gebrüll der Wachen, den Staubwolken. Von Woche zu Woche verlor ich an Gewicht und wog nicht mehr als der Sack Zement. Die Scheiben Brot, die wir bekamen, bestanden aus sehr wenig Mehl und sehr viel Stroh. In der trüben Brühe, die wir tranken und die sich »Suppe« nannte, schwamm gelegentlich ein winziges Stückchen Kartoffel. Von Tag zu Tag nahm meine Kraft ab. Manche teilten ihre Brotscheibe in kleine Häppchen, die sie eines nach dem anderen aßen. Ich konnte das nicht. In dem Jahr war ich sehr viel gewachsen und hatte das Gefühl, an Hunger zu sterben.

Eines Nachts träumte ich, dass der Krieg mit einem deutschen Sieg geendet und ich überlebt hätte. In meinem Traum arbeitete ich als Knecht für einen deutschen Bauern, der mir erlaubte, im Stall bei den Kühen zu schlafen. Der Stall war angenehm warm. Ich aß eine Scheibe Brot, die so dick mit Butter bestrichen war, dass ich den Abdruck meiner Zähne darin sehen konnte. Dann erwachte ich vom Gebrüll des Kapo und der Wachen. Verzweiflung überfiel mich und ich hoffte, der Tod würde mich endlich von meinem Leid erlösen. Am nächsten Tag stand ich in der Reihe vor dem großen Suppentopf und flehte, wie alle anderen es auch taten, den Häftling, der austeilte, auf Jiddisch an: »Gib mir fun die Gedichte« (Gib mir vom Dicken). Ich wollte, dass er die Kelle tiefer in den Topf senkte, bis dorthin, wo die Suppe dickflüssiger war. Manchmal erweichte mein Bitten sein Herz und er gab mir eine kleine Kartoffel in meine Suppe. Nachdem ich die dünne Suppe auf einmal hinuntergeschluckt hatte, kehrte ich um und stellte mich nochmal an. Ich hoffte, dass der jüdische Kapo, der neben dem austeilenden Häftling stand, mich nicht bemerken würde, doch der Kapo brüllte gleich los: »Gib ihm ja nichts!« Er trat mich, gleich zweimal, und schrie: »Melde dich heute Abend bei mir!«

Ich war überzeugt, dass er mich windelweich prügeln würde – die übliche Strafe für Verbrechen wie das zweimalige Anstellen bei der Essensausteilung. Doch als ich mich abends bei ihm in seinem Zimmer meldete, in dem ein kleiner Ofen stand und in dem es ganz anders aussah als in unserer Erdhütte, da nahm er einen Viertellaib Brot und zwei Scheiben gelben Käse und erklärte: »Setz dich hierher und iss es gleich auf, damit die anderen dich nicht sehen.«

Für eine kurze Zeit war mein Hungerschmerz gelindert und ich erkannte ein gewisses Maß an Menschlichkeit in dem grausamen Kapo.

Eine einzige Kartoffel ...

Ende März 1945, vielleicht war es gar mein 17. Geburtstag, kehrte ich wie jeden Tag von meiner mörderischen Arbeitsschicht zurück. Es hatte seit den frühen Morgenstunden stark geschneit. Ich war so erschöpft und todmüde, dass ich meine Beine in diesen schweren Holzpantinen kaum voranschleppen konnte, und mein Magen schrie laut vor Hunger. Als ich so am Rand der Straße trottete, fuhr ein kleiner, mit Kartoffeln beladener Lastwagen langsam neben uns her. Ich streckte meinen Arm aus und holte mir eine kleine Kartoffel. Da in der Häftlingsuniform keine Tasche war, behielt ich sie in der Hand. Ich hatte keine Ahnung, was ich damit anfangen sollte, wahrscheinlich würde ich sie einfach roh essen, bloß, um irgendetwas zu essen. Als wir im Lager ankamen, entdeckte der Wachmann sie in meiner Hand, brüllte mich an, aus der Reihe zu treten, und schickte mich zum Hauptscharführer Johann Kirsch, der mir ein paar Peitschenhiebe überzog und dann schrie: »Mund weit auf, ganz weit auf!« Ehe ich begriff, was er vorhatte, stopfte er mir die Kartoffel so tief in den Mund, dass ich beinahe erstickt wäre. Immer noch brüllte er auf mich ein, befahl mir, abzutreten und mich ans Tor zu stellen. »Damit all die dreckigen Juden sehen können, was mit Dieben passiert!«, donnerte Kirsch und trat mich dabei wieder und wieder. Dem deutschen Wachmann, der ein paar Meter entfernt in einer beheizten Hütte am Tor stand, befahl er, mich im Auge zu behalten.

Da stand ich nun, stundenlang, und wagte nicht, mich zu bewegen. Ich verlor jegliches Zeitgefühl. Es war eine stürmische, an Schnee und Wind reiche Nacht. Mein Mund und mein Kiefer taten vom heftigen Druck durch die Kartoffel so höllisch weh, dass ich kaum atmen konnte. Mein Körper gefror zu Eis, bis ich gar nichts mehr spürte. Ich weinte und die Tränen gefroren auf meinem Gesicht. Irgendwann fiel ich in einen kurzen Schlaf und träumte in diesen Minuten, dass ich am langen

Tisch im alten Zuhause unserer Familie säße und Mutter gerade ihre köstliche Hühnersuppe auftrug. Wenig später erwachte ich und stellte fest, dass ich noch immer am Lagertor stand. Wie hatte ich diese fürchterliche Nacht überlebt? Wie war es mir gelungen, auf meinen Füßen stehen zu bleiben, ohne mich zu bewegen? Wie kam es, dass ich nicht erfroren bin? Manche Dinge lassen sich einfach nicht erklären.

Mit der Morgendämmerung erklang die Musik des Orchesters, das uns jeden Morgen zur Arbeit begleitete. Ja, es gab tatsächlich ein Orchester in dieser Hölle. Es bestand aus jüdischen Musikern, manche von ihnen kannte ich aus dem Getto Kaunas, einschließlich des Dirigenten, Michael Hofmekler. Jeden Morgen spielten sie auf, unterhaltsame Werke wie die Walzer von Strauss und Auszüge aus den Operetten von Offenbach. Ich betrachtete diese Musiker, wie sie mit eingefrorenen, zitternden Händen spielten. Sie sahen aus wie Menschen aus einer verschwundenen Welt, die niemals wiederkehren sollte. Der Klang ihrer Musik geleitete die Reihe von Menschen auf ihrem Weg zur täglichen Arbeit. Ich sah, wie sie mich anstarrten, als wollten sie sagen: »Armer Kerl, wie hat er das bloß überlebt? Wie ist er in dieser eiskalten Nacht dem sicheren Tode entkommen?«

Dann kamen zwei SS-Frauen vorbei. Ich war für sie ein amüsanter Anblick – ein Junge, der aussah wie ein Skelett, der sich kaum auf den Füßen halten konnte und in dessen Mund eine Kartoffel steckte. Sie lachten und erkundigten sich bei mir, was ich verbrochen hätte. Mit letzter Kraft versuchte ich, ihnen die Geschichte meines Diebstahls mit Gesten darzustellen. Sie suchten Johann Kirsch auf und baten ihn, mir zu verzeihen. Zusammen mit den beiden kam er zum Lagertor, sah mich und blickte finster drein, als verstünde er nicht, wie es mir gelungen war, am Leben zu bleiben, wo er mich doch eigentlich zum Tode verurteilt hatte. Er trat mich noch einmal und dann ließ er mich gehen. Auf allen vieren kroch ich zurück in unsere Hundehütte, in der die Arbeiter der Nachtschicht schliefen, und brach auf dem Holzbrett zusammen. An diesem Morgen merkte ich nichts mehr von der schrecklichen Kälte, dem Hunger, nicht einmal von den Läusen, die mir das Fleisch von den Knochen nagten – die Löcher, die sie hinterließen, wurden zu Narben, die ich bis heute habe.

Viele Jahre später las ich meine »Kartoffelgeschichte« in einem Buch von Dov Shilansky, der von 1988 bis 1992 Präsident der Knesset und mit mir zusammen im Lager gewesen war. An jenem Morgen war er mit den Arbeitsbrigaden am Lagertor vorbeigegangen und hatte den Vorfall gesehen. Er erzählte mir, dass er so schockiert war von dem

Vorfall, dass er die Geschichte in sein Buch aufgenommen habe, obwohl er mich nicht kannte.

Und wieder folgten lange Wochen harter Arbeit. Ab und zu hatte der Kapo Erbarmen mit mir und gab mir Arbeit, die als weniger anstrengend galt – im Lager bleiben, um die Leichen einzusammeln, sie auf einen Karren zu laden, den Karren zum hintersten Teil des Lagers zu schieben und sie dort in eine große Grube zu werfen. Einem Freund von mir, den ich von der Schule und aus dem Getto kannte, wurde diese Aufgabe ebenfalls zugeteilt. Eines Tages fanden wir die Leiche seines Vaters, der in der Nacht im Erdloch gestorben war. Wir luden ihn auf den Stapel der Leichen auf dem Karren. Mein Freund weinte nicht und gab kein einziges Wort von sich. Dies zeigt, in welchem Ausmaß wir bereits gefühllos waren.

Wir beide gingen von einer Stelle zur nächsten und hoben unter großen Schwierigkeiten die Toten auf, denn selbst das geringe Gewicht dieser ausgemergelten Menschen war für uns und unsere schwindende Kraft noch zu schwer. Trotzdem luden wir sie auf, schoben den Karren zum Massengrab, Stunde um Stunde.

Mein Freund überlebte und emigrierte nach Israel. Wenn wir uns in den Folgejahren ab und zu mal trafen, dann sprach er nie von jenem Tag. Es gibt einfach Dinge, über die man nicht zu sprechen vermag, auch 60 Jahre später noch nicht.

Und so verging die Zeit, Tag für Tag, Woche für Woche. Wir wussten nichts von dem, was sich außerhalb des Lagers abspielte, doch die Gerüchteküche brodelte unaufhörlich. An einem Tag hieß es, die Russen wären im Anmarsch. Am nächsten Tag hieß es, die Deutschen hätten eine neue Waffe und würden den Krieg gewinnen. Später wurde uns gesagt, wir würden nach Tirol evakuiert. Über uns hörten wir das Geräusch von Flugzeugen und manchmal auch entfernte Kampfflieger. Niemals bombardierten sie unser Lager oder die Baustelle, obwohl die Piloten sie hätten sehen können. Wenn die Angriffe begannen, flohen die Deutschen und suchten Schutz und wir freuten uns über die Unterbrechung, die uns gestattete, uns ein wenig auszuruhen und die Flugzeuge zu beobachten, immer in der Hoffnung, sie würden eine Bombe auf uns werfen.

Eines Morgens erreichte ein kleiner Lastwagen das Lagertor, er trug das Rote-Kreuz-Zeichen. In der Ferne sahen wir Menschen in Zivil, die aussahen wie von einem anderen Stern. Später teilte der Kapo kleine Päckchen aus. Jedes enthielt eine Tafel Schokolade, ein paar Kekse und eine Dose mit süßer Kondensmilch. Es war, als wäre Manna vom Himmel gefallen. Ich schlang alles herunter und dachte einen Augenblick lang, dass es vielleicht irgendwo da draußen doch noch eine gute Welt gab.

Zugreise zurück ins Leben

Ende April 1945 erhielten wir beim frühmorgendlichen Appell folgende Nachricht: »Wir werden morgen das Lager evakuieren. Diejenigen, die beim Laufen Schwierigkeiten haben, können mit dem Zug fahren.« Längst wussten wir, dass die Züge zu Orten ohne Wiederkehr fuhren. Ich war nicht in der Lage zu laufen, doch ich ahnte, dass die Deutschen keine überlebenden Zeugen im Lager zurücklassen würden. Später erfuhr ich, dass sie das Krankenlager mit allen Kranken darin niedergebrannt haben. Ich war ein Skelett mit extrem angeschwollenen Beinen vom vielen Salzessen und Wassertrinken, was ich wieder begonnen hatte, um den Hungerschmerz ein wenig zu betäuben. Aber irgendwie hatte ich dennoch ein bisschen Hoffnung. »Ich kann nicht laufen«, erklärte ich meinen Freunden, den Shlomowitz-Brüdern, »ich fahre mit dem Zug.«

»Wir kommen mit dir«, antworteten sie, »wir können auch nicht laufen.«

Kaum schaffte ich es, auf den Zug hinaufzuklettern, der bereits vollkommen überfüllt war. Immer mehr lebende Skelette, die kaum auf den Füßen stehen konnten, wurden von den Wachen unter Schlägen mit ihren Gewehrkolben in die Güterwaggons hineingeschubst und -gedrängt. Die Türen wurden geschlossen. Mir war klar, dass dieser Zug uns zu einem einzigen Ziel bringen würde – in unseren sicheren Tod. Ich war so hungrig und so niedergeschlagen. In dem Moment, als ich das Geräusch der zuschlagenden Waggontüren hörte, war meine Hoffnung am Tiefpunkt. Wir fuhren etwa eine halbe Stunde lang, als der Lärm von Tieffliegern und Granateneinschlägen zu hören war. Waren das die Amerikaner oder vielleicht auch die Briten, die einen Munitionszug auf einem Parallelgleis bombardierten und dabei auch unseren Zug getroffen hatten? Jedenfalls gab es Verletzte und Tote. Die Verwundeten brüllten, die Toten wurden im Güterwaggon aufgestapelt. Der Zug hielt, die Wachen rissen die Türen auf und luden ihre Waffen.

»Los«, drängte ich meine Freunde, »lasst uns rausspringen und abhauen.«

»Bist du wahnsinnig? Die schießen wie die Irren auf jeden, der aus dem Zug springt.«

»Die bringen uns nach Dachau und bringen uns da wahrscheinlich um«, insistierte ich, »los, wir springen auf der anderen Seite raus, vielleicht merken sie das nicht.«

Mir allerletzter Kraft hechtete ich aus dem Zug und stolperte zwischen den Bäumen und Büschen neben dem Bahngleis umher. Gleich hinter mir sprangen die Shlomowitz-Brüder heraus. Wir hörten das Pfeifen der Kugeln hinter uns, doch irgendwie gelang es uns, im Zickzack wegzurennen, bis das Geschützfeuer aufhörte. Irgendwann ließen wir uns in ein Dickicht aus schneebedeckten Büschen fallen und ruhten uns eine Weile aus. Plötzlich sahen wir einen alten Mann auf einem Fahrrad über einen schmalen Weg heranradeln, einen Korb am Lenker hängend. Ich weiß nicht mehr, woher wir die Kraft nahmen, aus den Büschen zu springen. Der Mann war bei unserem Anblick so sehr erschrocken, dass er sein Rad fallen ließ und weglief. Sofort nahmen wir uns seinen Korb, in dem ein halber Laib Brot und eine kleine Flasche Milch waren. Wir teilten die kleine Mahlzeit und rannten anschließend sofort davon, ehe der alte Mann die Wachen rief.

Schnell drangen wir in die Tiefe des Waldes ein, abseits des Weges. Boden und Bäume waren mit einer dichten Schneedecke eingehüllt. Es war eiskalt. Wir zitterten in unseren dünnen Anzügen, vor Kälte und vor Angst, dass uns vielleicht ein Trupp Soldaten entdecken könnte, der den Weg entlang marschierte. Irgendwann kamen wir in die Nähe eines kleinen Dorfes. Aus den Schornsteinen der Häuser stieg Rauch auf und der köstliche Duft frisch gebackenen Brots durchzog die Luft. Wie gerne wären wir in eines der Häuser eingetreten, hätten uns vor dem Ofen aufgewärmt und um etwas zu essen gebeten, doch wir hatten viel zu viel Angst, in die Nähe der Deutschen zu kommen, selbst wenn sie keine Uniform trugen. Vielleicht lag es daran, dass wir niemals eine Spur von Menschlichkeit an ihnen bemerkt hatten, nicht einmal an jenen, denen wir auf unserem Weg zur Arbeit oder auf dem Rückweg begegnet waren. Durchgefroren und hungrig setzen wir unseren Weg durch den Wald fort, bis wir auf einmal ein Militärgelände erreichten, an dessen Tor das Zeichen der Luftwaffe hing. Wir vermuteten, das Lager wäre verlassen, da der Wachposten unbesetzt war, also beschlossen wir, hineinzugehen, ehe wir erfrieren würden.

Als wir durchs Tor gingen, sahen wir drinnen ein paar Soldaten umherlaufen. Zum Glück bemerkten sie uns nicht, oder vielleicht taten sie das doch, aber scherten sich nicht mehr um uns. Mit letzter Kraft rannten wir auf das Gebäude zu, das am nächsten zum Tor gelegen stand, hasteten die Treppen hinunter und traten in den Kellerraum. Wir schlossen die schwere Eisentür hinter uns zu und ließen uns auf den kalten Boden fallen. Der Keller war stockfinster und wir schliefen auf der Stelle ein. Ich weiß nicht, wie lange wir dort schliefen – es können Stunden gewesen sein oder auch ein, zwei Tage. Als wir erwachten, sprachen wir flüsternd miteinander, aus Angst, die Soldaten könnten noch dort sein. Der Hunger, der Durst und die lästigen Läuse nagten an uns wie eine Plage. Irgendwann losten wir aus, wer nach oben gehen und nachsehen sollte, ob die Soldaten noch immer da wären. Das Los fiel auf mich. Ich stieg die Stufen hinauf und fand das Gebäude still und leer. Vorsichtig spähte ich durch das Fenster im Treppenhaus.

Ein Panzer mit weißem Stern

Unten stand ein Panzer, auf dem ein weißer Stern aufgemalt war. Einen Moment lang überlegte ich, wofür dieser weiße Stern stand. Die Russen hatten einen roten Stern. Wem gehörte der Panzer? Dann hörte ich Soldaten sprechen – es war Englisch, das kannte ich aus den Cowboyfilmen, die ich im Gloria Filmtheater gesehen hatte.

»Kommt rauf!«, rief ich aufgeregt zu meinen Freunden, »schnell, kommt! Das sind keine Deutschen und auch keine Russen. Das sind Amerikaner!«

Ein Kerl mit schräg stehenden Augen stand neben dem Panzer. War das ein Japaner? Noch nie hatte ich einen Chinesen oder Japaner gesehen, außer vielleicht im Kino. Er starrte uns an, mit einem Ausdruck von Panik in seinem Gesicht. Dann sagte er etwas, aber wir verstanden nicht, was. Erst im Nachhinein begreife ich, was für ein Schreckensbild wir abgegeben haben – lebende Skelette, über und über von Läusen befallen, in Häftlingskleidung, nach Dreck und Fäulnis stinkend, in einer ihm unverständlichen Sprache redend.

Ein Jeep fuhr heran und blieb neben dem Panzer stehen. Der Fahrer kam auf uns zu und fragte auf Jiddisch: »Kinderlach, sprecht ihr Jiddisch?« Er holte ein paar Butterbrote und einen Becher Kaffee aus dem Jeep. »Ich weiß, ihr seid am Verhungern«, sagte er, »aber esst trotzdem langsam und nur eine einzige Scheibe Brot, und nehmt nur winzige Schlucke vom Kaffee. Ich habe schon Menschen wie euch sterben sehen, weil sie sich überfressen haben. Ihr müsst euch erst wieder langsam ans Essen gewöhnen.«

»Was ist passiert?«, fragten wir, »wohin sollen wir jetzt gehen?«

»Ich kann euch nicht mitnehmen, wir sind immer noch im Gefecht und müssen weiter vordringen.« Er zeigte in die Ferne auf ein Bahngleis. »Lauft da weiter«, fuhr er fort, »am Bahngleis entlang. Die Gegend dort ist bereits befreit, die Deutschen haben da schon aufgegeben und werden es nicht wagen, euch anzurühren. Nach ein paar Kilometern erreicht ihr dann eine Stadt namens Landsberg. Die Amerikaner sind dort und werden euch helfen.«

Dieser freundliche Soldat hat uns das Leben gerettet, als er uns davor warnte, zu viel auf einmal zu essen, und indem er uns nach Landsberg geschickt und damit vor dem Displaced-Person-Lager bewahrt hat, wo die meisten KZ-Überlebenden noch viele Monate verbringen mussten.

Was hatte ich in diesem Moment gefühlt, dem Augenblick der Befreiung? Eigentlich wäre es normal gewesen, sich zu freuen, doch ich verspürte keine Freude. Vielleicht hatte ich die Fähigkeit, mich zu freuen, in den vergangenen vier Jahren verloren, seit meiner Zeit als 13-Jähriger im Getto, seit der Zeit im Lager. Diese Jahre voller Angst und Verlust hatten meine Gefühle vernichtet. Wenn jeder Tag, den man überlebt, ein existenzielles Wunder ist, stumpft man vollkommen ab.

Ich war erleichtert, dass der Albtraum vorüber und ich frei war – doch an anderes konnte ich nicht denken. Mein Geist, mein Herz waren undurchdringlich versiegelt.

Erinnerungen an das wunderschöne Landsberg

Obwohl bereits der 4. oder 5. Mai war, lag immer noch weicher Schnee auf dem Weg und unsere Füße versanken darin. Die kleine Mahlzeit hatte unsere Lebenskräfte ein wenig aufgeweckt, sodass wir langsam unseren Weg zwischen den Schneebergen entlang des Gleises fortsetzen konnten, in unseren derben, schweren Holzpantinen. Nach etwa einer Stunde erblickten wir ein Schild, »Willkommen in Landsberg«, und vor uns erschien eine zauberhafte alte Stadt, ganz wie aus dem Märchen. Wir gingen weiter bis wir einen kleinen Platz erreichten, auf dem mehrere Militärfahrzeuge mit dem weißen Stern darauf parkten. Auf dem Platz stand eine Gruppe Soldaten. Ich weiß nicht mehr, woher ich den

Mut nahm, auf einen der Offiziere zuzugehen. Er sah uns an. »Jidden?«, fragte er, und ich sah, wie ihm die Tränen in die Augen stiegen.

»Was sollen wir machen?«, fragte ich.

»Wartet hier«, antwortete er, »wir finden einen Platz für euch.«

Er rief hinter einigen Deutschen her, die gerade über den Platz gingen, und befahl ihnen, stehen zu bleiben. Dann sprach er zwei alte Frauen auf Jiddisch an, das dem Deutschen sehr ähnlich ist. »Wo wohnt ihr?«, fragte er sie.

»Da drüben in dem Haus da«, antworteten sie und deuteten auf ein dreigeschossiges Haus am Platz.

»Ausgezeichnet. Von nun an ist er hier der Hausbesitzer. Ihr werdet seine Kleider waschen, für ihn kochen und euch um ihn kümmern. Möge der Himmel euch helfen, wenn ihr das nicht tut.«

»Wie sollen wir denn für ihn kochen?«, jammerten die alten Frauen, »wir haben doch selber nichts zu essen.«

»Ich werde ihn mit Vorräten ausstatten«, gab er zurück. Meine Freunde brachte der Offizier im Haus einer anderen Deutschen unter, die ebenfalls auf dem Platz stand. Ich ging mit den beiden Alten in ihr Haus an der Ludwigstraße 170 und stieg hinter ihnen die Stufen hoch bis in den dritten Stock.

Zum ersten Mal nach all den schrecklichen Jahren betrat ich wieder ein ordentliches, sauberes Zuhause mit einem Sofa, Bildern an der Wand, Vorhängen vor den Fenstern und einer Stehlampe, die den Raum in ein weiches Licht hüllte.

»Wo darf ich baden?«, fragte ich die alten Frauen. Sie starrten mich an.

»Hier«, sagte eine der beiden und deutete auf eine Tür, »du hast Glück. Heute ist Freitag und wir haben eingeheizt.«

Sie gaben mir ein großes, weißes Handtuch, ein Paar saubere Hosen und ein sauberes Hemd. Ich zog die Kleider aus, die ich seit mehr als zehn Monaten am Leib trug, und warf sie zu Boden. Dann ließ ich heißes Wasser in die Badewanne einlaufen und versank darin für eine sehr lange Zeit. Beinahe wäre ich eingeschlafen. Als ich aus dem Bad kam, reichte ich meine Kleider den Frauen und bat wiederholt: »Waschen, nicht wegwerfen, nur waschen!« Wortlos nahmen sie mir den Stapel ab.

Es fällt mir schwer, das zu erklären. Auch mir selbst ist es unerklärlich, warum ich diesen Anzug aufbewahren wollte, in dem ich gearbeitet und geschlafen habe und den ich zehn Monate lang niemals ausgezogen habe, der so schmutzig war und so voller Läuse, dass er völlig steif geworden war. Warum nur wollte ich nicht, dass er vor meinen Augen verschwand?

»Du schläfst hier«, sagte eine der beiden Schwestern und deutete auf ein großes, dunkles Zimmer mit einem großen Bett darin. Auf einen kleinen Nachttisch hatte die alte Frau einen Teller Suppe gestellt. Ich aß die Kartoffelsuppe, die so ganz anders war als die »Suppe« im Lager, und fiel sofort in tiefen Schlaf. Zum ersten Mal wieder, seit wir von zuhause fortmussten, schlief ich in einem richtigen Bett, auf gestärktem, weißen Leinen und unter einer weichen, warmen Decke.

Als ich erwachte, nach vielen Stunden, vielleicht sogar nach einem Tag oder mehr, fiel mein Blick auf die gestreifte Häftlingsuniform, die gewaschen, gebügelt und ordentlich zusammengefaltet auf einem Stuhl lag. Ich sollte sie immer bei mir tragen, nachdem ich Deutschland verlassen hatte, in meinem Rucksack, während meiner langen Wanderschaft. Später bewahrte ich sie in meinem Schrank auf, mein ganzes Leben lang.[29]

In Landsberg kam ich wieder zu Kräften, während ich in der Wohnung der beiden Schwestern in der Ludwigstraße lebte wie in einer Blase, abgeschnitten von der Welt. Innerhalb weniger Tage verschwanden Kälte und Schnee und machten Platz für die angenehmen Frühlingstage. Jeden Tag schlief ich bis tief in den Spätnachmittag hinein und machte mich dann auf den Weg ins amerikanische Headquarter, wo man mir meinen Korb mit Lebensmitteln füllte: Dosen mit Fleisch, Milch, Butter, Sardinen, Schokolade und köstliches Brot, das in der örtlichen Bäckerei für die amerikanischen Soldaten gebacken wurde. Der Kommandant wies mich an, nichts davon den deutschen Bastarden zu geben, doch ich brachte es nicht übers Herz. Jeden Tag lieferte ich die Lebensmittel bei den zwei Frauen ab, die daraus Köstlichkeiten zauberten.

Ich hatte von Überlebenden gehört, die in den ersten Tagen nach ihrer Befreiung an zu viel Essen gestorben waren. Darum hielt ich mich zurück, obwohl ich am liebsten mehr und mehr gegessen hätte. Endlich konnte ich meine Zähne tief in der Butter versinken lassen, so wie ich es einmal nachts im Lager geträumt hatte. Doch egal, wie viel ich aß, satt war ich nie …

Ich erinnere mich, wie Mutter mich immer einen »Vielfraß« genannt hatte, weil ich immer hungrig war. Zum Glück setzte ich nichts an. Mein Bruder Danny war ein schlechter Esser und darum untergewichtig. Zuhause wurden ihm »weiße Fleischbällchen« zubereitet, vermut-

[29] Bis zu dem Tag, an dem er sie der Welfenkaserne Landsberg überließ. (Anm. d. Üs.)

lich waren sie aus Hühnerbrust gemacht, offensichtlich eine Delikatesse. Geduldig saß ich neben ihm am Tisch und wartete, bis er fertig war mit Essen. Ich wusste genau, dass er sie nie aufaß.

Jeden Nachmittag streunte ich durch Landsbergs Straßen. Die meisten Männer, die ich sah, waren alt, doch allmählich tauchten auch Jüngere auf, entlassene Soldaten. Ab und zu klaute ich Passanten die Fahrräder, einfach aus Rache. Ich weiß nicht, wie es dazu kam. Es war eigentlich merkwürdig und dumm. Es reichte, jemanden anzuhalten, der auf der Straße radelte, damit dieser vom Rad stieg und es mir gab. Die Deutschen, die noch zwei Wochen zuvor die Herren der Welt gewesen waren, hatten sich auf einmal in erbärmlich unterwürfige Gestalten verwandelt. Sogar die, die bis vor Kurzem das Sagen hatten, Befehle gaben, die Macht besaßen, über Leben und Tod zu entscheiden, übergaben mir nun ihr Fahrrad ohne ein einziges Wort. Obwohl die Fahrräder, die ich auf diese Weise einsammelte, draußen vor der Haustür stehen blieben, wagte es niemand, sich seines zurückzuholen, sodass es bald mindestens zehn waren.

Ich wusste nichts von der Vergangenheit der schönen Stadt Landsberg. Ich wusste nicht, dass 1924 Adolf Hitler im alten Festungsgefängnis einsaß und in seiner Zelle »Mein Kampf« schrieb, jenes Buch, das als Grundlage der Nazi-Ideologie diente. Ebenfalls war mir nicht bewusst, dass zur selben Zeit, als ich in Landsberg war, der Rapportführer des Lagers Kaufering I, dem Lager, in dem ich eingepfercht gewesen war, im selben Gefängnis saß. Der Richter in seinem Prozess war ein amerikanischer Offizier namens Ephraim London, und dieser Johann Kirsch, Kommandant des Lagers I, wurde gehängt und ist dort begraben. All dies erfuhr ich erst über 50 Jahre später.

Damals begegnete ich manchmal Überlebenden, die aus anderen Gegenden herkamen und mir berichteten, was dort geschah. Meine Freunde und ich begriffen, welches Glück es für uns war, jenem Soldaten begegnet zu sein, der uns nach Landsberg schickte, und auch jenem Offizier, der uns die Unterkunft besorgt hatte. Die meisten Überlebenden wurden in Militärlagern, Krankenhäusern und Baracken zusammengepfercht und hausten dort in Schlafsälen mit mehreren Dutzend Menschen zusammen, während wir in Privathäusern wohnten und die Freiheit besaßen, zu kommen und zu gehen, wann wir wollten. Ich lief durch Landsbergs Straßen als wäre ich taub und blind. Wenn ich mich mit meinen Freunden traf, tauschten wir ein paar wenige Informationen aus, aber wir sprachen niemals über das, was wir durchgemacht hatten.

Wir waren froh, dem Tod entkommen zu sein und unser Leben wie auch unsere Freiheit zurückgewonnen zu haben. Aber Freude empfanden wir nicht. Meine Fähigkeit für Gefühle schien aus mir herausgerissen zu sein. Ich wollte weder an die Vergangenheit noch an die Zukunft denken. Vielleicht war es einfacher, nicht an meine Familie zu denken, von der ich wusste, dass es sie nicht mehr gab, und nur in den Tag hineinzuleben. Eine Tatsache, die mich noch heute erstaunt, ist, dass ich mich nicht an den Deutschen rächen wollte. Nach allem, was passiert war, wäre es doch ganz natürlich gewesen, wenn ich sie zusammengeschlagen hätte oder Schlimmeres mit ihnen gemacht hätte, aber ich hatte überhaupt kein Verlangen nach Rache.

Vor ein paar Jahren lernte ich Oberstleutnant Irving Heymont kennen, den jüdischen Kommandanten des DP-Lagers Dachau-Kaufering. Er berichtete mir, dass die Amerikaner absolut nicht vorbereitet waren auf diese Massen von Überlebenden, die sie da gefunden hatten. »Als wir diesen Pulk an lebenden Skeletten in gestreifter Kleidung sahen, wie sie da entlang der Straße liefen, war uns nicht klar, dass dies Überlebende des Todesmarsches waren«, sagte Heymont, »wir dachten, es wären entlaufene Strafgefangene. Woher hätten wir es auch wissen sollen? Kein Mensch hat uns auf diese Begegnung vorbereitet. Später haben wir sie dann zusammengelegt, in leeren Krankenhäusern und in Militärlagern, mit Zäunen und Wachen, denn es gab nichts Anderes, wo man sie hätte unterbringen können. Außerdem fürchteten wir Vergeltungsanschläge und das daraus folgende Chaos. Natürlich war das falsch und ungerecht, aber was hätten wir anderes tun sollen?«

Manchmal suchte ich in Landsberg die große Kirche auf, wenn niemand aus der Gemeinde dort war. Jemand spielte auf der Orgel, ich saß in der Bank und hörte zu. Dann fiel mir immer ein, wie Vince mich und Danny mit in die große Kirche von Kaunas genommen hatte, die in der Nähe unserer Wohnung stand. Einmal hat Vater uns gesehen, wie wir gerade aus dem Gottesdienst kamen, und er verbot ihr, uns noch einmal dorthin mitzunehmen.

Es herrschte eine angenehme Ruhe in der Kirche und der Klang der Orgel gab mir das Gefühl, im Frieden mit mir zu sein. Langsam begriff ich, dass ich ganz allein auf der Welt war, dass niemand sonst aus meiner Familie überlebt hatte. Mir wurde klar, dass ich weiterleben und entscheiden musste, was nun zu tun sei. Nicht eine Sekunde lang dachte ich daran, nach Litauen zurückzukehren oder in Deutschland zu bleiben. Es gab nur einen einzigen Ort, wohin ich wollte: Eretz Israel. Seit frühester Kindheit hatte man mir beigebracht, dass Juden nur dort leben sollten.

Meine Haare waren bald nachgewachsen, schon nach wenigen Wochen war ich nicht mehr kahlköpfig. Ich nahm an Gewicht zu und die Wunden, welche die Läuse verursacht hatten, verheilten. Nur die Narben blieben zurück. Ich war 17 Jahre alt und nachdem die Amerikaner mir ein Rasiermesser und Rasiercreme gegeben hatten, rasierte ich mich zum ersten Mal. Meine Hauswirtinnen gaben mir ein Paar Wollhosen, die unten mit Gummibändern zusammengehalten wurden, sodass ich sie hoch über die Knöchel ziehen konnte, und zwei Baumwollhemden. Sie sagten, diese seien noch ganz neu und sie hätten sie aus der Zeit vor dem Krieg aufgehoben. Ich fragte nicht, wem die Kleidung gehört hatte, denn ich wollte es gar nicht wissen. Der Quartiermeister vom Lager des amerikanischen Hauptquartiers schenkte mir ein Paar Schuhe. Zum Glück hatten die Amerikaner meine Größe. Meine Füße waren auf Größe 46 gewachsen. Endlich konnte ich die Holzpantinen wegwerfen. Außerdem gab mir der Quartiermeister eine Jacke aus dem Bestand der US-Armeekleidung. So besaß ich nun also wieder eine ganze Ausstattung.

Schokolade für das Kind aus dem ersten Stock

Eine junge Frau und ihr sechs- oder siebenjähriger Sohn wohnten im ersten Stock des Hauses Nr. 170 in der Ludwigstraße. Soweit ich verstanden hatte, war der Vater nicht aus dem Krieg heimgekehrt, aber ich habe nicht nachgefragt. Mir tat das Kind leid. Der Kleine kann nichts dafür, sagte ich mir, er hat nichts Böses getan. Er wirkte traurig und einsam. Manchmal nahm ich ihn auf meinem Fahrrad mit oder spielte Fußball mit ihm vor dem Haus. Jedes Mal, wenn ich mit Lebensmitteln aus dem Armeehauptquartier zurückkam, gab ich ihm eine Dose oder zwei Konserven für seine Mutter und für ihn legte ich einen Riegel Schokolade oder Kaugummi dazu, eine Rarität in Deutschland zu jener Zeit.

Als ich im Jahr 1995 mit einer Gruppe Überlebender nach Deutschland kam, veranstaltete die Stadt Landsberg einen Empfang für uns in dem wunderschönen alten Rathaus. Als Sprecher der Gruppe, und weil ich zwei Monate in Landsberg verbracht hatte, wurde ich von einem Journalisten interviewt, der über das Ereignis im *Landsberger Tagblatt* berichtete. Er schrieb einen Artikel über mich, der die seltsame Überschrift trug: »Der Hausherr aus Ludwigstraße 170«. Am nächsten Tag rief ein Mann, dessen Namen ich nicht kannte, im Hotel an, in dem wir alle untergebracht waren. »Ich muss Sie treffen«, sagte er.

»Wer sind Sie denn?«, fragte ich.

»Ich bin der Junge aus dem ersten Stock, dem Sie immer Schokolade und Kaugummi geschenkt haben und auch Lebensmittel«, antwortete er, »ich habe den Artikel über Sie im *Landsberger Tagblatt* gelesen und Sie sofort erkannt. Die ganze Nacht habe ich nicht geschlafen, so aufgeregt war ich.«

Wir verabredeten, uns am Eingang des Luftwaffenstützpunktes zu treffen, wo ich die Befreiung erlebt hatte.

Ein sehr großer Mann stand neben dem Wachmann am Tor. Er war größer als ich, und ich bin wahrlich nicht klein. Unter Tränen umarmte er mich.

»Wie schade, dass meine Mutter Sie nicht mehr sehen kann. Sie ist im vorigen Jahr gestorben.«

Nachdem er sich ein wenig beruhigt hatte, fragte ich ihn: »Wie kommt es, dass Sie sich noch an mich erinnern? Sie waren damals noch ein kleiner Junge.«

»Wie könnte ich Sie vergessen!«, erwiderte er, »Sie sind wie ein Engel vom Himmel erschienen, haben mit mir gespielt, mich auf Ihrem Fahrrad mitgenommen, Sie haben mir Schokolade und Kaugummi geschenkt. Als ich dann größer wurde, habe ich begriffen, was die Deutschen getan hatten, und erst da konnte ich Ihre Haltung gegenüber meiner Mutter und mir so richtig schätzen. Als Sie dann eines Tages plötzlich verschwunden waren, wussten wir nicht, wohin Sie gegangen sind. Wir haben uns noch viele Jahre an Sie erinnert.«

In den Lebensmittelpaketen, die wir vom amerikanischen Quartiermeister erhielten, waren manchmal auch Zigaretten. Im Deutschland jener Zeit konnte man für Zigaretten alles kaufen, sogar die Liebe einer Frau. Warum habe ich meine so wertvollen Lebensmittel und Zigaretten nicht dafür verwendet? Nun, ich war vor allem ein Junge, der sein Leben zurückbekommen hatte. Ich war unschuldig und schüchtern und gleichgültig gegenüber den Annäherungsversuchen der deutschen Mädchen, obwohl ich wusste, dass einige meiner Freunde mit deutschen Mädchen gingen. Für mich jedoch waren deutsche Frauen tabu.

Wunderbare Neuigkeiten

Mitte Juli 1945 hielt einmal in den frühen Abendstunden vor dem Haus ein rotes Cabrio. Solch einen Sportwagen sah man in jenen Jahren noch nicht oft und ich, der ich mich immer für Autos interessiert habe, starrte ihn neugierig an. Ein Mann in Zivilkleidung stieg aus. »Weißt du, wo Uri Chanoch wohnt?«, fragte er mich.

Überrascht sah ich ihn an. »Das bin ich.«

»Ich habe gute Nachrichten für dich«, sagte er und zog ein Blatt Papier mit einer langen Namensliste darauf aus seiner Tasche. Der letzte Name in dieser Liste lautete: Danny Chanoch.

»Das ist mein kleiner Bruder. Ist er am Leben? Wo ist er? Haben Sie ihn gesehen?«, fragte ich aufgeregt.

»Nein, ich kenne ihn nicht, aber man hat mich hergeschickt, um dir zu sagen, dass er überlebt hat. Fahr nach München, dort wissen sie Genaueres.«

Woher wussten diejenigen, die ihn hergeschickt hatten, dass ich in Landsberg wohnte – bei all dem Chaos, das in den Monaten nach Kriegsende in Deutschland herrschte? Wie konnten sie zwischen uns eine Verbindung herstellen? Das ist schwer zu verstehen. Ich nehme an, dass die jüdischen Organisationen, das Joint Distribution Committee oder die Jewish Agency, Listen mit den Namen der Überlebenden besaßen. Im Nachhinein hege ich größten Respekt davor, dass sie sofort verstanden hatten, wie ungeheuer wichtig es war, diese Tausenden von Menschen miteinander in Verbindung zu bringen, wo doch die Kommunikation so schwierig war.

Der Mann fuhr wieder ab und ich saß sprachlos auf einer Bank auf dem Platz und dachte nur: »Danny lebt. Er ist doch bloß ein Kind? Wie ist ein solches Wunder möglich?«

»Ich fahre nach München«, erklärte ich meinen Freunden, als sie zu unserem täglichen Treffen auf dem Platz erschienen, »mein Bruder lebt, ich muss sofort los und ihn suchen. Ich gehe jetzt hoch und packe meine Sachen.«

»Spinnst du?«, erwiderten sie. »Mit was willst du jetzt fahren? Abends fahren keine Züge mehr. Warte bis morgen, wir kommen mit.«

Wir verabredeten uns für den Morgen am Bahnhof. Ich war viel zu aufgeregt, um in dieser Nacht zu schlafen. In aller Herrgottsfrühe packte ich meinen Häftlingsanzug aus dem Lager in meinen Rucksack, verabschiedete mich von meinen Gastgeberinnen und verließ Landsberg, um nach München zu fahren.

Als der Zug durch die Münchner Randbezirke fuhr, staunte ich nicht schlecht. Bis jetzt kannte ich nur den Weg vom Lager zur Baustelle, zum ersten Mal war ich nun in einer großen deutschen Stadt. München bestand nur noch aus Ruinen. Ganze Straßenzüge waren ausradiert worden. Nur hier und da gab es unzerstörte Gebäude. In den Straßen standen Frauen in langen Reihen, zogen Steine aus den zerbombten Häusern und reichten sie von einer zur nächsten weiter. Vom Bahnhof gingen wir durch die zerstörten Straßen bis in die Altstadt. Plötzlich sahen wir einen Krankenwagen, auf dem ein blauer Davidstern prangte. Ein Soldat stand daneben, in Hemdsärmeln und mit einem blauen Davidstern auf seiner Mütze.

»Warum tragen Sie den Davidstern auf Ihrer Uniform und am Auto?«, fragte ich den Soldaten auf Hebräisch.

Er lächelte. »Ich gehöre zur Jüdischen Brigade. Wir kommen aus Eretz Israel.«

Dann sah er mich an. »Woher kommt es, dass du so gut Hebräisch sprichst wie jemand, der in Israel geboren ist? Wie ein Sabra?«

Ich erklärte ihm, dass ich aus Litauen stammte und wir zuhause Hebräisch gesprochen hatten, und dass ich jetzt auf der Suche nach meinem Bruder war.

»Geh zum Hauptquartier. Die wissen, wohin sie dich schicken müssen.«

Auf einmal entdeckte ich einen weiteren Soldaten und in ihm ein bekanntes Gesicht. Es war Amos, der Sohn von Izia Rabinowitz, der mir im KZ das Leben gerettet hatte. Ich wusste, dass die Familie Rabinowitz ihren Sohn vor dem Krieg zum Studium nach Eretz Israel geschickt hatte. Jetzt ging ich auf ihn zu und sagte: »Ich war mit deinem Vater und deinem jüngeren Bruder im Lager I.«

Er wusste bereits, dass beide gerettet worden waren. Ich erklärte ihm, dass ich nach Danny suchte.

»Ich habe von diesem kleinen Jungen gehört, der Hebräisch spricht wie ein Sabra«, erzählte Amos mir, »ich glaube, der ist schon auf dem Weg nach Italien. Komm mit mir ins Hauptquartier. Da finden wir Genaueres heraus, dort sind die Listen mit den Namen.«

Ich weiß nicht mehr, wo ich in jener Nacht geschlafen habe. Einer erzählte dem anderen, wo man eine warme Mahlzeit bekommen und wo man übernachten konnte. Am nächsten Tag, als wir gerade über die Straße zum Hauptquartier gingen, entdeckte ich David Heuer, mei-

Uri (rechts) und Danny, wiedervereint in Bologna, Italien, 1945

nen guten Freund aus Kaunas und aus dem Jüdischen Gymnasium, wie er gerade auf einen Laster kletterte, der am Straßenrand parkte und Menschen aufnahm, die nach Litauen zurückkehren wollten. Zu diesem Zeitpunkt wussten wir noch nicht, dass Stalin mit den Amerikanern und Briten Rückführungsabkommen unterzeichnet hatte, die alle Menschen betrafen, die in der Vergangenheit in der Sowjetunion gelebt hatten.

»Wo willst du hin?«, fragte ich David.

»Nach Litauen.«

»Wieso willst du dahin zurück?«, erkundigte ich mich.

»Weil ich nachsehen will, ob noch irgendjemand aus meiner Familie da ist.«

»Bist du wahnsinnig?«, schrie ich. »Komm sofort von diesem Lastwagen runter! Es gibt keinen Grund, dorthin zurückzukehren! Wenn sie am Leben sind, suchen sie dich hier.«

Anscheinend hatte irgendetwas am Klang meiner Stimme ihn überzeugt. Er stieg vom Laster herunter und ging mit mir zum Hauptquartier, um einen Schlafplatz zu finden.

Später erfuhren wir, welches Schicksal denjenigen bevorstand, die nach Litauen zurückkehrten. Einige der Überlebenden wurden in die sowjetische Armee gedrängt, andere wurden nach Sibirien deportiert, arbeiteten auf Bauernhöfen und waren gezwungen, bis in die 1970er-Jahre in Litauen zu bleiben. Nicht ein Einziger aus Davids Familie hatte überlebt. Er ging nach Paris, wo ein Verwandter lebte, doch einige Monate später entschied er sich, nicht länger in Europa zu bleiben. Er reiste nach Israel, änderte seinen Familiennamen in den hebräischen Namen Ben-Dor, machte Karriere und gründete eine wunderbare Familie. Und er blieb mein Freund, in all den Jahren.

Nach zwei Tagen in München hörte ich, dass die Jüdische Brigade einen Konvoi aufstellte. Die Jüdische Brigade war eine militärische Einheit, die Ben Gurion, zu der Zeit Vorsitzender der Jewish Agency, in weiser Voraussicht in den letzten beiden Kriegsjahren gegründet hatte. Die Brigade kämpfte unter der blau-weißen Flagge, und nachdem die Kämpfe vorüber waren half sie, Überlebende nach Italien zu bringen, und organisierte die Alija Bet[30] auf illegalen Einwanderungsschiffen.

30 Alija Bet, die zweite Einwanderungswelle von 1934 bis zur Gründung des Staates Israel 1948 war insofern illegal, als sie die von der britischen Regierung für das Mandatsgebiet Palästina festgelegten Quoten ignorierte. Diese illegale Einwan-

Mit einem blauen Davidstern nach Italien

Wir reisten nachts in geschlossenen Lastwagen – die menschliche Fracht bestand aus Überlebenden, die von Deutschland nach Österreich geirrt sind und von dort nach Italien. In jedem Militärlager, das wir erreichten, fragte ich die Soldaten nach Danny und zu meiner Überraschung wussten manche, von wem ich sprach. »Der blonde Junge, der Hebräisch sprach wie ein Sabra[31]? Der war vor zwei Wochen hier und ist dann weitergezogen.« Später erfuhr ich, dass Danny nur einen einzigen Tag früher nach Italien gereist war. Ich wusste, dass ich ihm näherkam. Ich bat den Offizier, der für die Transporte zuständig war, seine Freunde in Italien zu bitten, sie mögen Danny dort festhalten, damit er auf mich wartete.

Außerdem erfuhr ich, dass Danny, der Auschwitz, das österreichische KZ Mauthausen und das Außenlager Gunskirchen »absolviert« hatte, die Vorteile der Unabhängigkeit kennengelernt hatte und sich darum konsequenterweise keiner einzigen Gruppe mehr anschloss. Dieser Junge, der noch nicht mal 13 war, zog es vor, ganz allein durch Österreich und Italien zu wandern, von einem Militärlager zum nächsten. Dank seiner hebräischen Erziehung am Jüdischen Gymnasium und dank unseres zionistischen Elternhauses wusste er auch, dass es nur ein einziges Ziel für uns gab – Eretz Israel.

An einem sonnigen Nachmittag im Juli 1945 erreichte der Armeetransport den Marktplatz in Bologna. Als die Soldaten die Plane von der Ladefläche anhoben, erblickte ich einen dünnen, kleinen Jungen in Militärkleidung, die ihm viel zu groß war. Er stand am Rand des Platzes und schien zu warten. Ich sprang vom Laster herunter und er kam auf mich zu. Wir umarmten uns nicht, wir küssten uns nicht,

derung nach Eretz Israel wurde vom Jischuv, dem jüdischen Gemeinwesen in Palästina, organisiert. Die Briten bemühten sich nach Kräften, die illegalen Einwandererschiffe aufzuhalten. Manche mussten nach Europa zurückkehren. In anderen Fällen wurden die Passagiere in die britischen Lager auf Zypern deportiert.

31 Laut dem hebräischen Wörterbuch des israelischen Linguisten Ruvik Rosenthal haben jüdische Immigranten in Palästina das Wort »Sabra« schon in den frühen 1930er-Jahren verwendet. Es wurde von der zionistischen Bewegung gebraucht, um damit den »neuen Juden« zu feiern, der im Heiligen Land geboren war. Anders als der bürgerliche »alte Jude«, welcher in der Diaspora geboren war, war der »neue Jude« Kibbuznik oder Bauer. Der »alte Jude« sprach in der Regel nur gebrochen Hebräisch mit starkem Akzent, während der Sabra die Sprache wie ein Muttersprachler verwendete.

Uri Chanoch, Villa Bellavista, 1946

wir sprachen nicht miteinander. Wir starrten einander bloß an. Auf einmal erschien einer dieser Fotografen, die immer irgendwo auf italienischen Plätzen herumlungern.

»Wollt ihr ein Foto?«, fragte er, und noch ehe ich antworten konnte, verschwand er unter dem schwarzen Tuch und richtete die Kamera auf uns. Ich legte meinen Arm um Dannys Schulter, und so wurde unser Wiedersehen auf dem Marktplatz von Bologna dokumentiert. Man sieht auf dem Bild, dass meine Beine noch immer geschwollen sind, doch auf meinem Kopf wächst schon ein dichtes Haarbüschel. Dannys Kopf ist noch von sehr zartem Flaum bedeckt. Aufgrund seiner Unterernährung wuchs es noch monatelang nicht.

»Wie sollen wir ihn jetzt bezahlen?«, fragte ich meinen kleinen Bruder, »ich habe kein Geld.«

»Keine Sorge«, antwortete er, »ich habe drei Decken. Er kriegt eine davon.«

Da wusste ich, dass mein kleiner Bruder ein Überlebender war und ohne Gewissensbisse nach Dingen griff, die ihm nicht gehörten.

»Wo übernachtest du?«, fragte ich.

»Komm mit«, sagte Danny, »ich habe einen Platz in der ›Caserna Rossa‹ hier ganz in der Nähe.«

Stumm machten wir uns auf den Weg. Normalerweise hätten wir über Mutter und Vater sprechen sollen und über Miriam, unsere Schwester, über all das, was uns zugestoßen war in den Monaten seit unserer Trennung in Dachau, aber wir schwiegen. Wir wussten, dass niemand sonst aus unserer Familie überlebt hatte und dass es zu schmerzhaft sein würde, darüber zu sprechen – vielleicht zogen wir darum die Stille vor.

Einige Tage später erfuhren wir, dass Danny einen Berechtigungsschein für die legale Einreise nach Eretz Israel, für die Alija, erhalten würde. Die Briten gestatteten es Kindern bis zum Alter von zwölf

Jahren zu emigrieren, vorbehaltlich der limitierten Quote an Berechtigungen, die sie mit grausamem Zynismus bereitgestellt hatten und der Hunderttausende von Juden gegenüberstanden, welche in DP-Lagern in Europa festgehalten wurden und nichts lieber wollten, als Eretz Israel endlich zu erreichen.

Jene mit Berechtigungsscheinen reisten auf regulären Schiffen und emigrierten auf der Stelle. Da ich aber schon 17 war, erhielt ich die lang erwartete Genehmigung nicht. Ich vermute, wenn ich nur hartnäckiger gewesen wäre und es abgelehnt hätte, mich noch einmal von Danny zu trennen, hätten sie mir wohl auch einen Berechtigungsschein ausgestellt. Die Jahre im Getto und im KZ hatten mich jedoch kein bisschen Aufdringlichkeit, Durchtriebenheit oder Falschheit gelehrt. »In diesem Fall«, erklärte ich dem Angestellten der Jewish Agency, »wird Danny seinen Berechtigungsschein zurückgeben und wir emigrieren zusammen illegal.« Der Angestellte lächelte. Er schien mit meinem Verzicht auf Dannys Recht zufrieden und schlug vor: »Schließt euch der Gruppe an, die wir auf die Einreise nach Eretz Israel vorbereiten.«

Wir blieben noch ein ganzes Jahr in Italien und kamen zunächst von einem Ort zum nächsten, bis wir in Fiesole blieben, einer Stadt in der Nähe von Florenz. Wir waren eine Gruppe von 50 Jugendlichen, die bereit waren, illegal zu emigrieren. Untergebracht waren wir in einer Pension, die den Namen »Villa Bellavista« trug. Der Pensionswirt lebte ebenfalls dort in einer Privatwohnung und sein Sohn Pietro, ein Junge in Dannys Alter, spielte immer Fußball mit uns, obwohl er nichts außer Italienisch sprach. Kinder brauchen keine gemeinsame Sprache, um sich zu verstehen. Kurze Zeit später trafen noch zwei italienische Mädchen ein, Anita und Carla, die im Haushalt helfen sollten. Sie kochten und wuschen die Wäsche mit der Hand, für die gesamte Gruppe. Später erfuhr ich, dass die beiden italienische Jüdinnen aus Florenz waren, die von den jungen Überlebenden gehört und sich freiwillig zum Helfen gemeldet hatten – unentgeltlich. Zwei junge Mädchen, die vermutlich ebenfalls einiges durchgemacht hatten während des Krieges, meldeten sich freiwillig, um für 50 Kinder und Jugendliche zu sorgen – wie viel Liebe muss im Herzen dieser Menschen sein, dass sie zu solcher Großzügigkeit fähig sind.

Die meisten in unserer Gruppe waren Mädchen und Jungen aus Polen, die Letzten aus den Gettos und Konzentrationslagern – sie sprachen kein Hebräisch und waren auch nicht in einem zionistischen Elternhaus aufgewachsen wie wir. Sie sprachen Jiddisch und Polnisch. Ich erinnere mich, dass ich bei meiner Ankunft im Dachauer Außenlager überrascht war festzustellen, dass nicht alle Juden Hebräisch sprachen so wie wir in Litauen. Es waren ungarische und griechische Juden, auch slowakische, die nicht einmal Jiddisch sprachen. Doch bis heute finde ich es seltsam, dass in unserer Gruppe einige ausschließlich auf Hebräisch beteten.

Unser Gruppenleiter war Arieh Avisar, ein Sabra aus Jerusalem, der 22 oder 23 Jahre alt war und in der Jüdischen Brigade diente. Wie viele andere Soldaten auch hatte er sich freiwillig gemeldet, um in Italien nach dem Krieg jüdische Kinder zu finden und zu retten, die in Klöstern und an anderen Zufluchtsorten versteckt worden waren; die Jüdische Brigade hatte den Auftrag, sie in Gruppen zu versammeln. Eines der Kinder war Galina, die nicht viel älter als acht oder neun aussah, aber vermutlich älter war; sie war die Jüngste in unserer Gruppe. Arieh Avisar hatte sie in einem der Klöster gefunden. Viele Jahre später sollte Galina einer der Gründe dafür sein, dass ich ein Aktivist im Auftrag der Holocaustüberlebenden wurde.

Die Verantwortlichen in Eretz Israel wussten sehr gut, dass sie diese jungen Überlebenden auf die Emigration nach Israel vorbereiten, ihnen Hebräisch beibringen und auch die durch den Krieg geraubten Schuljahre möglichst nachholen mussten. Jeder Vormittag begann mit einer Versammlung, genau wie in der Jugendbewegung. Anschließend sangen wir »Wir ziehen nach Eretz Israel« sowie unsere Hymne, die Hatikva, und nachdem der diensthabende Jugendliche die blau-weiße Flagge gehisst hatte, gingen wir in den Unterricht. Viele Stunden lernten wir Hebräisch, die Geschichte von Eretz Israel und die der Juden und sprachen über die gegenwärtige Lage. Abends lernten wir hebräische Lieder und Volkstänze. Danny und mir waren diese Lieder und Geschichten sehr vertraut aus unserer Zeit am Jüdischen Gymnasium. Als Arieh Avisar mitbekam, dass ich fließend Hebräisch sprach wie ein Sabra, bat er mich, ihm zu helfen, und ernannte mich zu seinem Stellvertreter.

Nach ein paar Monaten hatten die meisten ihr Hebräisch ziemlich verbessert und so probten wir ein Theaterstück mit dem Titel »Eine Familie emigriert nach Eretz Israel«. Ich spielte darin die Rolle des Vaters und Danny war eines der Kinder. Das Stück erlebte nur eine einzige Aufführung, im Verdi-Theater in Florenz. Der Saal war bis auf den letzten Platz besetzt und am Ende bekamen wir enthusiastischen Applaus. Ich vermute, im Publikum saßen viele Holocaust-Überlebende und Mitglieder der jüdischen Gemeinde von Florenz.

Warum ich Italien so liebe

Am Sabbat und an den Sonntagen war kein Unterricht, und so hatten wir Zeit, um in der Nachbarschaft herumzustromern. Ab und zu fuhren wir ins nahe Florenz. Die Haltung der Italiener uns gegenüber reichte von Gleichgültigkeit bis hin zu Apathie. In unserer Gruppe waren die meisten zwischen 17 und 18 Jahre alt und wir hatten in Florenz einen geheimen Ort. Einer der Jungs entdeckte ein »Bordello«, ein gut geführtes, ordentliches Freudenhaus, wo wir für 150 Lire mithilfe der Prostituierten unsere Unschuld verloren. Die meisten dieser jungen Frauen waren Dorfmädchen, die ihre Familien während der Nachkriegsjahre unterstützen mussten. Geführt wurde das »Haus« – eine große Wohnung im ersten Stock eines Wohnhauses – von der »Mamma«, einer großen, herrischen Frau. Sie saß am Kassentisch, sammelte das Geld ein und jagte alle umher. Die spärlich bekleideten Mädchen marschierten durch den Flur und wir suchten uns das Zimmer jenes Mädchens aus, das wir haben wollten. Wenn sie einen mochte, hat sie ihn nicht gehetzt, sondern ihm erlaubt, noch ein paar Minuten länger zu bleiben.

Dannys körperlicher Zustand war sehr schlecht, auch sein Haar war noch immer nicht nachgewachsen, also schickte man ihn in ein Erholungsheim am Comer See. Als er nach einem Monat zurückkehrte, erzählte er mir von einem Herrenfriseur, der vor der Tür seines Geschäfts saß und Danny bemerkte, wie dieser durch die Straße bummelte. Ich vermute, dass jedermann wusste, wer diese fremden Kinder waren, die da durch die Gassen schlenderten. Der Friseur rief Danny zu sich, lud ihn in den Friseursalon ein, setzte ihn auf den Stuhl und begann, seinen Kopf mit Olivenöl zu massieren. Er bat ihn, vermutlich mit Gesten, denn Danny sprach kein Italienisch, am nächsten Tag wiederzukommen und am übernächsten auch, an jedem Tag bis zum Ende des Monats. Ich weiß nicht, ob es an der Behandlung des Friseurs lag oder daran, dass Dannys Gesundheit sich verbesserte, doch als er in die Villa Bellavista zurückkehrte, fing sein Haar endlich an zu wachsen. Niemals vergaß Danny die Freundlichkeit der Italiener, und von allen Ländern Europas lieben wir beide Italien am meisten.

Die Italiener lebten nach dem Krieg sehr elend und verarmt. Zwar waren ihre Städte längst nicht so zerstört wie die der Deutschen, doch die finanzielle Situation Italiens war hart. Ich weiß nicht, woher Arieh Avisar die Finanzierung unserer Unterbringung in Italien erhielt. Irgendjemand sorgte dafür, dass wir genügend zu essen hatten und es uns an nichts mangelte. Vermutlich unterstützten jüdische Organisationen wie die Jewish Agency und das Jewish Defence Committee, aber auch die United Nations Relief and Rehabilitation Administration (UNRRA) die 100 000 Überlebenden, die alles verloren hatten. Und obwohl wir die Identität unserer anonymen Unterstützer nicht kannten, fühlten wir uns geborgen in dem Wissen, dass jemand sich um uns kümmerte.

Als ich in den 1980er-Jahren mit Judith nach Florenz reiste, fuhren wir auch nach Fiesole und besuchten die Villa Bellavista. Alles sah noch genauso aus wie damals. Wir traten von der Eingangshalle hinaus auf die Veranda, von der aus man einen fantastischen Blick auf die grünen Hügel ringsum hatte. »Ich war hier mehrere Monate lang«, sagte ich zu Judith, »und nicht ein einziges Mal ist mir diese Aussicht aufgefallen.« Ein Mann, der sich als Leiter der Pension vorstellte, kam auf uns zu und fragte, ob er uns helfen könne. Ich erwähnte, dass ich hier nach dem Krieg mal gewohnt hatte und mich an Pietro erinnere, den Sohn des Besitzers, der Fußball mit uns gespielt habe.

»Kennen Sie ihn vielleicht?«, fragte ich. Der Mann starrte mich an, Tränen traten in seine Augen.

»Ich bin Pietro«, sagte er.

»Erinnern Sie sich an uns?«, fragte ich.

»Aber natürlich. Das waren so harte Zeiten damals. Sie haben meinem Vater die Pension weggenommen und euch alle hier untergebracht. Aber als er dann erfuhr, wer ihr wart, hat er gesagt: Ich kann mich nicht beklagen. Meine Familie und ich haben den Krieg überlebt, während diese Kinder alles verloren haben.«

Er sah uns an. »Eines Tages«, fuhr er fort, »wart ihr auf einmal alle verschwunden. Wir haben nie erfahren, was aus euch geworden ist. Irgendjemand hat gesagt, ihr wärt alle nach Palästina ausgewandert. Warum bloß? Warum seid ihr nicht in Italien geblieben? Seid ihr hier nicht gut behandelt worden?«

Wie sollte ich einem italienischen Christen die Bedeutung des Zionismus erklären? Wir haben eine sehr schöne Stunde mit ihm verbracht, haben Kaffee getrunken und die Aussicht bewundert, und als wir uns von Pietro verabschiedeten, mussten wir ihm versprechen, dass wir eines Tages zurückkehren und in der Pension wohnen würden.

Beinahe ein ganzes Jahr haben wir damals in der Pension in Fiesole gelebt, bis wir endlich an der Reihe waren, nach Eretz Israel auszuwandern. Eines Tages rief Arieh Avisar uns zusammen. »Freunde«, verkündete er, »morgen beginnt unsere Reise.«

Was waren wir aufgeregt. Endlich! Wir würden endlich nach Eretz Israel reisen. Ein Traum würde wahr werden. Wir durften uns von keinem einzigen unserer italienischen Freunde verabschieden, denn Arieh Avisar warnte uns, dass es überall britische Spione gebe und niemand erfahren solle, dass wir abreisten. Rasch packten wir unsere wenigen Habseligkeiten und verschwanden im schützenden Dunkel der Nacht, in geschlossenen, von Planen bedeckten Militärfahrzeugen. Ein Teil der Strecke verlief über schmutzige Straßen voller Schlaglöcher. Als wir einen kleinen Hafen in der Provinz Ligurien in Norditalien erreichten, lag dort ein Schiff vor Anker. Man befahl uns, in völliger Stille an Bord zu gehen. Am Bug stand in weißen Buchstaben der Name »Wedgwood«[32]. Wir bildeten eine lange Reihe und gingen im Schutz der Dunkelheit in Gruppen von 100 bis 200 an Bord. Später erfuhr ich, dass 1.200 Menschen auf dem Schiff gewesen waren. Wir stiegen Dutzende Stufen hinab ins Unterdeck, wo lange Reihen hölzerner Regale als Betten dienten. Es gab einen großen Aufruhr. Viele beklagten sich wegen der Überbelegung und der Hitze, ich aber fand, dass es ein aufregendes Seeabenteuer war, und sagte mir, dass wir nun endlich auf dem Weg in unser Land waren.

In Eretz Israel, 1946

[32] Das Schiff war nach dem britischen Politiker Josiah Wedgwood (1872–1943) benannt, der ein Bewunderer der zionistischen Bewegung gewesen war.

Die Jugendgruppe im Kibbuz Alonim

Übers Meer bis ins Land Israel

Schon bald hörten wir, wie die Maschine angeworfen wurde und das Schiff ablegte. Zum Glück war es bereits Juni und die See darum ruhig. Danny ging sofort hinauf ans obere Deck und schloss Freundschaft mit den Matrosen und dem Kapitän. Alle genossen es, diesen süßen blonden Kerl in die Geheimnisse der Seefahrt einzuweihen. Es war meine erste Reise auf einem großen Dampfer und alles an Bord faszinierte mich. Ich versuchte, so lang wie möglich an Deck zu bleiben, die frische Luft tief einzuatmen und die Sonnenstrahlen zu tanken, denn unter Deck wurden im Schiffsbauch viele Menschen seekrank und mussten sich übergeben, was nicht sehr angenehm war.

Am zweiten Tag der Reise wies uns der Kapitän über Lautsprecher an, rasch unter Deck zu gehen, da sich ein britischer Zerstörer nähere. Wir erblickten ein riesiges graues Schlachtschiff, ausgestattet mit furchterregenden Kanonen. Im Vergleich zu unserem kleinen Dampfer sah es aus wie ein Goliath, der gerade David bedrohte. Von da an wurden wir sehr eng begleitet von der britischen Royal Navy. Der britische Zerstörer fuhr dicht heran und rammte uns, doch unser Schiff widerstand dem Angriff und brach nicht auseinander – vielleicht, weil es als Eisbrecher gedient hatte, bevor die Emigrationsaktivisten der Alija Bet es kauften. Am nächsten Tag tauchte ein britisches Aufklärungsflugzeug auf und eskortierte uns einen Teil des Weges. Es ist unglaublich, welche Anstrengungen die Briten investierten, bloß um uns davon abzuhalten, Eretz Israel zu erreichen.

Nachdem wir vier, fünf Tage mit dem Schiff unterwegs gewesen waren, näherten wir uns allmählich der Küste des Landes Israel, wobei die Briten unser Schiff nicht weiterfahren ließen. Bewaffnete Soldaten sprangen an Bord, um zu verhindern, dass wir einfach ins Meer sprangen und bis zur – noch ziemlich weit entfernten – Küste schwammen. Zu unserem Glück ließen sie uns den Hafen von Haifa ansteuern. Später erfuhren wir, dass die »Wedgwood« das letzte illegale Schiff war, dessen 1.200 Passagiere die Briten von Bord ließen, trotz der sehr niedrigen Quote von Einreisegenehmigungen. Die Passagiere aller Schiffe, die auf die »Wedgwood« folgten, wurden in DP-Lager auf Zypern gesteckt. Sie erreichten Eretz Israel erst zwei Jahre später, nach der Staatsgründung im Mai 1948.

Wir stürzten an Deck und erblickten den Berg Carmel, gekrönt von den weißen Häusern Haifas auf seiner Spitze. Nach ein paar Stunden verkündete der Kapitän, dass wir nun die Erlaubnis erhalten hätten, von Bord zu gehen. Bewaffnete britische Fallschirmjäger mit ihren roten Baretten auf dem Kopf erwarteten uns am Ufer. Während wir zwischen langen Stacheldrahtzäunen weitergingen, beobachteten uns die zu einer langen Linie aufgereihten Soldaten, um sicherzustellen, dass niemand zu fliehen versuchte. Ein Bus erwartete uns und beim Einsteigen grüßte ich den Fahrer mit einem kräftigen »Schalom« und erkundigte mich, wie es ihm gehe. »Gut, danke«, antwortete er. Ich hatte das Gefühl, endlich zuhause zu sein. Zwei Frauen stiegen in den Bus und reichten uns kleine Gläser mit Sauerrahm, Butterröllchen und Käsescheiben. Alles schmeckte sehr köstlich. Als ich einer der Frauen mit dem altmodischen »Chen, chen« dankte, lächelte sie und erklärte: »Das sagen wir nicht mehr, das heißt jetzt einfach ›Toda‹.«

Nach etwa einer halben Stunde erreichten wir ein Militärlager, umgeben von Stacheldraht.

»Wo sind wir?«, fragte ich einen Mann in kakifarbenem Hemd und Hosen, der am Tor Wache stand.

»Du sprichst Hebräisch?«, fragte er. »Sehr gut, dann bleib mal gleich hier und übersetze alles, was ich sage, ins Jiddische.«

»Aber wo sind wir denn eigentlich?«, wiederholte ich meine Frage.

»Im Straflager von Atlit.«

Da waren wir also schon wieder eingesperrt in einem Lager, umgeben von Stacheldraht, und mussten zu sehr vielen in langen Baracken wohnen. Trotzdem war es etwas Anderes, denn nun waren wir in unserem eigenen Land. Danny und ich richteten uns am Ende einer der Baracken nahe dem Fenster ein. Ich konnte die Meereswellen hören. Eine angenehm frische Brise wehte herein und ich fiel sofort in tiefen Schlaf.

Am nächsten Morgen erwachten wir vom vertrauten Geräusch der Lautsprecheransagen, doch diesmal kamen die Anordnungen nicht auf Deutsch, sondern auf Englisch, Jiddisch und Hebräisch. Mittlerweile war die Gruppe vorbereitet und der Hebräischlehrer traf ein. Für unsere Gruppe ging es also weiter mit dem Sprachunterricht, und damit wir ab und zu etwas Dampf ablassen konnten, war zweimal am Tag eine Stunde dem Training und körperlichen Übungen gewidmet. Die meiste Zeit des Tages aber saßen wir herum und taten nichts, außer darauf zu warten, dass wir endlich erfuhren, was unser Schicksal nun sein würde. Vor lauter Langeweile erfanden wir jede Menge Spiele und Anderes zu unserer Unterhaltung. Zum Beispiel hängten wir Trauben

Uri Chanoch kümmert sich um eine Herde Schafe, Kibbuta Alonim, 1947

an einen Deckenhaken und versuchten, die Trauben mit den Zehen zu pflücken. Das kommt dabei heraus, wenn man vor Langeweile stirbt.

Am 29. Juni 1946, kurz nachdem wir in Atlit eingetroffen waren, ereigneten sich die Vorfälle rund um den »Schwarzen Sabbat«. Als Reaktion auf den bewaffneten Kampf durchkämmten die Briten Städte und Kibbuzim auf der Suche nach Waffenlagern und Rüstungswerkstätten der Hagana[33] und verhafteten die meisten der jüdischen Anführer. Uns brachten die Briten nun in Zelten unter, denn das Lager wurde nun für die verhafteten Kämpfer und Kommandeure der Hagana gebraucht. Die Baracken, in denen sie nun untergebracht waren, wurden mit Stacheldraht umzogen und der Zutritt war uns verboten. Wir durften uns ihnen nicht einmal nähern.

Nach ein oder zwei Tagen besuchte ein Journalist das Lager Atlit. Ich wurde gebeten, mit ihm zu sprechen. Wir standen am Tor und redeten miteinander. Ich hatte zu dem Zeitpunkt überhaupt keine Ahnung von dem, was außerhalb des Lagers geschah. Wir besaßen keinerlei Zugang

[33] Die Hagana war eine paramilitärische zionistische Untergrundorganisation. Nach der Gründung des Staates Israel wurde die Hagana in die staatlichen Israel Defence Forces (Israelische Verteidigungsstreitkräfte) überführt.

Uri Chanoch, Kibbuta Alonim, 1947

zu Radio oder Zeitung. Der Journalist fragte mich zunächst nach den Lebensbedingungen im Lager, nach der Stimmung unter uns und wie wir lebten. Schließlich fragte er: »Was denkst du denn über den Schwarzen Sabbat?«

Ich verstand nicht, was er mit dieser Frage meinte, denn ich wusste nicht, dass die Aktion der Briten so genannt wurde. Also antwortete ich: »Ich finde es wunderbar, dass wir einen solchen Tag haben.« Damit wollte ich sagen, dass es gut ist, einen Ruhetag wie den Sabbat zu haben, auch wenn es mir seltsam vorkam, dass er den Sabbat »schwarz« nannte. Der Reporter starrte mich überrascht an. Ich kann mir heute gut vorstellen, was er von diesem kürzlich Eingewanderten gedacht haben muss, der so vollkommen ignorant war gegenüber den Ereignissen, die im Land stattfanden.

Ein Schäfer im Jezreel-Tal

Anfang August 1946 wurde uns mitgeteilt, dass wir nun entlassen seien und unsere Gruppe in einen Kibbuz im Jesreel-Tal[34] verlegt würde. Wir erreichten den Kibbuz Alonim gegen Mittag. Man brachte uns in den Speisesaal und zum ersten Mal in meinem Leben aß ich nun in einem Kibbuz-Speisesaal. Lange, mit ausgeblichenen Wachstüchern bedeckte Tische standen in der Halle und in der Mitte jedes Tisches war eine tiefe Schüssel. »Das ist für die Reste«, sagte einer der Kibbuzniks, der sich als unser Gruppenleiter vorstellte. »Dahinein füllt ihr alles, was auf eurem Teller übrig bleibt.« Er ahnte nicht, dass auf unseren Tellern niemals etwas übrig bleiben würde.

Nach ein paar Tagen verkündete Danny, er wolle den Kibbuz verlassen und nach Beer Tuvia ziehen, einem Dorf im Süden Israels, ein paar Stunden vom Kibbuz entfernt. Ich war dagegen, denn ich wollte nicht, dass wir schon wieder getrennt würden. Aber er erklärte, dass alle in unserer Gruppe älter seien als er und er zu den Kindern im Kibbuz überhaupt keinen Kontakt habe.

»Was willst du denn da machen, in Beer Tuvia?«, fragte ich.

»Ich will da bei Freunden sein, die ich aus den Lagern kenne, und außerdem will ich da in die Schule gehen. Das hier ist kein Ort für mich.«

»Aber bei wem willst du wohnen?«, insistierte ich.

»Keine Sorge, ich finde was.«

Es fiel mir schwer, mich von Danny zu trennen. Ich machte mir Sorgen um ihn, doch ich sah ein, dass er fest entschlossen war, und ich wollte nicht mit ihm streiten. Vermutlich habe ich verstanden, dass Danny, nachdem er so viel Leid und Schreckliches überlebt hatte, wohl wissen würde, was er wollte. Rückblickend hat Danny eine kluge Wahl getroffen. In Beer Tuvia fand er sehr gutherzige Menschen, die Rafmans, die ihm ihr bescheidenes Heim öffneten und ihn als Familienmitglied aufnahmen. Sie waren Bauern und lebten von Feldwirtschaft und Hühnerzucht. Einmal wurde Danny Zeuge, wie sie ein Huhn schlachteten, und er war so schockiert darüber, dass er sich weigerte, Huhn zu essen. Also machte sich Mutter Rafman, die täglich stundenlang ackerte, auf den langen Weg zu einem Metzger, wo sie eine Portion Rindfleisch kaufte, nur für Danny. Bis zum heutigen Tag isst er übrigens kein Huhn.

[34] Der Name bedeutet »Tal der Saat Gottes«.

Amnon Rafman war im gleichen Alter wie Danny und sie wurden sehr gute Freunde. Manchmal stritten sie, wer von ihnen auf dem Esel reiten musste und wer das Pferd bekam, und manchmal rauften sie auch, aber die Eltern griffen niemals ein. Yuta und Mira, Amnons ältere Schwestern, die für das Lehramt studierten, setzten sich stundenlang mit Danny hin und lernten mit ihm, auch während des neuen Semesters, um ihm dabei zu helfen, all das aufzuholen, was er während der vier Kriegsjahre versäumt hatte. Auf diese Weise konnte Danny, der nur ein einziges Jahr auf dem Jüdischen Gymnasium gewesen war, im Jahr 1946 gleich in der sechsten Klasse anfangen.

Unsere Gruppe im Kibbuz Alonim war in Baracken untergebracht, in denen es eine Reihe kleiner Zimmer gab. Je vier Freunde teilten sich ein Zimmer. In den Räumen standen einfache Eisenbetten. Die Arbeitskleidung, die wir bekamen, war mit unseren Initialen gekennzeichnet und wurde in einer orangefarbenen Kiste untergebracht, die neben jedem Bett stand und als Schrank diente. Unser Gruppenleiter erklärte, dass wir von nun an bis zum Nachmittag arbeiten und anschließend lernen würden. Da ich bereits fließend Hebräisch sprach, war ich vom Sprachunterricht befreit. Mir wurde die Aufgabe zugeteilt, als Schäfer zu arbeiten, und jeden Morgen trieb ich die Schafherde auf die Weide. Die Schafe zerstreuten sich im Gelände, während mein Wachhund und ich aufpassten, dass sie sich nicht zu weit entfernten. Das war keine schwere Arbeit. Ich nahm mir Brot mit, eine Tomate, ein kleines Stück Brynza-Käse, gemacht aus Schafsmilch, und eine Feldflasche voll Wasser. Dann saß ich im Schatten unter einem Baum, sah den Schafen zu, genoss die Stille und lauschte dem Klang der Glöckchen, die sie um den Hals trugen. Wenn die trächtigen Mutterschafe kurz vor der Geburt waren, hielt ich mich in Alarmbereitschaft. An einem heißen Tag warfen sechs Mutterschafe ihre Jungen. Die Weide lag weit entfernt vom Kibbuz und ich musste die Jungen in der sengenden Hitze in meinen Armen tragen. Ich war sehr durstig, denn der Brynza-Käse war stark gesalzen und mein Wasser bereits ausgetrunken. Kaum konnte ich die Lämmchen in meinen Armen und auf den Schultern tragen und gleichzeitig aufpassen, dass kein Schaf aus der Herde lief, doch dann erinnerte ich mich an die Säcke voll Zement, die ich im KZ auf meinen Schultern getragen hatte, und schon fühlte sich die Last leichter an.

Neben unserer Baracke stand ein dicker Baum. Irgendwann bemerkte ich, dass jemand begonnen hatte, auf seinen Ästen ein Baumhaus zu bauen. Ich suchte nach weiteren Brettern, lieh mir einen Hammer und ein paar Nägel aus und vollendete die kleine Hütte ganz allein. Jeden

Abend kletterte ich nun in mein Baumhaus und übernachtete dort wie Robinson Crusoe. Endlich hatte ich ein wenig Privatsphäre, zumindest so lange, bis der Winter kam und die Kälte mich zurück zu meinen Freunden in die Baracke trieb. Während der Woche, nach dem langen Arbeitstag und den Lernstunden am Abend, waren wir immer todmüde und ich ging früh schlafen. An den Freitagabenden organisierten wir manchmal Volkstänze und nach dem Crashkurs, den Arieh Avisar uns in Italien gegeben hatte, beherrschten wir sogar die Hora und andere populäre Tänze jener Zeit. Wir beneideten die Kinder aus dem Kibbuz, wir wären so gern wie sie gewesen, fröhlich, glücklich und sorglos, aber so waren wir nicht. So konnten wir nicht sein.

An jedem Sabbatmittag ging ich in den Gemeinschaftsraum, weil dort das einzige Radio des Kibbuz stand. Ich setzte mich und lauschte dem Programm »Auf eure Bitte«, auf der »Stimme von Jerusalem«, dem einzigen hebräischen Sender, den es damals gab. Ich liebte die Lieder, die an jedem Sabbat gespielt wurden. Gelegentlich spielten sie auch ein oder zwei jiddische Lieder und dann kamen die Erinnerungen zurück.

Einer der Jugendlichen aus unserer Gruppe hatte Verwandte in Tel Aviv, und so zog er zu ihnen. Danny und ich hatten keine Angehörigen im Land, und falls doch, so wussten wir nichts davon. Eines Tages kam ein Brief aus Amerika, von Mutters Schwester Anna, die unsere Namen in einer jiddischen Tageszeitung entdeckt hatte. Sie schrieb, sie verstehe nicht, warum wir nach Eretz Israel gegangen seien und schlug vor, wir sollten zu ihr kommen und in den USA leben. Sie wollte sogar schon Visa für uns beantragen. Da sie unsere direkte Verwandte sei, erklärte sie, wäre es nicht besonders schwer, eine Einreisegenehmigung zu bekommen. »Kommt her zu mir«, schrieb sie, »und erholt euch ein wenig von all dem, was ihr durchgemacht habt, und wenn ihr dann immer noch wollt, könnt ihr zurückkehren ins Heilige Land.« Anscheinend verstand selbst sie nicht, wie tief wir diesem Land verbunden waren.

Wir stehlen kein Silber

Ein paar Wochen nach unserer Ankunft im Kibbuz, als wir am Freitagmittag gerade von der Arbeit heimkehrten, hielt vor dem Gemeinschaftsraum ein elegantes Privatauto. Der Fahrer teilte uns mit, er sei gekommen, um Danny und mich abzuholen, damit wir den Sabbat bei

Freunden unseres Vaters verbringen könnten. Den Worten des Fahrers entnahm ich, dass unser Gastgeber Vater aus Litauen kannte und dass die beiden sich auch in Haifa zweimal während eines Besuches getroffen hätten und er ihm Brennholz für die »Nur«-Streichholzfabrik verkauft hätte.

Danny und ich genossen die Fahrt ungemein, denn wir fuhren zum ersten Mal durch das Tal und besuchten Haifa. Nach etwa einer Stunde erreichten wir das Haus auf dem Carmel. Dort betraten wir eine schöne gepflegte Wohnung, ähnlich unserem Zuhause in Kaunas. Der Tisch war gedeckt, ein silberner Kerzenleuchter stand in der Mitte für das Sabbatmahl. Vaters Freunde waren hocherfreut, uns zu sehen, und erzählten, sie hätten unsere Namen in der Kolumne »Wer kennt, wer hat gesehen« entdeckt, die jede Woche in den Zeitungen stand und die Namen jener auflistete, nach denen gesucht wurde in der Hoffnung, dass sie überlebt hatten.

Unser Gastgeber sprach das Kiddusch, den Sabbatsegen, und gemeinsam aßen wir eine köstliche Mahlzeit. Jedes Gericht, das serviert wurde, schmeckte wie jene, die wir von zuhause kannten: gefilte Fish, geschmortes Rindfleisch mit Kartoffeln, Fruchtkompott zum Dessert, wobei die Früchte wie auch die Teiglach, das süße Gebäck, das Tante Leah in Kaunas immer zubereitete, in Sirup eingelegt waren. In einem der Zimmer waren zwei Betten für uns gerichtet worden und wir schliefen ausgezeichnet. Am nächsten Morgen wanderten wir auf den Berg Carmel. Unser Gastgeber fragte nicht einmal nach Mutter und Vater. Wie viele andere auch so schienen sie wohl zu denken, dass es nicht recht sei, Menschen, die »von dort« kamen, nach dem zu fragen, was ihnen geschehen war. Nach dem Mittagessen legten unsere Gastgeber sich zum Mittagsschlaf hin und wir blieben im Esszimmer zurück und langweilten uns. Die Haushälterin blieb, nachdem sie den Tisch abgedeckt und das Geschirr gewaschen hatte, bei uns sitzen. Ich bemerkte, dass ihr vor Müdigkeit beinahe die Augen zufielen. »Warum legen Sie sich nicht auch hin?«, fragte ich.

»Das darf ich nicht«, gab sie zur Antwort, »meine Chefin möchte, dass ich hier bei euch sitze und aufpasse, dass ihr nichts klaut.«

Ich war schockiert. Das also dachten sie über uns, die Kinder von Shraga Chanoch? Dass wir ihr kostbares Silber stehlen würden? Keine Minute wollte ich länger hierbleiben.

»Los, wir gehen«, sagte ich zu Danny. Zu Fuß gingen wir den ganzen Weg hinunter in die Stadt und warteten dann stundenlang auf den Laster, der die Produkte aus dem Kibbuz hierher zum Markt brachte.

Wir kamen erst tief in der Nacht zurück in den Kibbuz, unsere Gastgeber sahen wir nie wieder. Sie schrieben uns und wollten wissen, was geschehen war. Aber ich antwortete nicht.

Auf diese Weise erfuhr ich, was man hier von uns hielt, den »Neuankömmlingen« oder »Überlebenden«. Ich nehme an, sie dachten, dass wir nur überlebt hätten, weil wir irgendetwas verbrochen hätten und man uns deshalb nicht trauen könne. Ich erzähle diese Geschichte, weil sie sehr gut die misstrauische Haltung mancher gegenüber den Überlebenden beschreibt. Viele Jahre, nachdem ich den Kibbuz Alonim schon verlassen hatte, entdeckte ich einen Artikel, in dem die Eindrücke aus einer der alten Broschüren über den Kibbuz standen, zusammengetragen von unserem Lehrer. Er schrieb: »Unter den Jugendlichen, die zu uns kamen, gab es einige, die nicht besonders nett waren.«

Ich erinnere mich nicht mehr, auf welche Weise ich von Vaters Cousin, Avremeleh Galper, hörte. Er war in Zosleh geboren und aufgewachsen, jenem Dorf, in welchem Vaters ganze Familie lebte, war in den 1930ern als Pionier nach Eretz Israel gekommen und lebte im Kibbuz Yagur, der nahe bei Alonim lag. Bei Avremeleh und seiner Frau Mina fühlte ich mich tatsächlich herzlich willkommen. Sie stellten mir ein Klappbett in ihrem kleinen Zimmer bereit. Am Sabbat machte ich mich manchmal auf den Weg und besuchte sie und ihre kleine Tochter Ruthie dort in ihrem Kibbuz.

Ich verteidige mein Land – der Palmach

Es gab im Kibbuz Alonim eine kleine Gruppe junger Menschen, die meine Aufmerksamkeit erregte. Die Jungen und Mädchen waren alle in meinem Alter oder nur wenig älter und kamen nicht aus dem Kibbuz. Sie wohnten zusammen in einer abseits liegenden Gruppe von Zelten, erledigten verschiedene Aufgaben im Kibbuz und verschwanden dann zweimal pro Woche zu Ausbildungsmanövern. Niemand fragte nach, aus Angst, dass die Briten, welche das Tragen von Waffen verboten, es herausfinden würden. Abends hörte ich, wie sie am Lagerfeuer sangen. Ihr Freundesbund faszinierte mich.

»Wer sind die?«, fragte ich andere Freunde.

»Die nehmen am Ausbildungsprogramm einer Jugendbewegung[35] teil.«

Weil ich nicht unwissend erscheinen wollte, fragte ich nicht weiter

35 Die Hebräische Pfadfinderbewegung in Israel wurde 1918 gegründet als Teil der Internationalen Pfadfinderbewegung. Sie bestand aus Jugend- und Sportvereinen. 1925 wurde der erste Pfadfinderstamm gegründet, die »Carmel Nomaden«. Viele dieser Pfadfinder schlossen sich dem Palmach an.

Palmach-Soldat Uri Chanoch, zum ersten Mal mit einer Waffe, Winter 1948

nach, doch bald schon fand ich heraus, dass diese jungen Leute sich der Hagana angeschlossen hatten und sich freiwillig für deren Elitebrigaden gemeldet hatten, die schon bald als »Palmach« bekannt werden sollten. Sie bildeten einen Teil jener paramilitärischen Organisation, die die Siedlungen auf dem Land vor den arabischen Nachbarn schützten, und unterzogen sich bestimmten Übungseinheiten zur Vorbereitung auf unerwartete Angriffe.

Ich wollte auch so sein wie diese jungen Frauen und Männer, ich wollte auch in der Lage sein, mein Land zu verteidigen. So freundete ich mich mit einem der Teilnehmer des Ausbildungsprogramms an, Izzie Haver. Er war ein sommersprossiger, rothaariger Junge, der ebenfalls Neueinwanderer war und mir erzählte, dass er vor zwei Jahren erst aus Syrien gekommen war.

»Wie wird man Mitglied der Palmach?«, fragte ich ihn.

»Oh, das ist nicht einfach«, erklärte er, »aber du kannst es versuchen. Du musst nach Givat Olga gehen, wo man rekrutiert wird. Aber es gibt da noch etwas Besseres als den Palmach – den Palyam. Das ist die Marineeinheit, die den illegalen Einwanderern hilft, von den Schiffen zu kommen, mit denen sie herfahren.«

Das ist genau das, was ich tun will, dachte ich, den Menschen helfen, hierherzukommen.

Am 29. November 1947 entschied die Vollversammlung der Vereinten Nationen, das britische Mandatsgebiet Palästina in zwei Staaten zu unterteilen, einen arabischen und einen jüdischen. Die Araber lehnten diese Lösung ab. Und wir? Unser Jubel ist kaum zu beschreiben, wir tanzten bis zum Morgengrauen. Endlich sollten wir unser eigenes Land haben, zwar nur ein kleines, aber dennoch einen jüdischen Staat! Zum ersten Mal nach 2000 Jahren Exil. Wir wussten zwar nicht, ob die Briten tatsächlich das Land verlassen würden, aber nachdem die Vereinten Nationen diese Entscheidung getroffen hatten, hofften wir doch, dass dies geschehen würde.

Am Morgen nach dieser durchfeierten Nacht erfuhren wir, dass die Straßen sich in ein Schlachtfeld verwandelt hatten. Die Araber hatten Busse angegriffen und viele Menschen verwundet und getötet. Nachdem solche Berichte uns zwei Wochen lang erreichten, hörten wir, dass die Araber nun die Juden nicht allein auf den Hauptstraßen umbrachten, sondern auch in den Städten Jerusalem, Tiberias, Haifa und an weiteren Orten, wo Juden und Araber bisher immer friedlich nebeneinander gelebt hatten.

Ich fühlte, dass ich nicht mehr länger Schafe auf der Weide hüten konnte. Ich wollte mich freiwillig dafür melden, hinauszugehen, um mein Land und seine Einwohner zu verteidigen. Shmulik Admon, ein Mitglied des Kibbuz, war Offizier bei der britischen Armee. Seine Familie hatte mich »adoptiert«. Ab und zu besuchte ich sie und wir unterhielten uns. Ich erklärte Shmulik, dass ich mich beim Palmach registrieren lassen wollte.

Uri als Soldat, 1948

»Pass auf«, sagte er, »wir haben bald unsere eigene Armee und ich werde bestimmt Kommandant der Artillerie sein, denn genau das war meine Aufgabe bei den Briten. Hab Geduld und warte auf mich. Ich denke, jemand muss auf dich aufpassen. Du hast genug Schlimmes in deinem Leben durchgemacht.«

»Aber ich will zum Palmach«, insistierte ich. Ich verstand nicht, warum er sich so viele Sorgen um mich machte. Er wusste, was Krieg bedeutete, und wollte mir die Härte der Schlacht ersparen.

Mitte Dezember 1947 informierte ich das Sekretariat des Kibbuz, dass ich abreisen würde. Die gestreifte Jacke aus Dachau steckte ich in meinen Rucksack. Die Hosen waren leider in der Kibbuz-Wäscherei verloren gegangen. Ich packte noch die Unterwäsche und die Socken, die ich vom Kibbuz bekommen hatte, dazu und verabschiedete mich von meinen Freunden aus der Jugendgruppe. Sie sahen mich an als hätte ich den Verstand verloren. Warum zog ich freiwillig in den Krieg, wenn doch niemand mich darum gebeten hatte und ich stattdessen solange die Schafherde auf der Weide hüten konnte, bis man mich einziehen würde.

Als der Morgen anbrach, hockte ich schon auf dem Laster, der die landwirtschaftlichen Erzeugnisse zum Markt nach Haifa fuhr. Von dort nahm ich einen Bus nach Tel Aviv. Ich bat den Fahrer, mich kurz vor Giv'at Olga aussteigen zu lassen. Als er schließlich anhielt, sprang ich in tiefster Einöde heraus. Eine Zeit lang ging ich westwärts, bis ich irgendwann einen Hügel erreichte, von dem aus man das Meer sehen konnte.

»Wo ist das Rekrutierungsamt des Palmach?«, fragte ich ein paar Leute, die mir über den Weg liefen. Niemand wusste es. Noch hatten die Briten im Land das Sagen und das Rekrutieren von Kämpfern war Geheimsache, über die man Schweigen bewahrte. »Vielleicht in dieser Richtung«, schlugen sie vor. Nachdem ich immer weitergelaufen war, ohne je ein Haus oder andere Lebenszeichen zu entdecken, erreichte ich schließlich eine Strandhütte.

»Seid ihr der Palyam?«, fragte ich drei junge Männer mit beeindruckenden Schnurrbärten, die in der Hütte saßen, »ich will mich zum Palyam melden.«

»Und was hast du vorzuweisen, was dich für deine Mitarbeit beim Palyam qualifiziert?«

»Ich kann schwimmen«, gab ich zur Antwort.

Sie brachen in schallendes Gelächter aus.

»Aber es ist gut, dass du hergekommen bist«, erklärte einer von ihnen, »wir brauchen Leute, aber nicht für den Palyam. Wir brauchen sie für andere Aufgaben. Komm her, schreib dich hier ein.«

Ich schrieb meinen Namen und ein paar persönliche Angaben auf ein Blatt Papier und fügte Dannys Namen und Adresse in Beer Tuvia als meinen einzigen nächsten Angehörigen hinzu.

»Du wirst dem Vierten Bataillon zugeteilt, dem ›Sturmbataillon‹. Warte draußen, du wirst abgeholt.«

Ein schrecklicher Krieg, eine Mauer aus Steinen und schweres Gefecht

Kurze Zeit später fuhr ein kleiner, kaputter Laster vor. Mit zwei anderen kletterte ich auf die Ladefläche. Nach etwa anderthalb Stunden Fahrt erreichten wir den Kibbuz Hulda.

»Hier ist euer Zelt«, sagte ein großer junger Mann, der ebenfalls einen Schnurrbart trug, »geht jetzt erst mal zum Speisesaal und esst zu Abend, danach geht ihr früh schlafen, denn morgen erwartet euch ein langer Tag.«

Uri Chanoch beim Haportzim Bataillon in den Hügeln von Jerusalem, 1948

In den frühen Morgenstunden wurden wir geweckt. Draußen standen bereits zehn Jugendliche in einer Reihe.

»Ich bin Motke«, stellte sich ein kleiner Soldat in khakifarbener Kleidung vor. Zwar besaß er keine Abzeichen, denn beim Palmach war es nicht üblich, den Rang der Männer sichtbar zu machen, doch wir wussten trotzdem sofort, dass er unser Kommandant war.

»Ihr werdet in den nächsten Tagen einige Übungen machen«, sagte er. »Heute werdet ihr lernen, mit einem englischen Gewehr umzugehen, und morgen bringen wir euch bei, wie man eine Pistole und eine Sten-Maschinenpistole abfeuert. Wenn wir die Briten kommen hören, verstecken wir alles sofort im Stash.«

Ich wusste nicht, was ein »Stash« war, aber es war mir zu peinlich, danach zu fragen. Später erfuhr ich, dass es ein geheimes Lager war, das dazu diente, die Waffen vor den Briten zu verstecken.

»Sobald ihr Schießen gelernt habt«, sagte Motke, »fangt ihr damit an, die Konvois nach Jerusalem zu eskortieren.«

Nach einer Woche voll stundenlanger Schießübungen und nachdem wir gelernt hatten, wie man die Waffen auseinandernahm, reinigte und wieder zusammensetzte, teilte unser Kommandant uns mit, dass wir am nächsten Tag einen Konvoi nach Jerusalem eskortieren sollten. Auf unserem Weg dorthin war alles ruhig. Wir hielten an der zentralen Busstation in Jerusalem und warteten darauf, bis der Konvoi zurück zur Küste zusammengestellt sein würde. In jener Zeit war die Straße sehr eng, nur vier Meter breit, links und rechts gesäumt von den steilen Jerusalemer Bergen. An einigen Stellen mussten wir äußerst langsam fahren, um sicher um die sehr engen Kurven der sich schlängelnden Straße zu kommen. Erst tief in der Nacht erreichten wir den Kibbuz Hulda.

Zwei Tage später war der nächste Konvoi bereit. Diesmal war er sehr groß, er bestand aus mehreren Dutzend Versorgungslastern. Mehrere Privatfahrzeuge mischten sich zwischen die Laster. Die Waffen versteckten wir gut, damit die Briten sie nicht finden und uns verhaften konnten. Als wir Bab el Wad erreichten, den schmalen Pass zwischen den Bergen, der auf Hebräisch heute Sha'ar HaGai heißt, zwang eine große Sperre aus Steinen den Konvoi, anzuhalten. Sofort setzte von den umliegenden Hügeln ein heftiger Beschuss ein. Von allen Seiten war das Geschrei der Verwundeten, das Pfeifen der Kugeln und das Explodieren der Granaten zu hören. Die Mädchen in unserem Transporter, die als lebendiges Waffenlager dienten, zogen die Teile der auseinandergenommenen Gewehre und sogenannte »Stens«, leichte Maschinenpistolen, heraus, die direkt an ihren Körpern versteckt waren, unter ihren Mänteln und sogar in ihrer Unterwäsche. In Windeseile setzten wir die Waffen zusammen, mit zitternden Händen richtete ich die Sten auf die Gestalten, die ich vor uns auf dem Hügel sah, und feuerte.

In der Zwischenzeit waren einige der Männer vom Laster gesprungen und hatten sich einen Weg durch die Steinbarriere gebahnt. Der Beschuss ging weiter, unser Fahrer wurde an der rechten Hand getroffen, doch er fuhr einfach weiter und steuerte mit der linken Hand, denn es gab niemanden, der für ihn einspringen konnte. Irgendwann hielten wir an und eines der Mädchen verband ihm die Hand. Ich war das erste Mal unter Beschuss geraten – eine schreckliche Erfahrung.

Schließlich erreichten wir Jerusalem, wo wir darauf warteten, dass der Konvoi für die Rückkehr in die Küstenebene bereitgemacht wurde. Noch einige Male sollte ich solche Konvois begleiten. Jedes Mal wurden Menschen verletzt oder getötet. Manchmal konnten wir die Verletzten nicht mehr retten und mussten sie in den brennenden Fahrzeugen zurücklassen. Es war fürchterlich. Noch heute, wenn ich durch das Sha'ar HaGai fahre, quält mich die Erinnerung an die Schreie der in der Falle Sitzenden und an den Geruch von verbranntem Menschenfleisch.

Nachdem die Araber die Straße nach Jerusalem erfolgreich blockiert hatten, hörten die Konvois in die Stadt auf. Eines Nachts teilte man uns mit, dass wir die Versorgungskarawane nicht länger eskortieren würden, denn es war ihnen gelungen, die Straße von Tel Aviv nach Jerusalem mit einer Mauer aus Steinen zu sperren. Von ihren Stellungen in den nahe gelegenen Bergen aus schossen sie auf jeden, der es wagte, sich dieser Barriere zu nähern. Stattdessen wurden wir nun verlegt, um in der Gegend von Jerusalem zu kämpfen.

Wir verließen Hulda bei Nacht, schwere Rucksäcke voll Ausstattung und Waffen auf den Rücken. Ein gutes Stück, bevor wir das Sha'ar HaGai erreichten, stiegen wir von den Lastern, umgingen die Steinbarriere und schlichen in vollkommener Stille stundenlang über die Bergwege, bis wir uns mit dem Bataillon vereinten, das bereits auf der Strecke zwischen dem Kibbuz Ma'ale HaChamischa und Kiryat Anavim eingesetzt worden war. Wir wurden während dieses ganzen eiskalten Winters in Zelten und Hütten untergebracht. Oft waren wir bis auf die Knochen durchnässt vom Regen, der nach innen drang und das bisschen Kleidung, das wir besaßen, völlig durchtränkte, doch das alles scherte uns nicht. Wir waren so erschöpft, dass selbst die Schussgeräusche uns nicht aufweckten. Nachdem wir die Kälte und den Schnee in Europa ertragen hatten, die 10 Grad unter null, war der Regen für uns eine Kleinigkeit.

Wir schliefen zu viert im Zelt, zwei Jungen und zwei Mädchen. Die Mädchen in unserer Einheit kämpften gleichberechtigt mit uns. Die meisten in unserer Division hatten nicht am »Training« teilgenommen, tatsächlich waren nur wenige in unserer Einheit erfahrene Mitglieder des Palmach. Die anderen Jugendlichen kamen aus den südlichen Vororten von Tel Aviv und von anderen Ecken aus dem ganzen Land. Sie hatten sich im Dezember 1947 freiwillig für den Palmach gemeldet, in den ersten Tagen des Unabhängigkeitskrieges. Die meisten waren Sabras, in unserer Division waren nur ein Mädchen namens Shula und ich Neueinwanderer. Wegen meines Namens und weil ich gut Hebräisch sprach, dachten die anderen, ich sei auch ein Sabra. Als dann unser Truppenkommandant verwundet war, ließ der Zugführer mich das Kommando übernehmen.

Am nächsten Tag saß ich mit einigen anderen zusammen im Speisesaal des Kibbuz. Als eines der Mädchen sich dem Tisch näherte, stand ich auf und bot ihr meinen Platz an, denn es war sonst kein Platz am Tisch mehr frei. Die anderen blickten mich spöttisch an.

»Was?«, fragten sie. »Wo hast du denn dieses europäische Benehmen gelernt? Bist du etwa Neueinwanderer? Glaubst du, du bist in Ungarn oder Polen und musst dich wie ein Gentleman benehmen?«

»Ja«, gab ich zu, »ich bin erst seit sieben Monaten hier.«

Überrascht starrten sie mich an, als wollten sie sagen: »Kaum zu glauben, dass du keiner von uns bist.«

Später erfuhr ich, dass einige von ihnen sich beim Zugführer beschwert hatten, sie wollen keinen Neueinwanderer zum Kommandanten. Oh ja, auch solche Dinge geschahen beim Palmach. Wer zum inneren Kreis gehören wollte, musste eine gewisse Grobheit und Unhöflichkeit an den Tag legen, das galt als Voraussetzung für Draufgängertum. Der Zugführer war jedoch wütend auf sie und verlangte, sie sollten ihn nicht weiter mit Unsinn belangen. Von dem Tag an akzeptierten sie mich als einen der ihren.

Meistens griffen wir nachts an, wahrscheinlich um die Araber zu verwirren und zu verhindern, dass sie erkannten, wie wenige wir waren. Jede Nacht zogen wir los und griffen ein anderes arabisches Dorf an. Wir erstürmten das Dorf und mussten jedes Mal Opfer verzeichnen. Kämpfer wurden verwundet oder auch getötet. Die ganze Härte, die wir körperlich und emotional auszuhalten und zu bewältigen hatten in diesem fast drei Monate dauernden wilden Kampf um die Straße nach Jerusalem, ist schwer zu beschreiben. Wir besaßen keine bewaffneten Fahrzeuge, keine Panzer oder Kanonen, bloß Gewehre, Pistolen, Granaten und ein paar automatische Gewehre. Ich weiß nicht, wie viele Geheimdienstinformationen wir überhaupt hatten. Manchmal schien es, als würden wir vollkommen ziellos umherirren, während sie uns abschossen wie Enten auf dem Schießplatz. Wir kämpften nicht nur gegen Dorfbewohner und die Milizen, die sie beschützten, sondern auch gegen die jordanische Armee, eine reguläre, gut ausgebildete Streitmacht, deren Kommandanten überwiegend britische Offiziere waren.

Im Dunkel der Nacht konnten wir kaum erkennen, wohin wir gingen. Wir kletterten Hügel hinauf oder schlitterten steile Abhänge zwischen Steinen und Felsen hinunter, wir stolperten und standen wieder auf, während uns von überall her die Kugeln um die Ohren sausten und Granaten neben uns explodierten. Die Dunkelheit bot uns halbwegs vernünftig Deckung, doch sehr oft zogen sich die Kämpfe bis zum Tagesanbruch. Die Verwundeten brüllten vor Schmerzen und es gab viele Todesopfer. Am Morgen kehrten wir zurück, unsere Verwundeten und Toten auf dem Rücken. Sie waren furchtbar schwer. Nacht für Nacht ging das so weiter. Manchmal waren wir gezwungen, die Leichen der Gefallenen zurückzulassen, da nicht mehr genügend Männer übrig waren, um sie zurückzutragen. Am nächsten Tag fanden wir sie dann in einem unbeschreiblichen Zustand, nachdem die Araber über ihre sterblichen Überreste hergefallen waren.

Bei der Rückkehr in den Kibbuz brachten wir die Verwundeten in eines der Häuser, in dem ein provisorisches Krankenhaus eingerichtet worden war und wo sie von Dr. Isaschari gepflegt wurden. Die Toten wurden zum Friedhof gebracht. Andere aus dem Kibbuz, die begriffen, dass wir nicht in der Lage dazu waren, unsere Freunde selbst zu begraben, übernahmen das und beerdigten sie in Gräbern, die sie Tag für Tag aushoben. Wir konnten das Geräusch des Schaufelns vom Friedhof her hören und erklärten mit schwarzem Humor: »Hört ihr, jetzt schaufeln sie grad dein und mein Grab.« Dann besorgten wir uns etwas zu essen und schliefen anschließend bis zum Nachmittag. Es gab nicht sehr viele Lebensmittel, aber die Kibbuzniks gaben ihr Bestes, uns nicht verhungern zu lassen. Wegen des Wassermangels wuschen wir uns nur selten. Mir machte das nichts aus, denn es war eiskalt und ich konnte mich noch gut daran erinnern, dass ich im Konzentrationslager ganze zehn Monate nicht gebadet hatte.

Wir waren todmüde und den Kampf leid, aber wir kämpften trotzdem immer weiter. An einem Tag eroberten wir ein Dorf und ein paar Tage später mussten wir es erneut einnehmen, weil wir einfach niemanden mehr hatten, den wir zur Verteidigung unserer Eroberung hätten zurücklassen können. Ich habe keine Ahnung, wie wir es geschafft haben, weiterzukämpfen, ohne zusammenzubrechen. Keiner von uns gestattete sich Tränen oder Zusammenbruch, denn in diesem Fall wären wir nicht mehr in der Lage gewesen, weiterzumachen. Wir machten weiter, weil wir keine andere Wahl hatten. Manchmal versammelten wir uns vor dem Aufbruch um ein Lagerfeuer, sangen die Lieder aus der Heimat und die russischen Lieder, von denen wir den hebräischen Text kannten. Diese wunderschönen Melodien trugen mich zurück in jenes Jahr, als die russische Sprache in Kaunas eingeführt worden war, bevor die warme Welt meiner Kindheit zerstört wurde.

Während all dieser Tage und Nächte voll Kampf und Todesgefahr kannte ich keine Angst. Hatte ich dieses Gefühl ganz vergessen? Nein, dazu ist es viel zu stark. Warum war ich dann so furchtlos? Vielleicht waren diese Monate voll schlimmster Kämpfe ums Überleben eine Möglichkeit für mich, meine Erfahrungen während des Krieges im Getto und im KZ zu verarbeiten. Ich wusste, dass ich wahrscheinlich verwundet oder gar getötet werden konnte, aber ich wusste auch, dass mich diesmal niemand demütigen und erniedrigen konnte, wie es die Deutschen getan hatten, denn diesmal war ich bewaffnet und nicht schutzlos. Meine größte Sorge in diesen Monaten galt Danny. Was würde aus ihm werden, wenn ich verletzt oder getötet würde? Wer sollte für ihn sorgen? Noch bevor ich mich für den Palmach meldete, habe ich mit meinen Freunden aus dem Lager gesprochen und sie gebeten, sich um Danny zu kümmern, falls mir etwas zustoßen sollte. Trotzdem hatte ich andauernd diese Frage im Kopf, was wäre, wenn auch sie den Krieg nicht überleben würden.

Aus diesen drei schmerzhaften Monaten des Kämpfens ist mir nur ein schöner Moment im Gedächtnis geblieben. An einem Samstagnachmittag hatte man uns frei gegeben und zusammen mit einem Freund fuhr ich in das arabische Dorf Abu Gosh, das damals ein kleiner Ort nahe dem Kibbuz Ma'ale HaChamischa und Kiryat Anavim war. Überraschenderweise fühlten wir uns in diesem arabischen Dorf trotz des Konflikts vollkommen sicher. Die Araber von Abu Gosh nahmen nicht an dem Krieg teil, denn ihr Scheich, der ein freundschaftliches Verhältnis zu den Kibbuzim in der Region pflegte, hatte entschieden, nicht gegen die Juden zu kämpfen, und das galt. Wir hielten am Kloster oben auf dem Berg, wo uns ein freundlicher Mönch das Tor öffnete und uns ein Glas Wein anbot. Es war ein angenehm warmer, sonniger Tag. Wir genossen den Wein und die friedliche Stille des Klostergartens nach all den harten Tagen und Nächten des fortgesetzten Kampfes.

Nachdem wir die meisten Dörfer entlang der Straße nach Jerusalem besiegt hatten, zogen wir am Abend des Pessach 1948 in die Stadt. Es war das zweite Mal, das ich Jerusalem besuchte, nach meinem Besuch vor einem Jahr auf der Fahrt mit den Kibbuzniks zur Klagemauer. Wir marschierten die Jaffa Road hinunter, Jerusalems Hauptdurchfahrtsstraße, die beinahe leer war. Unser Ziel war, mit unserer Parade die Moral der Einwohner zu steigern, die monatelang belagert worden waren, unter Wasser- und Lebensmittelknappheit zu leiden hatten und einem permanenten Beschuss ausgesetzt waren. Die Menschen kamen aus ihren Häusern, standen auf der Straße und applaudierten uns. Ich sah in ihre Gesichter: Männer, Frauen, Alte und Kinder. Sie sahen so erschöpft und ausgemergelt aus und ich dachte: Für sie kämpfen wir Tag und Nacht, sie sind wirklich Grund genug, weiterzumachen.

Eines Abends teilte unser Kompaniekommandant mit, dass wir in die Altstadt eindringen würden. Er sprach von der schwierigen Lage der belagerten Juden im jüdischen Viertel der Altstadt, die von der jordanischen Legion besetzt war. Sie hatten nichts mehr zu essen und kaum noch Munition. Wenn wir nicht zu ihnen durchdringen würden, wären sie gezwungen, aufzugeben, und wir wussten genau, wie die Araber ihre Gefangenen behandelten. Nach Mitternacht erreichten wir das Zionstor, von wo aus Scharfschützen, die auf der Klagemauer positioniert waren, uns ohne Unterlass beschossen. Um mich herum wurden Freunde verwundet oder getötet.

Unser Kompaniekommandant Uri Banner, der später seinen Namen änderte in Uri Ben-Ari, befahl mir: »Lauf zur Dormitio-Abtei und bitte sie, dir eine Leiter zu geben.«

»Wo ist dieses Dormitio?«, fragte ich.

Er zeigte mir die Richtung und zusammen mit einem anderen Soldaten rannte ich die Allee hinab, die vom Mondlicht und den nahe dem Zionstor explodierenden Granaten erhellt war. Das schwere Tor der Dormitio-Abtei war verschlossen, und trotz lauten Klopfens und obwohl wir sogar mit den Gewehrkolben dagegen schlugen, erhielten wir keine Antwort. Ohne Leiter kehrten wir zurück. In der Zwischenzeit war die Sonne aufgegangen und unsere Kommandanten entschieden, zurückzukehren. Wir sammelten unsere Toten und Verwundeten auf und trugen sie auf dem Rücken zurück zu unserer Basis in Kiryat Anavim[36].

Ein paar Tage später wurde uns mitgeteilt, dass wir einen weiteren Versuch unternehmen müssten, in die Altstadt vorzudringen, denn unser Scheitern beim Versuch, die dort festsitzenden Menschen zu erreichen, würde sie zur Aufgabe zwingen und in die Gefangenschaft treiben. Diesmal waren wir vorbereitet und brachten Leitern von der Feuerwehr mit. Wieder gingen wir mitten in der Nacht in völliger Dunkelheit ins Ben Hinnom-Tal hinein. Dort setzen wir uns, ruhten uns kurz aus und sammelten uns. Auf der rechten Seite der Straße erblickten wir einen Brunnen.

»Freunde«, warnte uns der Kompaniechef, »trinkt nicht aus diesem Brunnen, vermutlich ist das Wasser verseucht.«

[36] In der Nacht vom 18. auf den 19. Mai 1948 eroberte eine Division der Harel-Brigade den Zionsberg; man entschied, das Zionstor zu durchbrechen und ins jüdische Viertel der Altstadt vorzudringen. Die kleine Einheit, zu der auch kriegsmüde Soldaten zählten, die tagelang ohne Pause gekämpft hatten, drang ins jüdische Viertel ein und vereinigte sich mit den Truppen, die es verteidigten. Es gelang den Kämpfern jedoch nicht, das Tor zu halten, sodass die jordanischen Legionen es wieder einnahmen. Am 17. Juli wurde ein weiterer Versuch unternommen, in die Altstadt vorzudringen. Dies war die »Operation Kedem«. Leider scheiterte diese am Sprengmaterial, das nicht richtig explodierte.

Verseuchtes Wasser rettet mir das Leben

Ich war sehr durstig und dachte, dass ich immun sein müsste nach all den Dingen, die ich in den vergangenen Jahren gegessen und getrunken hatte. Nachdem die anderen losgezogen waren, blieb ich für kurze Zeit zurück. An der Seite stand ein Eimer, der an einem Seil festgebunden war. Ich ließ ihn in den Brunnen hinab, zog mir etwas Wasser hoch und trank, bis ich genug hatte. Das Wasser roch etwas seltsam und schmeckte auch so, aber es löschte meinen Durst.

Wieder versuchten wir, in die Altstadt vorzudringen, wieder ohne Erfolg. Diesmal brachen wir das Tor mit Sprengstoff auf und ein paar von uns liefen in die Altstadt hinein, doch dann wurde uns der Rückzug befohlen, da wir nicht genügend Leute hatten, um die Altstadt zu halten.

Es dämmerte bereits, als wir uns auf den Rückweg machten. Mir war auf einmal hundeelend. Ich verstand nicht, was mit mir los war. Mein Kopf schmerzte, mein ganzer Körper zitterte, ich konnte mich kaum noch auf den Beinen halten. Irgendwann hielten wir für eine kurze Rast.

»Was ist los mit dir?«, fragte der Kompaniechef, der neben mir ging.

»Keine Ahnung, mir ist schlecht.«

Er betrachtete mich und fühlte meine Stirn.

»Warum zitterst du so?«, fragte er, »du siehst nicht gut aus und scheinst Fieber zu haben. Geh sofort ins Krankenhaus.«

»Wo ist das Krankenhaus denn?«, fragte ich.

»Das weiß ich selbst nicht, ich war noch nie in Jerusalem. Frag unterwegs, man wird es dir schon erklären.«

Aber niemand war auf der Straße, den ich hätte fragen können. Ab und zu war das Geräusch der auf die Stadt fallenden Granaten zu hören. Ich hatte das Gefühl, bald das Bewusstsein zu verlieren. Dann sah ich eine alte Frau, die aus der Tür ihres Hauses trat.

»Wo ist das Krankenhaus?«, fragte ich sie

Sie starrte mich stumm an und wies in eine Richtung. Ich konnte kaum noch laufen. In der Ferne erblickte ich einen Krankenwagen, der neben einem großen Steingebäude parkte.

Im Krankenhaus lagen Verwundete am Boden. Einige von ihnen stöhnten vor Schmerzen. Eine Krankenschwester sah mich kurz an und schob mir dann eine Matratze zu.

»Leg dich hier drauf«, bat sie, »bis der Arzt kommt.«

Aufgrund meines hohen Fiebers schwebte ich zwischen Bewusstlosigkeit und einem Zustand von halbem Bewusstsein. Dem Arzt hatte

Palmach-Soldat Uri Chanoch, 1948

Uri Chanoch, Ende der 1940er-Jahre

ich erklärt, dass ich seltsam schmeckendes Wasser aus einem Brunnen getrunken hatte. Er konnte mir keine genaue Diagnose ausstellen, ich litt vermutlich entweder unter Gelbsucht, Typhus oder einer schweren Vergiftung. Die Krankenschwester wies er an, die Matratze aus der Nähe der Verwundeten zu räumen, weg vom Flur. Sie sollte mir Tabletten geben, die er aufschrieb, und mir das Essen untersagen, einzig trinken durfte ich. Mir war so übel, dass ich ohnehin nichts essen konnte. Von Zeit zu Zeit wachte ich kurz auf, dann hörte ich das Explosionsgeräusch der pausenlos auf Jerusalem fallenden Granaten, ehe ich wieder einschlief. Ich zitterte vor Kälte und brannte vor Fieber, doch nach zwei Wochen fühlte ich mich etwas besser und bat den Arzt, mich zu entlassen, damit ich zurück zu meiner Einheit kehren könne.

»Du bist zum Glück gesundet«, sagte er, »aber du musst auf dich aufpassen und nur kleine Portionen Diätkost essen. Ich habe alles aufgeschrieben.«

Damit gab er mir einen Zettel. »Ich habe darum gebeten, dich ins Lazarett aufzunehmen und dich anschließend in ein Sanatorium zur Erholung zu schicken.«

Ich fand einen Laster, der in den Kibbuz Ma'ale HaChamischa fuhr. Als ich dort eintraf, starrten meine Freunde mich an, als würden sie einen Geist sehen. »Du lebst! Wir waren sicher, dass du gestorben wärst.«

Sie zählten die Namen der Verwundeten und Gefallenen auf und ich begriff, dass der Genuss des Wassers aus dem Brunnen im Ben-Hinnom-Tal mir das Leben gerettet hatte. Die letzten Gefechtswochen bis zum Ende der Kämpfe und der Aufhebung der Belagerung von Jerusalem hatten meine Freunde vom Vierten Bataillon hohe Verluste gekostet. Nach dem Krieg erfuhren wir, dass unsere Brigade im Palmach zu Beginn, als wir den Konvoi eskortierten, noch 800 Mann gezählt hatte; am Ende gab es nur noch 200 Mann, die in der Lage waren, sich am Kampf um Jerusalem zu beteiligen.

Jedes Jahr am Gedenktag besuche ich den Friedhof von Kiryat Anavim, um meiner Freunde zu gedenken und eine Blume auf ihre Gräber zu legen. In den letzten Jahren begleitete mich unsere gute Freundin Ruth Golbas, deren Bruder in meiner Division gedient hatte und gefallen war, als sie sieben Jahre alt war. Auf dem Weg dorthin unterhielten wir uns über die Vergangenheit und darüber, wie sehr der Verlust ihre Familie und tausend andere Familien schmerzte. 6000 Menschen wurden in diesem Krieg getötet, das war ein Prozent der jüdischen Gesamtbevölkerung des Landes zu dieser Zeit. Ich kann mich heute nicht mehr an die Gesichter erinnern, die zu den auf den Grabsteinen eingravierten

Namen gehören, doch es gibt noch einen anderen Grund, warum ich dorthin gehe: die jungen Menschen, die herkommen, um etwas über die Geschichte des Krieges zu erfahren.

Einmal habe ich zwei junge Frauen getroffen, die das Grab von Shalom Finkelstein besuchten, der ihr Onkel gewesen und viele Jahre vor ihrer Geburt in einer Schlacht gefallen war. Eine von ihnen hieß ihm zu Ehren Shlomit. Sie erzählten mir, dass Shalom und seine Eltern, die aus Litauen stammten, wie durch ein Wunder mit der gesamten Familie den Krieg überlebt hatten und dann zusammen – Mutter, Vater, Tochter und Sohn – nach Eretz Israel emigriert waren. Als die Kämpfe begannen, verließ Shalom das Gymnasium und bestand darauf, sich für den Palmach zu melden. Er war 17 Jahre alt, als er in einer der Schlachten vor Jerusalem fiel.

Im Juni 1948 fuhren wir in einem Lastwagenkonvoi auf einer unebenen, holprigen und auf beiden Seiten von Hügeln gesäumten Straße von Jerusalem hinunter in die Küstenebene. Später erfuhr ich, dass es die Burmastraße war, welche parallel zur immer noch blockierten Hauptdurchfahrtsstraße nach Jerusalem verlief. Diese neue Straße war von Palmach-Pfadfindern entdeckt worden. Die Laster wirbelten dichte Staubwolken auf, die uns das Atmen erschwerten, doch hinter Bab el Wad sank der Staub zu Boden und der köstliche Geruch von Wildpflanzen erfüllte die Luft. Jetzt wussten wir: In dieser Gegend würde uns niemand erschießen. Wir erreichten Hulda und von dort wurde ich in ein Erholungsheim geschickt. Nachdem ich drei Wochen dort verbracht hatte, fühlte ich mich zwar noch schwach, aber insgesamt besser. Der Arzt entschied, dass ich irgendwo stationiert werden sollte, wo ich meine strikte Diät fortsetzen konnte und mich nicht überanstrengte.

Ich wurde zum Palmach-Hauptquartier in Sharona nahe Tel Aviv versetzt. Innerhalb einer Woche hatte ich fahren gelernt und wurde Fahrer einer einer Truppenunterhaltungsgruppe, die Chizbatron[37] hieß. Wir spielten vor den Soldaten an der südlichen und nördlichen Front, wo noch immer gekämpft wurde. Manchmal wurde auf uns geschossen, doch wunderbarerweise blieben wir vor Landminen, die hier und da lagen, verschont.

Ich vermisste Danny sehr. Ich hatte ihn seit über drei Monaten nicht mehr gesehen, seit ich in Jerusalem gekämpft hatte. Eines Nachmittags borgte ich mir für ein paar Stunden einen Jeep aus und fuhr nach Beer Tuvia. Danny und seine Freunde bewunderten meinen Armee-Jeep. Sie

[37] »Chizbat« ist Arabisch und bedeutet »Erfinden von Ammenmärchen«.

baten mich, sie auf eine kurze Fahrt darin mitzunehmen, und ich genoss es, zu sehen, wie stolz Danny war.

Ende Juli 1948 herrschte noch immer Krieg und in den Städten gab es nachts noch Verdunkelungspflicht, aus Furcht vor ägyptischen Bomben. Manchmal fuhr ich nach Tel Aviv und traf unsere Freunde im Palmach Club in der Ben-Yehuda-Straße, wohin jeder ging, der Urlaub hatte und unter Leute wollte.

Die Straßen von Tel Aviv waren dunkel und die Türen zum Club waren von dicken Vorhängen verhüllt, doch innen wurde gelärmt und gelacht. Zigarettenrauch hing in der Luft, man konnte durch den Qualm kaum etwas sehen. Die Gruppe sang, erzählte Geschichten und vertrieb die Spannung, die sich in den Monaten der schweren Kämpfe aufgebaut hatte. Eines Abends stieß ich im Club auf Izzie Haver, meinen Freund aus der Palmach-Einheit im Kibbuz Alonim. »Also, dann bist du am Ende doch beim Palmach gelandet, was?«, fragte Izzie lachend, »und du hast es auch geschafft, zu überleben.«

Wir unterhielten uns ein bisschen über unsere Erlebnisse.

»Pass mal auf«, sagte Izzie irgendwann, »du musst mich retten, ich sitze da morgen mit zwei Mädchen fest und weiß nicht, was ich machen soll.«

Er erzählte mir, dass seine Freundin aus Haifa gekommen sei, um ein anderes Mädchen zu besuchen, das in Tel Aviv wohnte. Er hatte einen Ausflug mit den beiden zum Schwimmbad von Galei Gil vorbereitet, in der Nähe von Ramat Gan. »Das ist nicht weit von Sharona, nur eine halbe Stunde. Frag deine Freunde, sie erklären dir, wo genau.«

Wir verabredeten uns für den nächsten Tag um elf Uhr vormittags.

Das Mädchen, das alles wissen wollte

Ich traf sie am Eingang zum Schwimmbad. Neben Izzie und seiner Freundin stand ein Mädchen mit blonder Mähne und hinreißend grünen Augen. Ihr Badeanzug betonte ihre schlanke Figur.

»Und?« Sie lächelte mich an. »Willst du schwimmen?«

Zusammen sprangen wir ins Becken, doch schon nach ein paar Minuten kletterten wir wieder hinaus und gingen zur Liegewiese. Sie schlug vor, dass wir uns in den Schatten setzten. Wie jung sie aussah, fast noch wie ein Kind.

»Wie alt bist du?«, fragte ich.

»16 ½. Ende des Sommers beginnt mein letztes Schuljahr an der Oberschule. Und du?«

»Ich bin 19 ½.«

»Wo kommst du her?«, forschte sie.

»Aus den Kämpfen, aus Jerusalem.«

»Wohnst du dort?«

Ich wusste nicht, was ich sagen sollte. »Ich habe gegen die Belagerung gekämpft. Und vorher habe ich ein paar Monate lang im Kibbuz Alonim gewohnt.«

»Bist du im Kibbuz geboren?«, hörte sie nicht auf zu fragen.

»Nein, ich war dort mit einer Gruppe Überlebender.«

»Und was ist mit deiner Familie?«, fragte sie hartnäckig weiter.

Im Abstand so vieler Jahre weiß ich heute nicht mehr, was ich geantwortet habe. Das Wort »Shoah« war noch nicht in Gebrauch. Ich denke, ich habe irgendwas gemurmelt wie, ich sei »von dort«, vielleicht habe ich auch das Wort »Diaspora« benutzt.

»Erzähl mir, was dir da zugestoßen ist. Wie hast du überlebt?«

Voll ehrlicher Bewunderung blickte sie mich an. Zum ersten Mal zeigte jemand ein derartiges Interesse an mir und wollte wirklich wissen, was »dort« passiert ist. Ich weiß nicht, wieso, aber die meisten Menschen, die ich in Israel kennengelernt hatte, vermieden jegliches Gespräch darüber. Vielleicht fürchteten sie, ihre Fragen könnten schmerzvolle Erinnerungen wachrufen. Mir kam das schon damals seltsam vor. Selbst wenn sie nicht fragten, konnten sie denn nicht verstehen, dass es unmöglich war, zu vergessen, was dort geschehen war?

»Warum willst du das wissen?«, fragte ich das Mädchen.

Sie berichtete mir, sie habe verschiedene Bücher gelesen über das, was im Krieg passiert war. Außerdem hatte sie – trotz des Verbots ihrer Eltern – von einem Nebenzimmer aus den »Erwachsenengesprächen« gelauscht, wenn die Cousine ihres Vaters zu Besuch war und von dem erzählte, was ihr als Überlebender des Warschauer Gettos dort zugestoßen war.

»Wollen wir uns heute Abend im Palmach Club treffen?«, fragte ich sie, ehe wir uns verabschiedeten.

Doch dann besuchte Danny mich überraschend an diesem Abend und ich entschied mich, auf meine Verabredung zu verzichten. Stattdessen schickte ich einen Freund mit einer Entschuldigung zum Palmach Club und bat ihn, ihr zu erklären, dass es mir unmöglich sei, zu kommen. Außerdem sollte er für mich fragen, ob wir uns am Strand in der Frishman-Straße treffen könnten.

Am nächsten Morgen lief ich zum Strand und wartete dort sehr lange auf sie, doch sie kam nicht. Ich dachte schon, ich würde sie nie wiedersehen, schließlich wusste ich nicht einmal ihren Nachnamen oder ihre Adresse. Doch wie durch ein Wunder traf ich sie zufällig am Nachmittag, als sie mit einer Freundin die Allenby-Straße hinabbummelte. Wir gingen ins Kino. Ich wollte gern meinen Arm um ihre Schultern legen, aber ich habe mich nicht getraut. Ich war so schüchtern.

Wenn ich abends frei hatte, fuhr ich nach Tel Aviv, um sie zu sehen. Am Abend von Rosch ha-Schana kam ich mit einem Jeep und wir nahmen die Straße von Tel Aviv nach Petach Tikwa. Wir wussten, dass die arabischen Banden, die hier an der Straße immer geschossen hatten, bereits geflohen waren. Eine kühle Brise liebkoste unsere Gesichter und wir sangen aus vollem Hals all unsere Lieblingslieder und fühlten uns sicher und glücklich, als wenn uns nie wieder etwas zustoßen könnte.

Nur wenige Menschen besaßen damals ein Telefon, sodass es keine Möglichkeit gab, zu kommunizieren. Wenn ich Urlaub bekommen konnte, fuhr ich zu ihrem Haus. Wir hatten unseren speziellen Pfiff, und sobald ich ihr Haus erreichte, pfiff ich auf diese Weise, dann kam sie herunter. Ich hatte nicht sehr viel Geld in der Tasche, mein Sold bei der Armee war sehr gering. Also saßen wir bloß auf einer Bank an einem der Boulevards oder an der Küste und redeten, redeten, redeten. Sie lud mich auf ihre Schulpartys ein und stellte mich ihren Freunden vor. Ihr Leben war so, wie auch meines verlaufen wäre, hätte es den Krieg nicht gegeben. Sie besuchten exzellente Oberschulen und wurden von ihren Eltern umsorgt.

War ich verliebt in sie? Anscheinend waren mein Kopf und mein Herz undurchdringlich für Gefühle. Ich war nicht in der Lage, mich zu verlieben, aufgeregt zu sein oder jemanden zu beneiden. Vielleicht hatte ich, indem ich meine Gefühle unterdrückte, versucht, mit der Vergangenheit klarzukommen. Meine Freunde verliebten sich, wurden enttäuscht, verliebten sich aufs Neue. Einige von ihnen hatten bereits mit 20 oder 22 Beziehungen, die in Ehen mündeten. Sie sehnten sich nach einem Zuhause, einer neuen Familie. Was mich betraf, so war da gar nichts. Als ob mein Herz tot wäre. Ich war ganz gut aussehend, doch das war mir gar nicht bewusst. Mädchen flirteten mit mir und ich verstand gar nicht, warum. Manchmal erlag ich ihrem Charme, doch mein Herz blieb trotzdem leer und gefühllos.

Viele, viele Jahre später, als ich am Holocaust-Gedenktag in Yad Vashem eine Fackel entzündete, da sagte ich: »Auch das kann ich den Deutschen niemals verzeihen – dass sie mir meine Gefühle zerstört haben.« Damit bezog ich mich auf die vielen Jahre der Leere, in denen ich nicht lieben konnte. Erst als ich 30 war, verheiratet und selber Vater, verstand ich, was Liebe bedeutete und bedauerte all die verlorenen Jahre zutiefst.

Vom Palmach zu den »Arabischen Nächten«

Eines Tages verkündete Ben Gurion, der erste Premierminister des Staates Israel, die Auflösung des Palmach. Wir waren schockiert. Wie konnte Ben Gurion dies seinen besten Kampftruppen antun? Man teilte uns mit, wir würden nun auf verschiedene Einheiten der staatlichen Israel Defence Forces (IDF, dt. Israelische Verteidigungsstreitkräfte) verteilt und dort dienen. Ich denke, es schien ihm unmöglich, dass eine Armee aus verschiedenen Unterarmeen bestehen konnte, von denen jede auch noch eine jeweils andere politische Haltung vertrat. Um es vielleicht etwas leichter zu machen, wurde jedes Palmach-Mitglied gefragt, zu welcher Einheit es am liebsten wechseln würde. Ich bat darum, mich dem Korps der arabischen Minderheiten anschließen zu dürfen. Das war eine neue Einheit, die aus israelischen Arabern bestand: Christen, Drusen und Beduinen. Warum wollte ich mich diesem Korps lieber als anderen anschließen? Seit dem Tag meiner Ankunft in diesem Land zog es mich zum Nahöstlichen, zum Klang der arabischen Sprache, zu den Sitten. Der unbekannte Nahe Osten wirkte auf mich wie eine magische Kultur, im Geist der »Arabischen Nächte«, die man auch als Tausendundeine Nacht kennt.

Das Hauptquartier des Korps der arabischen Minderheiten lag nahe dem Kibbuz Alonim und dem Kibbuz Yagur und ich fand es sehr angenehm, an einen vertrauten Ort zurückzukehren. Beinahe ein Jahr lang arbeitete und lebte ich an diesem Stützpunkt, und bald sprach ich ein einfaches Arabisch. Ich liebte den Klang der Musik mit Flötentrillern und Tremolos und das Schlagen der Trommeln. All das konnte man oft aus den Zelten der Soldaten hören. Ich genoss das Essen, das Ahmad, der arabische Koch des Bataillons, zubereitete. Ab und zu fuhr ich nach Nazareth. Dort kostete ich zum ersten Mal nahöstliches Essen: Tahina, Hummus, gefüllte Weinblätter und Syniah (Hackfleisch, das in Tahina gebraten wird), eine meiner Lieblingsspeisen. Und ich lernte viel über die Unterschiede zwischen Christen, Drusen und muslimischen Arabern.

Als ich eines Abends aus Nazareth zurückkehrte und mich in meinem Jeep dem Stützpunkt näherte, hörte ich das Echo von Gewehrschüssen. Ein Fahrzeug näherte sich, der Fahrer bedeutete mir, anzuhalten.

»Nicht weiterfahren«, sagte er.

»Was ist passiert?«, fragte ich.

»Zwischen den Drusen und den Beduinen ist eine Fehde ausgebrochen«, erklärte er, »sie bringen sich gegenseitig um.«

Ich drehte um und fuhr zur Familie Galper in Yagur. Am nächsten Morgen, als die Spannungen sich abgekühlt hatten, kehrte ich zu meinem Stützpunkt zurück. Ich erfuhr, dass mehrere Soldaten verwundet und getötet worden waren, darunter auch ein jüdischer Offizier, der versucht hatte, die Kriegsparteien zu trennen. Ich dankte dem Schicksal, dass es mich an diesem Tag von dort ferngehalten hatte. Langsam verblasste für mich der Zauber des Nahöstlichen.

Die Zweite Brigade

Ich bat um Versetzung. Und so landete ich bei der Zweiten Brigade, deren Hauptquartier unmittelbar vor Haifa lag, auf einem Berg mit Blick zum Meer. Ich wurde zum Stabsoffizier ernannt, obwohl ich erst Unteroffizier war. Irgendjemand im Hauptquartier hatte bemerkt, dass ich am Sabbat und an den Feiertagen am Stützpunkt blieb, da ich keine Familie hatte und auch sonst keinen Ort zum Leben. Also mieteten sie ein Ein-Zimmer-Apartment für mich in der kleinen Stadt Kiryat Haim, die etwa eine halbe Stunde entfernt vom Stützpunkt lag. Zwar war die Toilette auf dem Hof, nichtsdestotrotz war es ein Palast für mich. Endlich hatte ich nach so vielen Jahren mein eigenes Zuhause.

Eines Tages lud der Brigadekommandant mich vor und teilte mir mit, ich sei ein Kandidat für die Offizierslaufbahn und sollte mich am Israel Defense Forces (IDF)-Stützpunkt Tzrifin zu psychometrischen Tests melden. Ich verbrachte einen langen Tag damit, Fragebögen und alle möglichen Arten von Kreuzworträtseln auszufüllen und in einem persönlichen Interview noch viel mehr Fragen zu beantworten. Für mich war es das erste Mal, dass ich auf diese Weise geprüft wurde. Auf manche Fragen habe ich gar nicht geantwortet und war darum überzeugt davon, durchgefallen zu sein. Immerhin hatte ich außer der sechs Jahre am Jüdischen Gymnasium keinerlei Bildung erfahren. Einen Monat später wurde ich wieder ins Brigadehauptquartier vorgeladen. Offenbar hatte ich die Prüfungen mit erstaunlich hoher Punktzahl bestanden und als dem Personalreferat des Generalstabhauptquartiers die Ergebnisse vorlagen, wurde ich vom Unteroffizier zum Oberleutnant befördert, erhielt also einen Offiziersrang, ohne dass ich mich einer Offiziersausbildung unterziehen musste. Ich war überrascht. War ich tatsächlich ein Offizier, einfach so, ganz schnell, ohne Ausbildung? Das konnte doch nicht sein. Da musste doch ein Fehler gemacht worden sein. Selbst als ich das Rangabzeichen bereits monatelang trug, war ich sicher, dass man mich schon bald darüber informieren würde, dass irgendjemand sich geirrt hatte und ich die Offiziersinsignien würde zurückgeben müssen.

Eine Verbindung zwischen der Vergangenheit und der Gegenwart

Nach der Zeremonie, in welcher mir das neue Rangabzeichen an die Uniform geheftet worden war, ging ich zurück auf mein Zimmer und hängte meine kakifarbene Uniform mit dem funkelnden neuen Abzeichen daran neben meine gestreifte Jacke aus dem Konzentrationslager. Für mich zeigte sich damit ein starkes Band zwischen der gestreiften Jacke aus Dachau und meiner IDF-Uniform, so eine Art Verbindung zwischen der Vergangenheit und der Gegenwart. Mein ganzes Leben lang habe ich die gestreifte Jacke aufbewahrt. Ich nehme sie jedes Mal mit, wenn ich in Schulen oder vor Soldaten der Armee über meine Holocaust-Geschichte spreche. Erst wenn sie den dünnen, rauen Stoff fühlen, können sie das Böse, den Zynismus begreifen, der sich darin zeigt – dass die Deutschen ganz bewusst beschlossen hatten, die Ju-

Uri Chanoch nach dem Verlassen der IDF, Tel Aviv, 1952

den in den eiskalten, verschneiten europäischen Wintern diese Kleidung tragen zu lassen, um sicherzugehen, dass sie schnell sterben. Ab und zu treffe ich junge Menschen wieder, die mich in dieser oder jener Schule haben sprechen hören, und auch wenn sie sich nur an wenige Details meiner Geschichten erinnern, eines vergessen sie niemals: die gestreifte Jacke.

Ein Jahr nach meiner Erhebung in den Offiziersrang begriff ich endlich, dass die Armee meine Fähigkeiten erkannt hatte, und ich schwebte im siebten Himmel. Als Offizier auf einem Kommandoposten in der Zweiten Brigade stand mir ein Jeep zur Verfügung, den ich nach dem Dienst nutzen durfte, und außerdem besaß ich ein gebrauchtes Motorrad, das ich mir von den Ersparnissen aus meinem Sold gekauft hatte. Zusammen mit anderen aus Kiryat Haim, die mich in ihre Lerngruppe aufnahmen, bereitete ich mich auf die externe Prüfung zur Hochschulreife vor. Wir lernten an den Abenden zusammen oder wir gingen aus, und es schien, als sei mein Leben in eine ruhige, geordnete Phase getreten.

Im Zivilleben

Vier Jahre waren vergangen, seit ich mich für den Palmach gemeldet hatte. Mir schien, ich sei nun lange genug bei der Armee gewesen. Es war an der Zeit, ein ziviles Leben zu führen. Als mein Brigadekommandant erfuhr, dass ich die IDF verlassen und mich ausmustern lassen wollte, bestellte er mich ein, um die Sache noch einmal zu besprechen. Er erklärte mir, ich würde einen Riesenfehler machen und dass die Armee mir beim Erlangen von Rang und Erfahrung behilflich sein könne. Er bat mich, die Sache noch einmal zu überdenken und die Entscheidung nicht zu übereilen. Ich erläuterte ihm meinerseits, dass ich jahrelang unter sehr harten Bedingungen gelebt und nun einfach genug davon hatte. Es war das Jahr 1952, Israel befand sich in der Mitte einer ernsten Finanzkrise. In jenen frühen Jahren strömten Hunderttausende Neueinwanderer ins Land und es war sehr schwer, Arbeit zu finden. Aber junge Menschen treffen oft irrationale Entscheidungen. Mein Rückzug von der IDF war die am wenigsten logische Entscheidung, die ich je in meinem Leben getroffen habe.

Eine Woche nachdem ich die Armee verlassen hatte, plagten mich auf einmal unerträgliche Magenschmerzen. Ich ignorierte sie in der Hoffnung, sie würden schon wieder verschwinden. Der folgende Tag war ein Freitag und ich beschloss, Sarah Yahalom zu besuchen, die Mutter eines Freundes. Sie war Litvak und lebte in Tel Aviv, eine intelligente und tatkräftige Frau. Sarah begriff auf der Stelle, dass meine Magenschmerzen eine ernsthafte Angelegenheit waren und rettete mir damit an diesem Wochenende das Leben. Sie rief einen Krankenwagen, der mich ins Hassadah-Krankenhaus brachte.

Als ich dort eintraf, verlor ich das Bewusstsein. Ein Team aus Chirurgen operierte mich mehrere Stunden lang. Als ich aus der Narkose erwachte, erklärte der Arzt mir, dass mir auf wundersame Weise das Leben gerettet worden war. Mein Magen war schwer geschädigt, vermutlich aufgrund des Hungers und auch aufgrund meines massiven Salzkonsums im Konzentrationslager. Er wies kleine Löcher auf, die sich in blutende Geschwüre verwandelt hatten. Hätte sich meine OP um ein paar Stunden verzögert, so wäre ich verblutet. Später erfuhr ich, dass die pharmazeutische Abteilung der Klinik keine Sulfonamide mehr besaß, die Wundermedizin jener Tage mit antibiotischer Wirkung, welche nur jenen Patienten verabreicht wurde, die in Todesgefahr schwebten.

Uri (rechts) und Danny Chanoch, 1951

Deshalb hatte Zalo, mein »Adoptivonkel«, sämtliche Apotheken in Tel Aviv abgeklappert, bis er ein paar Dosen zusammenbekommen hatte.

Zwei Wochen lang war ich an mein Klinikbett gefesselt und wurde anschließend in ein Erholungsheim nach Motza in der Nähe von Jerusalem geschickt. Die Ärzte wiesen mich an, eine strenge Diät zu befolgen, da ich sonst sofort wieder mein Leben riskieren würde. Nach und nach erholte ich mich in Motza und wurde wieder kräftiger. Tagelang lag ich in der Hängematte unter Pinien, las ein Buch nach dem anderen, aß kleine Mahlzeiten und versuchte, nicht weiter darüber nachzudenken, was ich tun würde, sobald ich wiederhergestellt wäre und das Erholungsheim verließe. Und dann erblickte ich eines Tages das Mädchen vom Schwimmbad, das auf mich zuging.

»Was machst du denn hier?«, fragte ich sie.

»Ich habe gehört, dass du eine OP hattest und dich hier auskurierst«, erwiderte sie. »Also habe ich mir gedacht, ich mache einen Zwischenstopp auf meinem Weg nach Jerusalem und besuche dich. Wie geht es dir?«

Wir saßen im Schatten der Pinien auf einer Bank und unterhielten uns. Irgendwann stand sie auf und fuhr weiter. Und ich war zu dumm, um zu kapieren, dass dieses Mädchen sich tatsächlich etwas aus mir machte.

Das schlimmste Jahr meines neuen Lebens

Als ich nach drei Wochen Motza verließ, musste ich feststellen, dass ich kein Zuhause mehr hatte. Mein Vermieter hatte mir eine Räumungsklage zustellen lassen, doch diese hatte mich nicht erreicht, da ich im Krankenhaus lag. Also entschied der Richter in meiner Abwesenheit, dass ich mein Zimmer unverzüglich freizumachen hatte. Der Eigentümer packte meine Habseligkeiten zusammen und stellte sie auf die Straße. Zum Glück haben meine Freunde, die in der Nähe wohnten, meine beiden Koffer und das Motorrad eingesammelt und mit zu sich genommen.

Louis und Rose Krokin, entfernte Verwandte, die aus Südafrika nach Israel eingewandert waren, luden mich ein, bei ihnen zu wohnen. Rose nahm die Bürde auf sich, meine Schonkost zuzubereiten, weil ich nichts Anderes essen durfte. Ich wusste ihre Gastfreundschaft zu schätzen, doch ich wollte ihnen auch nicht zur Last fallen. So schnell wie möglich wollte ich eine Arbeit und eine neue Unterkunft finden. Eines Tages dann konnte ich ihnen verkünden, dass ich etwas gefunden hatte, und zog zu einem Freund ins Zentrum von Haifa. Meine wenigen Ersparnisse gingen zur Neige, und um Geld zu sparen aß ich manchmal den ganzen Tag lang gar nichts, und am Sabbat fuhr ich in den Kibbuz Yagur, wo es im Speisesaal eine kostenlose Mahlzeit gab.

Ich hatte keine Ahnung, wo ich Arbeit finden sollte, also suchte ich das offizielle Arbeitsamt auf. Es war voller Menschen, welche die Angestellten belagerten. Tag für Tag ging ich dorthin und wartete geduldig, bis ich an der Reihe war, bis der Angestellte schließlich seinen Schalter schloss. »Es gibt keine Arbeit!«, brüllte er. »Kommt morgen wieder!«

Nach zwei Wochen wagte ich schließlich, zu fragen: »Warum hat der Mann, der nach mir gekommen ist, einen Job bekommen und ich nicht?«

»Weil er Familie hat und du allein bist. Komm morgen wieder, vielleicht habe ich dann was für dich.«

Muss ich, nur weil ich allein bin, nicht essen, wollte ich fragen, doch ich hielt den Mund, aus Angst, den Mann zu verärgern, und kam weiterhin täglich wieder.

»Kannst du Autofahren?«, rief der Angestellte mich eines Tages an.

»Ja.«

»Also, dann habe ich heute was für dich. Am Hafen von Haifa wird ein Fahrer gebraucht, aber du musst auch ab und zu beim Löschen der Fracht mithelfen.«

»Das ist in Ordnung, her damit«, sagte ich. Zwar war ich nach meiner schweren Erkrankung in erbärmlicher körperlicher Verfassung, doch ich hatte keine andere Wahl. Ich brauchte den Job am Hafen. Immer wenn ich eine schwere Kiste hochheben musste, sagte ich mir wieder einmal: »Die ist viel leichter als die Zementsäcke, die du damals auf dem Rücken hattest«, und schon fühlte die Ladung sich leichter an.

Weil ich meinem Freund, der nur ein kleines Zimmer hatte, nicht zur Last fallen wollte, schlief ich unter der Woche in der Fahrerkabine eines der Laster, die am Hafen parkten. Es war Winter und darum sehr kalt, und ich verfluchte mich dafür, die Armee verlassen zu haben. Doch es gab keinen Weg zurück. Irgendwann traf ich einen Freund, der mir erzählte, in Galiläa würde ein Aufseher für Obstplantagen gesucht. Sofort bewarb ich mich. Nach einem kurzen Vorstellungsgespräch wurde ich eingestellt. Zu meiner Aufgabe gehörte es, durch die galiläischen Dörfer zu fahren und die Ernte in den Plantagen zu überwachen. Zum Glück hatte ich mein Motorrad nicht verkauft. Ich mietete mir ein kleines Zimmer auf dem Berg Carmel, und so begann mein unabhängiges Zivilleben. Tagelang reiste ich von einer Obstplantage zur nächsten, aß hier ein paar Früchte und dort ein Butterbrot. Die Arbeit war nicht leicht, denn ich war immer noch nicht in bester Verfassung, aber ich hatte keine Wahl. Immerhin war die Tätigkeit deutlich besser als jene am Hafen.

In der Zwischenzeit hatte Danny die Mikvah Israel Landwirtschaftsschule abgeschlossen und war im Nachal[38], dem Jugendkorps der Pioniere der IDF. Ich war überglücklich, dass der Krieg vorüber war und mein Bruder seinen Militärdienst in Friedenszeiten leisten konnte. Damals hofften wir noch immer, dass der erste Krieg auch der letzte sein würde. Nach seiner Entlassung ging Danny in den Kibbuz Neve Eitan im Bet She'an-Tal. An jedem Sabbat fuhr ich mit dem Motorrad von Haifa aus dorthin und besuchte ihn im Kibbuz. Danny war nur vier Jahre jünger als ich, doch trotzdem dachte ich, ich habe mich wie ein Vater um ihn zu kümmern, auch wenn er es überhaupt nicht mochte, dass ich ihn ermahnte und ihm Fragen stellte wie: »Wann warst du zuletzt beim Zahnarzt?« Doch er wusste auch, dass er sich auf mich verlassen konnte. Wann immer ich zwei Pfund in der Tasche hatte, gab ich ihm eins davon ab, manchmal sogar beide.

38 »Nachal« steht für »Noar Halutzi Lochem« (kämpfende Pionierjugend), eine 1948 geschaffene Bewegung, die Arbeit in der Landwirtschaft und Militärdienst kombinierte.

Blaue Jacke, rote Krawatte

Eines Abends besuchte ich die Familie Krokin. Das tat ich gelegentlich, wenn ich mich mal wieder nach angenehmer Gesellschaft und einer hausgemachten Mahlzeit sehnte.

»Hör mal«, sagte Louis, der für P. E. C. arbeitete, eine von amerikanischen Investoren in Israel gegründete Firma: »Unsere Firma hat eine Stelle zu besetzen, die zu dir passen könnte.«

Gleich am nächsten Tag fuhr ich nach Tel Aviv. Das Vorstellungsgespräch fand auf Englisch statt. Ich war sicher, durchgefallen zu sein, denn mein Englisch basierte auf dem bisschen, was ich für meine Reifeprüfung gelernt hatte, und zum größten Teil auf dem, was ich in Filmen aufgeschnappt hatte. Mir war gar nicht bewusst, dass ich ganz gut Englisch sprach und außerdem ein Talent für Sprachen besaß. Im Laufe der Jahre wurde mein Englisch, obwohl ich die Sprache nie wirklich gelernt habe, immer flüssiger und ziemlich fehlerlos. Auch Deutsch spreche ich fließend. Auf Versammlungen und Treffen in Deutschland halte ich Vorträge ganz ohne Vorbereitung und mehr als einmal haben Deutsche mich gefragt, wo ich Deutsch gelernt habe. »An der Universität von Dachau«, antworte ich dann jedes Mal, und wenn sie mich fragen, ob es denn in dieser kleinen Stadt eine Universität gebe, so erkläre ich ihnen: »Jetzt gibt es dort keine mehr, aber während des Kriegs schon, und genau dort habe ich Deutsch gelernt.« Das ist mein schwarzer Humor. Die Leute, die mich gefragt haben, starren mich dann nur noch sprachlos an und wissen nicht mehr, was sie sagen sollen.

Kurz nachdem ich den Anstellungsvertrag erhalten hatte, mietete ich ein Zimmer in der Lasalle-Straße, in der Nähe meiner »Adoptivfamilie«, Zalo und Mina Landau, warmherzige Menschen, die mir sehr nahestanden. Sie haben mir ihre Herzen und ihr Zuhause geöffnet. Auch wenn sie selbst nicht viel Platz hatten in ihrer hübschen Zwei-Zimmer-Wohnung, so haben sie mir doch immer das Gefühl vermittelt, herzlich willkommen zu sein. Wann immer ich mal bei ihnen übernachtet hatte, ehe ich selbst nach Tel Aviv gezogen bin, so hatten sie mir ein Klappbett in der Küche bereitgestellt. Ich war sehr gerne mit ihnen und ihren Kindern Yair und Anat zusammen und hatte stets das Gefühl, zur Familie zu gehören. Yair hat später Jura studiert und ist heute nicht nur mein Freund, sondern auch mein Anwalt.

Zalo zog damals mit mir los, um »Arbeitskleidung« zu kaufen, wie wir das im Scherz nannten: graue Hosen aus gekämmter Wolle und ein marineblaues Sakko, drei weiße Hemden und zwei Krawatten. Zalo brachte mir bei, wie man die Krawatten band. Bei der P. E. C. hatte ich in anständiger Kleidung zu erscheinen, das wurde erwartet.

Ich war 25 Jahre alt und hatte mein Leben wieder auf eine gute Spur gebracht. Schon nach Kurzem war ich der typische Tel Aviver Junggeselle. Abends kam ich von der Arbeit heim, traf mich mit Freunden oder hatte eine Verabredung mit einem Mädchen. Hier und dort traf ich mich auch manchmal mit dem Mädchen vom Schwimmbad, doch ich wusste, dass ich keine Chancen bei ihr hatte. Aber die Freundschaft zu ihr wollte ich wenigstens aufrechterhalten. Eines Tages teilte sie mir mit, dass sie zum Studium in die USA gehen werde.

»Schick mir deine Adresse«, bat ich, »dann weiß ich, wohin ich meine Briefe schicken muss.«

»Versprochen«, sagte sie, und dann verabschiedeten wir uns.

Das Leben im Tel Aviv Mitte der 1950er-Jahre war sehr angenehm. Die Jahre der Sparsamkeit waren vorüber. Mein Arbeitstag war nicht sehr lang und meine Überstunden wurden bezahlt. So konnte ich jeden Monat eine kleine Summe aufs Sparkonto legen. An der Uni belegte ich Abendkurse in Wirtschaft. An den Samstagen und spät in der Nacht lernte ich und las ein Buch nach dem anderen.

Die meisten meiner Freunde waren längst verheiratet. Alle paar Monate musste ein weiterer Name auf der Junggesellenliste gestrichen werden. Auch ich hatte Beziehungen, die ein paar Monate oder länger dauerten. Wenn damals ein Paar eine gewisse Zeit lang zusammen war, wurde so etwas wie eine Absichtserklärung erwartet. Nachdem ich zwei Jahre lang mit einem Mädchen ausgegangen war, wies sie mich dezent darauf hin, dass es an der Zeit war, unsere Beziehung zu legalisieren. Doch als ich ihr mitteilte, dass ich nicht die Absicht hatte, sie zu heiraten, wurde sie wütend und gab mir den Laufpass. Ich fragte mich oft, ob mit mir etwas nicht stimmte. Was erwartete ich von einer Partnerin? Warum konnte ich meinen Traum von der großen Liebe nicht aufgeben?

Nach ein paar Jahren in Tel Aviv bot die Firma mir die Leitung einer Filiale in Haifa an. Das war eine Beförderung und von ihrer Seite ein großer Vertrauensbeweis. Ich hatte Haifa schon immer gemocht und hatte viele Freunde dort, also nahm ich das Angebot begeistert an. Wieder einmal mietete ich ein kleines Studio ohne Küche. Ich fand schnell ein Restaurant, wo ich zu Mittag essen konnte, und ein zweites für das Abendessen. Niemals schmierte ich mir ein Butterbrot zum Mitnehmen, nicht einmal einen Kaffee nahm ich mit. Auf diesem Gebiet bin ich gänzlich talentlos. Die meisten Abende verbrachte ich zuhause, um zu lernen und mich auf Prüfungen an der Universität vorzubereiten. Ich las fast immer auf Englisch, von Buch zu Buch verstand ich es besser. Auf diese Weise vergingen ein paar weitere Jahre. Mein Arbeitsalltag bei P. E. C. hatte eine gewisse Routine gewonnen und als mein 30. Geburtstag näher rückte, hatte ich langsam das Bedürfnis, mein Leben ein wenig zu verändern. Nach und nach wuchs in mir der Wunsch, in die USA zu reisen – und zwar nicht nur für kurze Zeit, sondern durchaus für länger. Dort wollte ich mein Studium fortsetzen und nebenbei arbeiten, um mich zu finanzieren.

Also schrieb ich meiner Cousine Fruma, die nach ihrer Befreiung aus dem Konzentrationslager Stutthof mit ihrem Mann nach Amerika emigriert war. Sie bat mich, ich möge auf meinem Weg in die USA über München reisen und dort vor einem Richter bezeugen, dass sie im Getto und im KZ gewesen war. Das würde den Prozess zum Erhalt von Entschädigungszahlungen beschleunigen und ihnen finanziell sehr helfen. Ich wollte eigentlich auf keinen Fall noch einmal nach Deutschland zurück, an diesen schrecklichen Ort. Aber ich konnte es Fruma auch nicht abschlagen. Also beschloss ich, mit dem Schiff nach Europa zu fahren, durch Italien zu reisen, anschließend einen kurzen Zwischenstopp von ein oder zwei Tagen in München einzulegen und von dort in die USA zu fliegen.

Zurück in ein anderes Deutschland

Meine Entscheidung, nach Amerika zu reisen, hatte auch damit zu tun, dass ich das Mädchen aus dem Schwimmbad wiedersehen wollte. Sie war schon seit vier Jahren in den USA. Gelegentlich schrieben wir einander, aber ich wusste nicht einmal, ob sie noch unter der Adresse ihres letzten Briefes lebte. Sie schrieb, sie habe ihr Studium abgeschlossen und eine Stelle in Manhattan gefunden. Ich hatte keine Ahnung, wie ich sie finden sollte. Zwar hatte ich noch die Telefonnummer ihrer Eltern, aber ich wusste nicht, ob die sich noch an mich erinnern würden. Voll Verlegenheit rief ich sie schließlich an, am Abend vor meiner Abreise. Ihr Vater teilte mir mit, dass sie gerade gar nicht in Amerika sei, sondern ihre Tante in Paris besuche. Zuerst war ich enttäuscht, doch dann erklärte ich ihm, ich würde auch nach Paris reisen – obwohl ich das bis zu dem Zeitpunkt gar nicht vorhatte.

»Wenn du sie dort noch erwischen willst, ruf sie gleich morgen vom

Schiff aus an«, sagte ihr Vater, »denn sie will eigentlich übermorgen schon abreisen.«

Dann gab er mir die Nummer ihrer Pariser Tante.

Als ich früh am nächsten Morgen am Hafen eintraf und an Bord der »Negba« ging, war ich in allerbester Stimmung. Es war mein erster langer Urlaub seit vielen Jahren und überhaupt meine erste Fernreise seit meiner Ankunft in Israel vor elf Jahren. Ich bezog die Kabine, die ich mit einem Reisekameraden teilte, und als das Schiff ablegte, stand ich lange oben an Deck und genoss den Anblick der hoch oben auf dem grünen Carmel gelegenen weißen Häuser. Mir fiel ein, wie ich dies zum ersten Mal gesehen hatte, als 18-jähriger Junge, zwischen Hunderten anderen auf ein illegales Einwandererschiff gequetscht, von einem britischen Zerstörer begleitet, und so aufgeregt, endlich in Eretz Israel anzukommen.

Ich blieb an Deck bis Haifa und der Carmel am Horizont verschwanden. Dann ging ich nach unten zur Rezeption.

»Bitte verbinden Sie mich mit Paris«, erklärte ich dem dauerlächelnden Rezeptionisten.

»Gern«, sagte er, »aber das wird teuer.«

Kurz zögerte ich. Damals durfte jeder Einwohner Israels aufgrund der Beschränkungen von Fremdwährungen nur zehn Pfund mit aus dem Land nehmen. Ich hatte noch 150 Pfund in einer geheimen Tasche versteckt und wusste nicht, wie viel das Telefonat kosten würde.

»Kein Problem«, sagte ich schließlich, in einem Ton, als wäre ich gewohnt, von allen möglichen Schiffen überallhin zu telefonieren, »bitte verbinden Sie mich.«

Einen Moment später vernahm ich die Stimme einer Frau, sie sprach Französisch.

»Sprechen Sie Jiddisch?«, fragte ich.

»Ja, was kann ich für Sie tun?«

Ich bat sie darum, ihre Nichte sprechen zu dürfen, doch sie teilte mir mit, diese sei nicht da, und schlug vor, am Abend noch einmal anzurufen.

»Vielen Dank«, sagte ich und legte auf.

Nach dem Mittagessen ging ich hoch aufs Oberdeck. Das Oktobermeer war spiegelglatt. Neben mir saßen zwei hübsche Mädchen, die mir vorschlugen, das Abendessen miteinander einzunehmen. »Tanzt du?«, fragten sie. »Sehr gerne«, gab ich zurück. Vor dem Abendessen eilte ich rasch wieder zur Rezeption.

»Können Sie mich bitte noch einmal mit dieser Pariser Nummer verbinden?«, bat ich, und kurz darauf vernahm ich durch den Hörer die vertraute Stimme.

»Wer spricht da?«, fragte sie.

»Ich bin's, Uri.«

»Uri? Was tust du denn auf einem Schiff?«

»Ich bin auf dem Weg nach Europa«, erklärte ich, »könnten wir uns nicht vielleicht sehen?«

»Ich fahre morgen mit einer Freundin in die Schweiz«, antwortete sie.

»Ich könnte auch dorthin kommen, wenn du willst.«

Sie schien kurz zu überlegen. »Wir könnten uns in zehn Tagen in Zürich treffen«, schlug sie vor, »wer zuerst da ist, hinterlässt beim American-Express-Büro eine Nachricht.«

Ich ließ mich auf den Stuhl neben dem Telefon fallen, um mich kurz zu beruhigen. Nachdem wir uns vier Jahre lang nicht gesprochen hatten, war diese Unterhaltung fast ein bisschen unwirklich. Ich kam mir vor wie in einem Hollywoodfilm, wie ich da von einem Schiffstelefon aus mit einem Mädchen im fernen Paris sprach. Zu der Zeit hatten nur sehr wenige Menschen ein Telefon zuhause, und niemand dachte an internationale Telefonate. So etwas sahen wir nur im Kino. Ich konnte nicht erklären, warum ich sie so unbedingt treffen wollte. Es war wie der Beginn eines Abenteuers für mich und ich stellte mir unsere Begegnung vor in einer Stadt, die ich nie zuvor gesehen hatte. Ich redete mir ein, dass ich, sollte es eine Enttäuschung werden, wenigstens noch Zürich kennenlernen würde vor meiner Reise in die USA.

Das Schiff lief in Neapel ein. Von dort nahm ich einen Zug nach Rom. Es war herrlich, wieder in Italien zu sein und den Klang der Sprache zu hören. Am Bahnhof in Rom heftete sich ein junger Kerl an meine Fersen. »Suchen Sie ein Hotel?«, fragte er und zog eine Postkarte aus der Tasche. Darauf war ein luxuriöses Hotel zu sehen, umgeben von einem herrlichen Blumengarten.

»Was kostet das?«, fragte ich.

»Nicht viel, bloß 600 Lire.«

Ehe ich noch »Ja« sagen konnte, hatte er sich schon meinen Koffer geschnappt und eilte davon. Ich konnte kaum Schritt mit ihm halten. Nachdem wir etwa eine Viertelstunde gelaufen waren, erreichten wir ein trostloses Gebäude in einer engen Gasse.

»Hier ist es«, erklärte er.

Ich deutete auf die Postkarte, die aus seiner Hosentasche lugte. »Und wo ist das Hotel hier?«

»Signore«, lachte der Italiener, »haben Sie wirklich für 600 Lire die Nacht ein Luxushotel erwartet?«

Ich war erschöpft und wollte nicht mehr weitergehen, also folgte ich ihm in einen großen Schlafsaal, in dem die Betten durch Vorhänge voneinander getrennt waren. Wie konnte er mich nur an einen solchen Ort schleppen? Doch ich war ihm nicht böse, denn es ist unmöglich, Italienern böse zu sein.

In sieben Tagen sah ich mir so viel wie möglich von Rom an, dann nahm ich einen Zug Richtung Norden. Die Fahrt von Rom nach München dauerte stundenlang. Der Zug war überfüllt, sodass ich die meiste Zeit stehen musste. Als ich schließlich am Münchner Hauptbahnhof ausstieg und hinaus auf die Straße trat, sah ich eine neue Stadt – so ganz anders als jene, die ich 1945 verließ, als ich hier nach Danny gesucht hatte. Damals lag München in Ruinen. Jetzt sah die Stadt vollkommen verändert aus. Die meisten Häuser waren wieder aufgebaut worden, nur hier und da gab es noch Baulücken oder unfertige Baustellen. Jetzt verstand ich, was die Menschen meinten, wenn sie vom deutschen Wirtschaftswunder sprachen.

Von Freunden wusste ich, dass sich ein paar in München gebliebene Litvaks gern in einem bestimmten Café in der Schillerstraße trafen, in der Nähe des Bahnhofs. Ich beschloss, dorthin zu gehen, schleppte meinen Koffer in das Café und erkannte sofort den Fotografen aus dem Stadtpark von Kaunas – den Vater meines guten Freundes Abba Naor. Er lud mich an seinen Tisch ein.

»Wo wohnst du?«, fragte er.

»Ich suche ein preiswertes Hotel«, erklärte ich.

»Zurzeit wirst du kein einziges freies Zimmer in ganz München finden«, sagte er, »es ist Oktoberfest, die Leute kommen von überall her, um Bier zu trinken und Würste zu essen. Aber warum willst du denn ein Hotel? Du wohnst bei mir.«

Ich war hocherfreut über seinen Vorschlag. Mit der Straßenbahn fuhren wir bis zur Haltestelle in der Nähe seiner Wohnung. Beim Aussteigen sagte er: »Ich bin übrigens mit einer nichtjüdischen Deutschen verheiratet. Ich hoffe, das stört dich nicht.« Und entschuldigend fügte er hinzu: »Du weißt ja, dass nach dem Krieg nicht mehr sehr viele junge Jüdinnen übrig waren.«

Ich war verlegen. Was sollte ich antworten? Dass ich nicht bei ihm wohnen wolle, weil seine Frau Deutsche war?

»Das ist schon in Ordnung«, antwortete ich, »es macht mir nichts aus.«

Bei ihm zuhause begrüßte mich eine attraktive junge Frau mit herzlichem Lächeln. »Ich bin Annemie«, stellte sie sich vor, »das ist die Abkürzung von Anna Maria. Du musst hungrig sein. Das Abendessen ist fertig.«

Es war seltsam, Deutsch zu sprechen und in einer deutschen Wohnung zu sein. Der Tisch war mit Köstlichkeiten gedeckt, Platten voll wunderbarer Würstchen, Mortadellascheiben und Sauerkraut – alles Leibspeisen von mir. Eiskaltes Bier wurde in hohe Gläser eingeschenkt. Als wir fertig gegessen hatten, konnte ich kaum noch die Augen offenhalten.

»Komm mit«, sagte Annemie, »ich hab' dir im kleinen Zimmer ein Bett gerichtet.« Und schon eine Minute später lag ich im Tiefschlaf.

Am nächsten Tag wachte ich erst gegen Mittag auf. Ich war allein. Das Frühstück stand für mich auf dem Tisch bereit und meine Kleidung lag frisch gewaschen und gebügelt ordentlich zusammengefaltet auf dem Sofa. Annemie hatte meinen Koffer ausgepackt und die ganze Schmutzwäsche, die sich auf dem Schiff und in Italien angesammelt hatte, gewaschen und gebügelt. Ich war sehr betreten. Ihre Geste rührte mich, ich hatte sie schließlich um nichts gebeten. Dies war der Beginn einer lebenslangen Freundschaft. Jedes Mal, wenn ich in München war, besuchte ich sie. Sie war die erste deutsche Freundin, die ich je hatte.

Einen Tag später suchte ich einen Notar auf und erledigte die Angelegenheit für meine Cousine Fruma. Abends machte ich einen Spaziergang und ging noch auf ein Bier in eine Kneipe. Es fühlte sich seltsam an, in einer Gastwirtschaft zu sitzen und dem Klang der Sprache zu lauschen, die einst für Befehle, Gebrüll und Furcht stand. Ein hübsches Mädchen lächelte mich an, und als ich zurücklächelte, kam sie auf mich zu. »Woher kommst du?«, wollte sie wissen. Doch ehe ich antworten konnte, offenbarte sie mir schon, dass sie mich für einen Araber hielt – wohl wegen meiner von der Schiffspassage gebräunten Haut und meines Schnurrbartes. Ich weiß nicht, wieso, aber ich räumte diesen Irrtum nicht aus. Sie erzählte mir, sie sei eine Touristin aus Dänemark und schlug vor, wir sollten noch ein wenig zusammen spazieren gehen. Sie zeigte mir den Englischen Garten, pries die Stille des Parks und zog mich mit sich. Gemächlich schlenderten wir über die Gartenwege.

»Hier ist doch eine schöne, abgeschiedene Ecke«, schwärmte sie, »lass uns ein bisschen auf dieser Bank hier ausruhen.«

Wir setzten uns und im selben Moment stürzten zwei Gangster aus den Büschen hinter uns und versuchten zusammen mit dem Mädchen, an meine Brieftasche zu kommen. Mit aller Kraft riss ich mich los und rannte aus dem Park, so schnell ich konnte. Mit zerrissenem Hemd und blutigen Kratzern auf der Hand traf ich in der Wohnung meiner Gastgeber ein. Sie spielten gerade Karten und waren zutiefst erschrocken. »Wie kannst du nur nachts in den Englischen Garten gehen? Und das auch noch mit einem Mädchen, das du gar nicht kennst? Du kannst froh sein, dass sie dich nicht umgebracht haben!«

Am nächsten Tag reiste ich nach Zürich ab.

Schicksalhafte Begegnung in einer unbekannten Stadt

Gegen Mittag traf ich in Zürich ein und ging vom Bahnhof aus zum erstbesten Hotel, das mir unter die Augen kam. Es war ein sehr luxuriöses Hotel.

»Wo gibt es hier ein sauberes und nicht so teures Hotel?«, fragte ich den Portier, der eine prächtige Uniform trug.

»In der Schweiz sind alle Hotels sauber«, erwiderte er lächelnd. »Aber versuchen Sie es im Simplon dort in der Nebengasse. Da ist es deutlich günstiger.«

Tatsächlich fand ich dort ein schönes Zimmer und ging sofort wieder hinaus, um das American-Express-Büro zu finden. Staunend schlenderte ich die Bahnhofstraße hinab. Wie still und angenehm es hier ist, dachte ich. Kaum zu glauben, dass das die Hauptstraße ist. Selbst die Straßenbahnen fahren beinahe geräuschlos.

Im Büro der American Express hinterließ ich eine Nachricht, dass ich im Hotel Simplon wohne, und machte mich dann auf, die Stadt zu erkunden. Die Stadt war wunderschön und alt, doch meine Gedanken waren woanders. Was, wenn sie gar nicht kommt? Was sollte ich dann tun? Sie hatte gesagt, sie würde heute eintreffen. Sie konnte mich doch gar nicht enttäuschen. Aber was, wenn wir die Lücke der vergangenen Jahre nicht würden schließen können? In den frühen Abendstunden kehrte ich ins Hotel zurück.

»Hat jemand nach mir gefragt?«, erkundigte ich mich beim Portier.

Er verneinte und ich war enttäuscht. Schließlich wäre ich gar nicht nach Zürich gefahren, wenn wir uns hier nicht verabredet hätten. Müde vom vielen Herumlaufen streckte ich mich auf dem Bett aus und schlief sofort ein.

Das Klingeln des Telefons weckte mich. Ich nahm ab und hörte die vertraute Stimme.

»Wo bist du?«, fragte ich, »seit heute Mittag warte ich auf dich.«

»Es tut mir so leid, aber ich komme erst in zwei Tagen.«

»Was? Ich komme extra nach Zürich, um dich zu sehen, und jetzt brauchst du noch zwei Tage länger?«

Es fiel mir schwer, meine Enttäuschung zu verbergen. Doch dann hörte ich Gelächter am anderen Ende der Leitung.

»Ich bin hier, in deinem Hotel, im Zimmer nebenan. Ich habe dich bloß auf den Arm genommen.«

Sie stand schon im Flur. Ganz verändert sah sie aus. Ihr blondes Haar trug sie kurz geschnitten, was ihre Augen betonte, und das schwarze Kostüm betonte ihre schlanke Figur.

»Wenn ich dir auf der Straße begegnet wäre, hätte ich geglaubt, du wärst eine Amerikanerin«, sagte ich.

Sie lachte. »Wieso? Habe ich mich so verändert? Darf ich dir meine Freundin Mary Lou Schiller vorstellen? Wir sind mit ihrem Schweizer Freund zum Abendessen verabredet. Er hat gesagt, dass wir unbedingt das Schweizer Nationalgericht probieren müssen – Fondue.«

War es das weiche Kerzenlicht? Die Gläser mit exzellentem Wein, die sofort wieder aufgefüllt wurden? Oder das Fondue, in das wir kleine Stückchen Brot tauchten? Vielleicht ließ alles zusammen den Abend magisch werden. Ich kann mich nicht mehr erinnern, worüber wir sprachen. Alles, was ich noch weiß, ist, dass wir sehr viel gelacht haben. Ich sah sie an, wollte sie umarmen und küssen, aber ich wagte es nicht, weil ich nicht wusste, wie sie fühlte. Was passiert da mit mir, dachte ich, noch nie habe ich solche Gefühle verspürt.

Wir verbrachten vier Tage in Zürich, gingen Wandern in den Bergen, schlenderten durch die Straßen der Altstadt. Wir aßen Würstel mit Senf und köstlichen Kuchen zum Kaffee. Wie sollten wir uns je trennen, wo ich doch nichts lieber wollte, als mit ihr zusammen zu bleiben?

An unserem letzten Tag sagte sie: »Ich fahre zurück nach Paris. Willst du nicht mitkommen? Ich zeige dir die Stadt und dann kannst du immer noch weiterreisen nach Amerika.«

Am nächsten Morgen suchten wir ein Reisebüro auf und änderten meine Reiseroute. Abends fuhren wir zum Flughafen. Es regnete in Strömen. Kurz nach dem Start kam ein Gewitter auf, Sturm und Blitze schüttelten unser kleines Flugzeug durch. Wir hielten uns an den Händen und zitterten vor Angst.

Uri und Judith Chanoch, Israel, 1955

»Das Schicksal spielt mit uns«, sagte ich, »was, wenn wir jetzt zusammen sterben, nach all diesen Jahren?«

»Warum denkst du immer so negativ?«, fragte sie. »Warum sollten wir sterben? Lass uns lieber davon träumen, was für ein langes Leben wir noch vor uns haben.«

Als wir in Paris landeten, schlug sie vor, dass ich mit ihr zu ihrer Tante und ihrem Onkel kommen solle. »Ich bin sicher, sie freuen sich, dich bei sich zu haben.«

Herbst in Paris, die Jahreszeit für Verliebte

Ihre Familie in Paris empfing mich wie einen alten Freund.

»Da fährst du los mit einer Freundin und zurück kommst du mit einem jungen Mann«, neckte ihre Tante sie. Sie wohnten in einem Vorort von Paris an einem kleinen Platz mit Kopfsteinpflaster. Auf der Vorderseite ihres Hauses waren zwei Läden. Der eine gehörte den Eltern und führte Unterwäsche sowie Kurzwaren. Ihre Söhne, Jacques und David, führten das andere Geschäft und verkauften Elektrogeräte und Schallplatten. Jeden Morgen gab es auf dem Platz vor ihrem Haus Marktstände mit frischen Produkten. Zwischen den bunten, duftenden Ständen mit Obst und Gemüse gab es andere Stände, die köstlichen Käse und leckere Wurst anboten, an einem gab es auch Küchenutensilien aus Schmiedeeisen.

Das alles erinnerte mich an den Dienstagsmarkt in Zosle, Großmutter Sura Leahs Dorf, obwohl es anders war als dort. Mir kam es vor, als säße ich in einem französischen Film. Obwohl ich die Sprache nicht verstand, war alles sehr angenehm, neu und spannend, angefangen vom knusprigen Baguette am Morgen bis zum guten Kaffee, der in einer Schale anstatt in einer Tasse serviert wurde. Jacques und David, Judiths Cousins, waren Junggesellen in meinem Alter, die mich so herzlich aufnahmen, als hätten wir uns schon immer gekannt. Jeden Abend ging ich mit zu ihnen in die Wohnung und jeden Morgen kehrte ich zurück zum Platz in Pantin, dem Vorort, in dem Judiths Familie lebte.

Paris war so schön und romantisch in jenen letzten Herbsttagen. Die roten, orangenen und gelben Blätter fielen von den Bäumen, wehten im Wind und deckten die Straßen und Gassen zu wie ein Teppich. Jeden Tag spazierten wir durch die Straßen der Stadt. In den Cafés erklangen traurige, romantische Lieder, Yves Montand sang »Herbstblätter« und

Edith Piaf sang »Domino«, und wir liefen und liefen umher. Wir kauften geröstete Maroni bei Straßenhändlern an der Ecke und wussten, dass wir uns bald würden trennen müssen, denn der Tag meiner Abreise nach New York und ihrer nach Israel rückte näher.

»Komm mit mir nach New York«, schlug ich vor.

»Ich war seit vier Jahren nicht mehr in Israel«, entgegnete sie, »ich vermisse meine Eltern und meine Schwestern. Vielleicht komme ich nach, so in ein paar Monaten.«

Ich verstand sie, doch ich wollte auch meinen amerikanischen Traum nicht aufgeben. Dabei fand ich es sehr schade, dass sie nicht in die USA zurückkehren wollte. und fragte mich, wann wir uns je wiedersehen würden. An meinem letzten Tag in Paris beschlossen wir, uns den Louvre anzusehen. Ihr Cousin Jacques bat darum, uns zu begleiten. Eigentlich wären wir lieber nur zu zweit gewesen, aber wir wollten ihn nicht verletzen.

»Wir fahren mit seinem Auto«, sagte sie, »auf diese Weise sehen wir viel mehr von Paris als in der Metro und wir fahren durch Gegenden, die du noch nicht kennst.«

Erst gegen Abend kehrten wir zurück. Jacques fuhr bei Rot über eine Kreuzung und ein von rechts kommendes Auto kollidierte mit unserem Fahrzeug. Dabei wurde Judith am Fuß verletzt. Der Arzt, der sie untersuchte, diagnostizierte einige Knochenbrüche im Fuß und legte ihr einen Gipsverband an, der bis zum Knie reichte.

»Jetzt sitze ich noch einen Monat länger in Paris fest und kann mich mit dem Gewicht von diesem Gips nicht bewegen«, klagte sie.

»Mademoiselle, ich schlage vor, dass Sie Ihrem Bein eine Pause gönnen, bis alles verheilt ist, und dass Sie es solange nicht belasten«, erklärte der Arzt, »vielleicht hassen Sie mich jetzt einen Monat lang, aber für den Rest Ihres Lebens werden Sie mich lieben.«

Dieser französische Arzt hatte recht. Aber wir hatten noch keine Ahnung, wie sehr. Am nächsten Tag verschob ich meine Abreise. »Ich kann dich so nicht hier sitzen lassen, in dieser öden Wohnung, mit gebrochenem Fuß. Wenn der Gips ab ist, kann ich immer noch nach Amerika fliegen.«

Jeden Tag lief ich durch Paris und manchmal half ich Judiths Cousins Jacques und David dabei, Fernsehgeräte an Kunden auszuliefern. Auf diese Weise erfuhr ich so einiges über das Leben und Wohnen der Franzosen. Nachmittags saßen wir hinter dem Laden in der Wohnung ihrer Tante. Wenn die Glocke der Ladentür läutete und die Ankunft von Kunden meldete, sprang ihre Tante hinüber ins Geschäft und wir hatten etwas Zeit für uns. Es war der unromantischste Ort der Welt, aber das störte uns nicht, wir wollten einfach nur zusammen sein. Nach drei Wochen annullierte ich mein Flugticket nach Amerika. Ich weiß nicht mehr, wann und wie ich ihr die Heirat vorgeschlagen habe. Wir wussten einfach eines Tages, dass wir uns niemals mehr trennen wollten. Ich schrieb einen halb ernsten, halb humorvollen Brief an ihre Eltern und bat um ihre Hand.

Als man ihr den Gips abnahm, gingen wir zur Champs-Élysées und kauften Stoff für ein Brautkleid und einen Schleier. Ich habe später ihren Vater nie gefragt, warum er sich so ins Zeug gelegt und mich gedrängt hatte, sie in Paris anzurufen. Hätte er das nicht getan, so hätten wir uns womöglich nie wieder gesehen. Er war ein kluger Mann, der offensichtlich verstanden hatte, dass seine Hilfe vonnöten war, wenn ich sie wiederfinden wollte, nach all den Jahren.

Vom Mädchen, das alles wissen wollte, zur Frau fürs Leben

Wir flogen zurück nach Israel und machten Pläne für unsere Hochzeit. Judiths Eltern, die noch ziemlich jung waren, engagierten die beste Band von ganz Israel. Es war ein glückliches, wunderschönes Fest. Meine Freunde waren ziemlich verblüfft, als sie hörten, dass ich das Mädchen vom Schwimmbad heiratete, welches ich als junger Soldat vor neun Jahren kennengelernt hatte. Wir mieteten eine Wohnung in Haifa und ich kehrte an meine frühere Arbeitsstelle zurück.

14 Jahre waren vergangen, seit wir die Tür unseres elenden Zimmers im Getto Kaunas hinter uns geschlossen hatten. Jetzt hatte ich endlich wieder ein Zuhause, zusammen mit der Frau, die ich liebte und mit der ich alles teilen konnte. Viele Jahre später hat sie mir einmal gestanden, dass sie zu Beginn unseres gemeinsamen Lebens beschlossen habe, dass unser Zuhause dem meiner Kindheit ähneln solle. Sie lernte, die jüdischen Gerichte zu kochen, die ich so liebte, entließ mich aus allen häuslichen Pflichten, sorgte für mich und verwöhnte mich mein Leben lang. Ich wusste bis ins hohe Alter nicht einmal, wie man eine Tasse Kaffee kocht.

Nach einem Jahr beschlossen wir, nach Tel Aviv zurückzukehren. Ich wechselte in den Immobiliensektor der Gav-Yam-Gesellschaft und wurde Leiter der großen Bauprojekte dort. Wieder hielt die Beförderung neue Herausforderungen für mich parat. Meine Abteilung plante und baute das Jessie-Cohen-Viertel in Holon und andere vergleichbare Projekte, außerdem Stadtteile und Siedlungen in ganz Israel. Ich arbeitete hart und mein Gehalt entschädigte mich für die vielen Stunden, die ich investierte. In jener Zeit genoss ich das seltene Privileg, einen Firmenwagen zu meiner Verfügung zu haben. Meine Arbeit fand ich hochinteressant. Wir zogen in eine kleine Wohnung am Kikar Malkhei Israel (dem Platz der Könige Israels), der heute Rabin-Platz heißt. Damals war es noch ein leerer, sandiger Fleck, an dem die neue Stadthalle von Tel Aviv gebaut wurde. Nun lebte ich also schon wieder unmittelbar vor einer Stadthalle, genau wie in Kaunas. Wenn das keine Bedeutung hatte!

Eines Abends, als ich nach Hause kam, erzählte Judith mir, dass der Schreiner endlich da gewesen sei und im Schlafzimmer einen Schrank aufgebaut habe.

»Komm mit und schau dir an, wie hübsch ich deine Kleidung darin aufgehängt habe«, sagte sie. Ich warf einen Blick in den Schrank. Meine wenigen Sachen hingen an neuen Bügeln.

»Wo ist meine Jacke aus dem Konzentrationslager?«, fragte ich.

Überrascht sah sie mich an. Niemals zuvor hatte ich ihr die gestreifte Jacke gezeigt, die ich in einem Koffer aufbewahrte.

»Was für eine Jacke? Ich weiß gar nicht, wovon du sprichst.«

Damals gab es in Israel noch keine Fernseher und die Menschen kannten den Anblick der gestreiften KZ-Häftlingskleidung noch nicht.

»Meinst du diese Pyjamajacke aus dem rauen Stoff? Wer will denn so einen Pyjama tragen? Außerdem gab es überhaupt keine Hosen dazu. Also, ich hab' die Jacke weggeworfen, zusammen mit ein paar anderen alten Sachen.«

»Weggeworfen?«, brüllte ich. »Bist du wahnsinnig?«

»Warte«, sagte sie. Später hat sie mir berichtet, wie sie mit laut klopfendem Herzen die Treppen der fünf Stockwerke hinabgerannt sei und vor Erleichterung geseufzt habe, als sie das kleine Päckchen entdeckt habe, das noch da neben den Mülltonnen lag. Sie wusch und bügelte die gestreifte Jacke und hängte sie in den Schrank. Oft haben wir uns an diesen Vorfall erinnert und festgestellt, dass wir in all den Jahren unserer Ehe nie so knapp vor einer Scheidung waren wie damals.

La Dolce Vita in Tel Aviv

Schon bald war unsere Wohnung ein sozialer Treffpunkt. Noch hatten wir kein Telefon. Damals musste man jahrelang darauf warten. Kamen Freunde zufällig am Platz vorbei, so riefen sie uns über die Gegensprechanlage an, um uns mitzuteilen, dass sie heraufkämen. Auf der Straßenseite gegenüber war das Café Vera, und wann immer wir dort einkehrten, trafen wir sofort auf Freunde. Gegenüber am Platz lag das Gat Kino, und die Dizengoff-Straße und das Café Rowell, ein beliebter Treffpunkt damals, waren nur einen Katzensprung entfernt – die Dizengoff-Straße war die angesagteste Straße in Tel Aviv, über die man nur schlenderte, um zu sehen und gesehen zu werden.

An den Samstagen fuhren wir im Sommer an die Strände von Herzliya und Caesarea, im Winter stromerten wir durchs ganze Land. Am liebsten unternahmen wir Ausflüge an den See Genezareth, wo ich mein Kinderhobby wiederaufnahm und angelte. Manchmal besuchten wir

Danny, der nach seinem Militärdienst im Nachal ein Mitglied des Kibbuz Neve Eitan geworden war.

Kurz nach unserem Umzug nach Tel Aviv machte Judith sich auf die Suche nach einer Arbeit. In einer Zeitungsanzeige wurde von der Firma Hamashbir, die gerade die erste Warenhauskette in Israel eröffnen wollte, eine Modedesignerin gesucht, und Judith bewarb sich. Aufgrund ihrer Erfahrungen in den USA wurde sie sofort eingestellt, um eine neue Marke zu entwerfen und zu gestalten. Ihre Modedesigns wurden in den Zeitungen gut besprochen und verkauften sich ausgezeichnet. Darüber hinaus organisierte sie öffentliche Modeschauen in den Filialen, bei denen man die Stücke nach der Show sofort kaufen konnte. Das war für Israel eine höchst erfolgreiche Neuheit.

Nach vier Jahren wurde es Judith zu langweilig und sie hatte den Eindruck, ihr Potenzial für diese Aufgabe ausgeschöpft zu haben. Also beschloss sie, eine neue Karriere zu starten, in der sie ihr Wissen über Mode mit ihrer Leidenschaft für das Schreiben verbinden konnte. Sie wurde Moderedakteurin bei Ma'ariv, einer der am meisten gelesenen Tageszeitungen. 35 Jahre lang widmete Judith sich dieser Aufgabe. Aus ihren anfänglichen ein, zwei Kolumnen in schwarz-weiß wurden viele bunte Modekolumnen, die über die Jahre die Ausgaben füllten. Ihre kreative, anspruchsvolle Arbeit zwang uns, in viele Städte zu reisen, nach Paris, Rom, London und New York, und brachte mich mit der aufregenden Welt des Glamours und Prunks in Kontakt.

Der Abend des 27. Dezember 1961 war sommerlich warm. Wir waren eigentlich bei Judiths Eltern zum Abendessen eingeladen, doch als wir aus dem Haus traten, stießen wir auf Bekannte, die uns überredeten, mit ihnen in ein Straßencafé zu gehen. »Wann können wir schon mal an einem Winterabend draußen sitzen?«, beharrten sie.

Um zwei Uhr nachts summte die Gegensprechanlage. Erschrocken fuhren wir aus dem Schlaf hoch. Wer wollte da etwas von uns um diese Uhrzeit? »Ich bin ein Nachbar von Judiths Eltern«, hörten wir eine Stimme, als wir drangingen, »ihre Mutter bittet sie, zu kommen. Ihrem Vater geht es schlecht.«

Als wir eintrafen, sahen wir Judiths 13-jährige Schwester Elika weinend auf dem Balkon stehen. So schnell wir konnten, rannten wir hoch in den zweiten Stock. Mit geschlossenen Augen und ruhigem Gesichtsausdruck lag Judiths Vater auf dem Bett. »Er hat sich unwohl gefühlt heute Vormittag«, berichtete ihre Mutter uns, »und ist zum Arzt gegangen. Als er wieder zuhause war, hatte er erneut Beschwerden. Doch der Arzt hat gesagt, das EKG sei in Ordnung gewesen. Um ein Uhr heute

Nacht hatte er dann eine weitere schlimme Brustschmerzattacke. Ich habe den Arzt gerufen, der sofort gekommen ist und ihm Morphium gespritzt hat, was ihn anscheinend beruhigt hat. Ich habe dem Arzt eine Tasse Tee angeboten. Und eine Minute, nachdem wir aus dem Zimmer gegangen sind, hörten wir lautes Stöhnen. Wir sind sofort wieder zurückgerannt, doch da war er schon tot.«

Sein Tod war ein großer Schock. Warum, ist schwer zu erklären, nachdem ich so viele Tote gesehen hatte, aber das war auf einem anderen Planeten. Er war ein junger, gesunder 50-Jähriger, und sein Tod war nicht zu begreifen. Am nächsten Morgen suchte ich die Heva Kadisha, das Beerdigungsinstitut, auf und organisierte die Bestattung. Wenige Tage nach den sieben Trauertagen war mir dann klar, dass ich meine geliebte Arbeit aufgeben, den Platz von Judiths Vater übernehmen und seine Firma leiten musste. Zunächst bat ich um drei Monate Urlaub, doch später kündigte ich mit großem Bedauern ganz bei der Gav-Yam-Gesellschaft, die sich inzwischen zum Immobiliengiganten entwickelt hatte.

Eine Firma zu leiten, war eine neue Herausforderung und so ganz anders als alles, was ich bisher getan hatte. Anfangs hatte ich große Bedenken, denn ich besaß keinerlei Erfahrung in Produktion und außerdem hing das Wohl Dutzender Angestellter von mir ab. Dann lernte ich, wie man mit Banken umging, wie mit Kunden und wie mit Arbeitern, die mir vertrauten und mit mir zusammenarbeiteten. Nach einem schwierigen Jahr durfte ich erleichtert feststellen, dass mir die Leitung der Fabrik ganz gut gelang.

Eines der Geheimnisse meines Erfolgs war vielleicht die gute Beziehung, die ich zu den Arbeitern entwickelt habe. Sie wussten, dass sie sich auf mich verlassen konnten und dass ich nach bestem Können für sie sorgte. Ich unterstützte sie im Lauf der Jahre mit Darlehen und Zuschüssen, damit sie ein Haus kaufen und in die Bildung ihrer Kinder investieren konnten, denn ich habe mein Leben lang nicht vergessen, wie es war, als ich arbeitslos war. Musste ich einen Arbeiter entlassen, so ließ ich lange Gnade walten und schlug ihm vor, erst eine neue Arbeit zu finden, ehe er gehen musste. Ich wusste, wie schwer es war, ohne Arbeit zurechtzukommen, vor allem für ein Familienoberhaupt.

Eine andere Sorte Deutscher

Im Sommer 1962 erlebte ich eine Krise. Unsere Konkurrenz wollte in Italien eine neue Technologie zur Herstellung von Kunststoff erwerben. Mir wurde klar, dass wir uns verändern mussten. Täten wir es nicht, so würden wir die Fabrik schließen müssen. Ich reiste nach Italien, um dort die neue Technologie zu kaufen, und musste feststellen, dass unser Konkurrent uns aus dem Rennen geworfen und die Exklusivrechte für das Patent erworben hatte. Was sollte ich tun? Ich hatte gehört, dass die Deutschen ihre eigene Methode zur Produktion desselben Kunststoffs entwickelt hatten, und so beschloss ich, nach Deutschland zu fahren. Wieder einmal kam ich nach München und suchte das Café in der Schillerstraße auf, in dem ich bei meinem ersten Besuch die Litvaks getroffen hatte, die zu meinen Freunden geworden waren. Ich erklärte ihnen mein Problem. Sofort nahmen sie Kontakt auf zu einigen Menschen und nach zwei Tagen Recherche gaben sie mir die Information, dass es einen Hersteller namens Dorler gebe, der sich auf diesem Gebiet spezialisiert hatte. Der Betrieb befand sich in Wilgartswiesen, einer Stadt in Rheinland-Pfalz.

Ich beschloss, nicht erst anzurufen, sondern sofort hinzufahren. Ich fürchtete, am Telefon abgewimmelt zu werden. Wer weiß schon, was diese Leute im gerade mal 15 Jahre zurückliegenden Krieg angestellt hatten. Und eine Enttäuschung wie in Italien wollte ich kein zweites Mal erleben. Bei Tagesanbruch fuhr ich aus München ab, mein Zug fuhr durch eine zauberhafte grüne Landschaft, die von idyllischen kleinen Dörfern durchsetzt war. Ich versuchte, nicht an die Vergangenheit zu denken. Gegen Mittag erreichte ich meinen Zielbahnhof und rief von einem öffentlichen Fernsprecher aus in der Firma Dorler an, wo ich mich als Israeli vorstellte und der Stimme am anderen Ende der Leitung erklärte, was ich wollte. Einen Augenblick lang herrschte Stille.

»Ich bin der technische Leiter«, sagte der Mann, »es tut mir leid, aber ich kann Sie heute nicht treffen. Vielleicht können Sie ein andermal wiederkommen? Wir haben das Finanzamt im Haus und ich darf niemanden auf das Gelände lassen.«

Ich weiß nicht, woher ich den Mut nahm, aber ich gab zurück: »Bitte sagen Sie denen, dass Sie einen Gast aus Israel haben, der eigens angereist ist, nur um Sie zu treffen.«

Während er den Hörer ablegte, um zu klären, was er machen konnte, wartete ich ein paar Minuten lang. Dann hörte ich ihn sagen: »Gut, die haben verstanden, dass es dringend ist, und werden morgen wiederkommen. Warten Sie am Bahnhof, ich hole Sie ab.«

Zu meiner Erleichterung betrat ein junger, hochgewachsener und gut aussehender Mann das Bahnhofsgebäude. Er stellte sich als Robert Meinberger vor. Während des Krieges musste er noch ein Kind gewesen sein. Ich weiß nicht, was ich getan hätte, wäre ein Mann gekommen, der unter den Nazis bereits Soldat war. Meinberger zeigte mir ausführlich den Betrieb und führte mich durch alle Stadien der Produktion. Ich versuchte mich zu konzentrieren und mir jedes einzelne Detail zu merken.

Nach der Tour gingen wir in sein Büro. Er legte ein leeres Notizbuch auf den Tisch. »Machen Sie sich Notizen«, sagte er und erklärte, dass das Rohmaterial für Polypropylen von dieser und jener Firma zu bekommen sei, dass es sich aus diesen und jenen Substanzen zusammensetze, dass die Maschinen bei einer bestimmten Adresse erhältlich seien und dass andere Teile hier und dort zu bekommen seien.

»Wenn Sie diese Formen wollen, können wir sie zum Selbstkostenpreis für Sie herstellen«, bot er an. Ich verstand nicht allzu viel von den technischen Begriffen, doch ich machte mir zu allem Notizen. Erst gegen Abend wurden wir fertig, und er fuhr mich zurück zum Bahnhof.

Familie Chanoch: Shlomi, Galia, Judith, Fridi und Uri (von links nach rechts)

»Der Betrieb gehört meinem Schwager und mir« sagte er, »ich werde mit ihm über Sie reden. Sobald Sie anfangen, mit den Maschinen zu arbeiten, sprechen Sie mich an und sagen mir, was Sie dafür brauchen. Wenn Sie wollen, können Sie uns Ihren Produktionsleiter herschicken, dann bilden wir ihn aus.«

»Was muss ich Ihnen für diese Informationen zahlen? Ich kann das Geld an Ihre Bank transferieren lassen.«

Ich hoffte, ich würde die Summe auftreiben können. Zu jener Zeit war unsere finanzielle Lage nicht sonderlich stabil.

»Sie müssen uns gar nichts zahlen. Wir kümmern uns außerdem um alles, was Sie benötigen.«

Ich war sprachlos.

»Nur um eines möchte ich Sie herzlich bitten«, fügte er hinzu, »wenn Sie nach Israel zurückkommen, berichten Sie dort bitte, dass es auch andere Deutsche gibt und dass wir nicht alle verachtenswert sind.«

Ich dankte ihm und bestieg meinen Zug nach Italien. Stundenlang lauschte ich dem Rattern der Räder, während mir viele Gedanken durch den Kopf rasten. Robert hatte nicht gefragt, wo ich Deutsch gelernt hatte, und ich hatte es ihm auch nicht gesagt. Ich wusste, dass ich die Fabrik gerettet hatte. Als ich ein paar Tage später in Israel eintraf, lag dort schon ein langer Brief von Dorler an mich bereit.

Unsere Begegnung entwickelte sich zu einer langjährigen Freundschaft zwischen unseren Familien. Bald schon erklärte Robert mir, dass ich der erste Jude sei, den er je kennengelernt habe. Nachdem er mich besser kannte, begann er, sich für die Geschichte des Zweiten Weltkriegs zu interessieren. Bis zu diesem Zeitpunkt hatte er wenig darüber erfahren. In den folgenden Monaten las er Bücher über den Holocaust und war geschockt.

»Wie konntest du dabeistehen und nichts tun, während die Deutschen diese fürchterlichen Verbrechen begangen haben?«, fragte er seinen Vater, wenn er seine Eltern besuchte.

»Ich war Förster«, entgegnete sein Vater, »und weil ich sechs Kinder hatte und schon zu alt war, hatte ich das Glück, nicht eingezogen worden zu sein. Was konnte ich also tun?« Und dann fügte er hinzu: »Und was ist mit dir, Robert? Du lebst im Frieden und kannst dir nicht einmal vorstellen, wie es damals war. Was tust du, damit so was nie wieder geschieht?«

Unsere Begegnung und die Diskussion mit seinem Vater hatten Robert erschüttert. Er begriff, dass er nur durch politische Aktivität etwas beeinflussen und verändern konnte. Also schloss er sich der CDU an.

Nach ein paar Jahren als politisch Aktiver war er irgendwann enttäuscht und gab es wieder auf. Er hatte die Erfahrung gemacht, dass man nur sehr wenig verändern konnte. Stattdessen änderte er sein eigenes Leben, verließ die Fabrik und den kleinen Ort und zog mit seiner Frau Ursula nach Düsseldorf, wo er einen Doktortitel erwarb und in den öffentlichen Dienst ging. Nach vielen Jahren als Ministerialdirigent im Ministerium für Wirtschaft und Mittelstand, Technologie und Verkehr ging er in den Ruhestand.

Zu seinem 60. Geburtstag luden Robert und Ursula uns für ein Wochenende nach Düsseldorf ein. Es begann mit einem festlichen Abendessen, an dem Roberts engste Freunde teilnahmen. Ihnen erzählte er, wie unsere Begegnung sein Leben verändert hatte. Und ich entgegnete, dass sie auch mein Leben verändert habe, weil etwas Unglaubliches geschehen sei: Da sei eine neue Beziehung zu Deutschland entstanden, einem Land, von dem ich nie gedacht hätte, dass ich noch einmal dorthin zurückkehren würde.

Bei unserem zweiten Besuch lernten wir Roberts Partner im Familienbetrieb kennen, seinen Schwager und seine Schwägerin, Gert und Christa Lichtner. Die beiden luden uns zu sich ein, in ihr schönes, modernes Haus mit Swimmingpool. Das war eine besondere Geste, die damals nicht unbedingt üblich war. Gert Lichtner war sehr viel älter als Robert, und mir war sofort klar, dass er während des Kriegs bei der Wehrmacht gewesen sein musste. Damals sprachen wir nicht darüber, aber als Christa, Gert und ihre Kinder nach dem Sechs-Tage-Krieg Israel besuchten, berichtete Gert mir, dass er bei der deutschen Marine gewesen war und in Norwegen gekämpft habe. Ich war erleichtert, dies zu hören.

Einige Jahre später waren wir wieder zu Gast in ihrem Haus. Eines Tages fuhren Judith und Christa zwischen sattgrünen Wiesen durch die Nachbardörfer, als Judith auf einmal eine Festung oben auf einem Hügel bemerkte und sich danach erkundigte.

»Das war mal das Schloss eines Adligen, das während des Krieges als SS-Ausbildungslager diente.«

»Hier? So nah bei dem Dorf?«

»Genau. Beinahe wäre Gert dort auch ausgebildet worden.«

»Wieso das?«, fragte Judith, »er hat doch gesagt, er sei bei der Marine gewesen.«

»Das stimmt. Das war er auch. Doch als er zu Beginn des Krieges eingezogen wurde, wurde er zusammen mit seinem besten Freund dorthin geschickt zur Grundausbildung. Aber Gert und sein Freund hatten immer schon davon geträumt, auf einem Schiff zu sein, und haben es abgelehnt, in die SS einzutreten. Ihr Kommandant wurde fuchsteufelswild, dass sich da zwei fähige junge Burschen einfach verweigerten, doch sie blieben hartnäckig und wanderten für ein paar Tage ins Gefängnis, bis man sie schließlich zur Marine schickte.«

Das hat mir Judith erst nach unserer Rückkehr in Israel erzählt.

Die Familie Chanoch wächst

Am 28. Februar 1963 wurde unser Sohn geboren. Wir nannten ihn Shlomo, nach Judiths Vater. Das Kind war eine große Freude, nicht allein für uns, sondern für die ganze Familie, wie ein Sonnenstrahl nach drei düsteren, trostlosen Jahren. Er war ein süßes, properes Baby. Ich habe es genossen, mit ihm in den Zoo im Hadassah-Park, nah am Platz und unserem Haus gelegen, zu gehen, mit ihm spazieren zu gehen, ihm Geschichten zu erzählen und Lieder vorzusingen. Vater zu sein, war ein wunderbares neues Lebenskapitel für mich.

Zwei Jahre später, am 25. März 1965, kam unsere Tochter zur Welt. Als ich sie zum ersten Mal sah, war ich erstaunt. Sie war ein wunderschönes Baby mit dichtem, dunklem Haar und sah mich aus ihren braunen Augen an, als ob sie mich seit langer Zeit kenne. Ich glaube nicht an Reinkarnation, aber irgendetwas an ihr erinnerte mich an meine Mutter.

»Lass sie uns Frida nennen, nach meiner Mutter«, bat ich.

Judith lehnte das rundweg ab. »Du kannst das Kind doch nicht mit einem so altmodischen Namen belasten!«

Wir stritten eine Woche lang, und dann schlug ich einen Kompromiss vor. »Wie wäre es mit Efrat-Frida?«

Judith war einverstanden. Von dem Tag an, da wir sie nach Hause brachten, nannte ich sie Fridi. Niemals riefen wir sie Efrat. Sie war sehr lebhaft, und ehe sie laufen konnte, kletterte sie bereits über das Geländer ihres Betts und plumpste auf den Boden. Niemals ging sie, immer rannte sie. Noch heute lachen wir darüber, dass sie das tut, selbst mit 54 noch. Unter all meinen Kindern ist sie mir am ähnlichsten, vom Charakter und vom Aussehen her.

In den Jahren vor der Geburt der Kinder war die Erinnerung an den Krieg geschwunden und in der Vergangenheit versunken. Mir war, als habe ich die Schachtel mit Erinnerungen versiegelt, um den Anforderungen des Alltags gewachsen zu sein. Meine Kinder aber haben die

Erinnerungen zurückgebracht. Ich hielt sie im Arm und dachte an die Eltern, deren Kinder ihnen aus den Armen gerissen worden waren; an Eltern, die ihre Kinder bei Fremden versteckten, um ihnen so das Leben zu retten; an Kinder, die im Holocaust bestialisch ermordet worden waren. Tagsüber war ich viel beschäftigt, doch in der Nacht, selbst wenn ich sehr müde war, kamen die Gedanken zurück und bescherten mir schlaflose Nächte.

Nachdem Danny sieben Jahre lang Mitglied im Kibbuz Neve Eitan gewesen war, beschloss er, die Welt kennenzulernen und in den USA zu studieren. Ich unterstützte diese Idee, weil ich wollte, dass er seinen Horizont erweiterte. Danny verbrachte vier Jahre in den USA. Ich hatte schon Angst, dass er ganz dortbleiben würde. Umso glücklicher war ich, als er zurückkehrte. Er wohnte bei uns in unserer Wohnung am Platz und zum ersten Mal seit vielen Jahren lebten wir wieder unter demselben Dach.

Eines Tages brachte er Rachel mit, eine hübsche 19-Jährige in IDF-Uniform. Ihr Spitzname war Heli. Es war Liebe auf den ersten Blick, bei ihm wie bei uns. Am 20. Oktober 1965 feierten wir ihre Hochzeit. Helis Großeltern gehörten zu den Gründern von Degania Alef[39] und Nahalal[40].

Als Dannys und Helis Sohn zur Welt kam, nannten sie ihn Shraga, zur Erinnerung an unseren Vater. Zwei Jahre später wurde ihre Tochter geboren, die sie Miriam nannten, nach unserer Schwester. Nachdem Danny seinen Kindern die Namen unseres Vaters und unserer Schwester gegeben hatte, war es, als sei die Familie Chanoch aus der Asche des Holocaust wieder zum Leben erweckt worden.

An einem Winterabend im Jahr 1965 feierten wir eine weitere Hochzeit in der Familie. Elika, Judiths jüngere Schwester, heiratete Barry Shai, einen Neueinwanderer aus Kanada. Sie haben sich beim Militär während ihrer Dienstzeit kennengelernt. Barry war ausgebildeter Tiefbauingenieur, und nachdem er seinen Militärdienst abgeleistet hatte, war er auf der Suche nach Arbeit. Mir fiel auf, dass er ein intelligenter, fähiger junger Mann war, und ich schlug ihm vor, dass er tagsüber bei

[39] Der Kibbuz Degania Alef war der erste Kibbuz in Israel, er wurde 1910 von belarussischen Einwanderern gegründet, ein ganz besonderer und einzigartiger Ort. Er liegt am südlichen Ende des Sees Genezareth.

[40] Nahalal, der älteste israelische Moschaw [= landwirtschaftliche genossenschaftlich organisierte Siedlung], wurde 1921 im westlichen Jesreel-Tal von Pionieren der Zweiten Aliya gegründet, unter ihnen einige Mitglieder des Kibbuz Degania Alef.

uns im Betrieb arbeiten und abends studieren solle. Das war nicht leicht, aber Barry gab nicht auf. Er erwies sich als kluger und ehrgeiziger Bursche, bald schon war er vertraut mit den Maschinen und den Arbeitsprozessen. So hatte ich also jemanden an meiner Seite, der die Last mit mir tragen würde.

Sechs Tage, die die Welt veränderten

Im Frühling 1967 wurden der junge Staat Israel und seine Einwohner gewaltsam aufgerüttelt. Die Ägypter verriegelten die Meerenge von Tira und drohten, Israel den Krieg zu erklären. Die Armeen von Syrien, Jordanien und Irak schickten sich an, vor Israel zusammenzutreffen. Unsere Gefühle sind nur schwer zu beschreiben. Nur wer damals in Israel war und die Angst vor totaler Zerstörung selbst durchlitten hat, kann die Beklemmung und den Horror vor dem, was uns da drohte, begreifen. Für alle, die während des Holocaust gelebt hatten, waren diese Tage umso fürchterlicher. Zwar wussten wir, dass wir uns auf die IDF verlassen konnten, doch die Bilder der Kriegsvorbereitungen ägyptischer, syrischer und jordanischer Truppen, welche wir in den Zeitungen und in den Kinowochenschauen sahen, waren höchst besorgniserregend. Damals gab es in Israel noch kein Fernsehen, und vielleicht war das gut so. Wir fürchteten ohnehin schon das Schlimmste.

Am 5. Juni 1967 brach der Krieg aus. Ich war aufgrund einer Knieverletzung, die ich während der Sinai-Kampagne erlitten hatte, vom Frontdienst befreit und zu einem Verwaltungsposten in der Zweiten Brigade abkommandiert worden. Zwei Wochen später war ich wieder zuhause. Der Krieg dauerte nur sechs Tage lang, doch er hat das Leben in Israel für immer verändert. Über Nacht war die Bedrohung durch Krieg und Zerstörung verschwunden. Neue Gebiete, neue Menschen und Absatzmärkte wuchsen Israel zu. Unsere Produktion expandierte, sodass wir neue Maschinen kaufen und zahlreiche neue Arbeiter anstellen mussten, darunter auch Araber aus Judäa, Samaria und Gaza.

In den Jahren, die auf den Krieg folgten, waren rund 100 Arbeiter aus den besetzten Gebieten in der Fabrik beschäftigt und von Zeit zu Zeit kamen Einwanderer aus Ägypten hinzu. Diese Arbeiter, die neben den altgedienten israelischen Arbeitern ihren Dienst versahen, kamen stets sonntags an. Sie wohnten in einer eigens für sie errichteten Halle, denn sie arbeiteten in Schichten, und donnerstagabends fuhren sie wieder heim. Dank des Arabisch, das ich beim Militär gelernt hatte, konnte ich mit ihnen kommunizieren, und wir hatten ein gutes Verhältnis, basierend auf gegenseitigem Respekt und Anerkennung. Sie erzählten mir aus ihrem Leben und ich half ihnen, soweit ich es vermochte. Es war eine Zeit des Wohlstands, nicht nur für uns, sondern auch für sie. Sie verdienten gut, bauten Häuser und verbesserten ihren Lebensstandard.

Es schien, als könnte diese Koexistenz, die viele Jahre bestand und von der alle Beteiligten profitierten, für immer bestehen. Doch dann brach mit mörderischen Terrorattacken die erste Intifada[41] aus und die Grenze wurde geschlossen. Die Arbeiter aus Gaza kamen nicht mehr und die Arbeiter aus den besetzten Gebieten kündigten. Etwa ein Jahr nach der Schließung der Grenze nach Gaza rief mich Yessim an, einer der altgedienten Arbeiter aus Gaza. Er bat mich, ihm dabei zu helfen, dass sein Bruder, der ebenfalls für uns arbeitete und der ohne jede eigene Schuld verhaftet worden war, wieder freikam. Ich rief bei der Polizei an, und da ich dort niemanden erreichte, sprach ich mit dem Polizeichef, Arieh Ivtzan, den ich noch aus Kaunas kannte. Ich bot mich als Bürgen für die Freilassung von Yessims Bruder an. Der Polizeibeamte, welcher mit dem Fall vertraut war, erklärte, der Mann stünde unter Sabotageverdacht, und riet mir, in diesem Fall nicht zu intervenieren. Ich weiß nicht, was nun wahr war. Mir tat es leid, dass diese für beide Seiten so nützliche persönliche Beziehung mit unseren arabischen Nachbarn in eine solche Schieflage geraten war und sich in Feindschaft und Mordlust verwandelt hatte.

Nach der Geburt unserer Kinder dachten wir darüber nach, aus der Stadt wegzuziehen. Um auszuprobieren, ob das zu uns passen würde, mieteten wir ein Haus mit Garten. Es war das Jahr 1970. In den Abendnachrichten verkündete Premierministerin Golda Meir, dass mit den Ägyptern ein Friedensabkommen unterzeichnet worden war und der Zermürbungskrieg vorbei sei. Aus irgendwelchen Gründen wurde dieser Krieg niemals erwähnt, obwohl er mehrere Jahre andauerte. Die Ägypter griffen unsere Streitkräfte an, die am Ufer des Suezkanals stationiert waren, und jede Woche wurden dabei einige Soldaten verwundet oder getötet. Nach Meirs Ankündigung gingen wir mit dem erleichterten Gefühl ins Bett, dass nun die Dinge vielleicht einen fried-

[41] Die erste Intifada bezeichnet den palästinensischen Aufstand gegen die israelische Besetzung der Westbank und Gaza. Der Aufstand dauerte von Dezember 1987 bis zur Konferenz von Madrid 1991, manche datieren sein Ende mit dem Unterzeichnen des Osloer Abkommens auf das Jahr 1993.

lichen Verlauf nehmen würden. Erst spät am nächsten Morgen standen wir auf, nachdem die Kinder bereits zum Spielen nach draußen in den Garten gegangen waren, und beschlossen, die Stadt zu verlassen und draußen in der Kleinstadt ein Haus zu bauen.

Am 25. April 1971, kurz vor Mitternacht, wurde ein perfektes kleines Mädchen geboren. Sie hatte grüne Augen und den Kopf voll blonder Locken. »Jetzt haben wir eigentlich unseren Kindern schon die Namen all jener Familienmitglieder, die nicht mehr bei uns sind, gegeben«, erklärte Judith, »lass uns dieses Kind hier Galia nennen. Das ist ein wunderschöner Name, finde ich, der nicht von Erinnerungen durchtränkt ist.«

»Das ist wirklich ein schöner Name«, stimmte ich ihr zu, »aber was hältst du davon, wenn wir an Galia noch die Namen meiner lieben Großmutter Sura Leah anhängen?«

»Drei Namen für so ein kleines Mädchen?«, lachte Judith, »aber ich weiß schon, egal, was ich sage, es wird dich nicht umstimmen.«

Sie wusste, wie sehr ich meine Großmutter geliebt hatte, und erinnerte sich, wie oft ich über die glücklichen Sommertage sprach, die ich in ihrem Haus in Zosle verbracht hatte.

Rund 18 Jahre später kam Galia heim von ihrer ersten Grundausbildung bei den IDF und erzählte uns, dass jedes Mal, wenn sie über Lautsprecher ausgerufen würde (»Galia Sarah Leah«), zwei andere Mädchen ebenfalls aufstehen würden – Sarah hieß die eine, Leah die andere – und sich neben ihr aufstellten: ein großer Spaß. Galia besaß die Eigenschaften von Großmutter Sura Leah. Sie ist begabt und sehr bestimmt; wenn sie etwa unbedingt will, dann räumt sie dafür alle Hindernisse aus dem Weg. Später zog sie zum Arbeiten in die USA und wohnte in einem großen Wohnblock in Dallas. Der Hausverwalter, ein Afroamerikaner, mochte sie sehr, da sie alle Menschen respektvoll behandelte. Eines Tages erzählte er ihr, dass er bald Vater einer Tochter würde und sie gerne nach ihr benennen würde, Galia Sura Leah. Er fragte, ob er seine Frau mitbringen dürfe, damit sie Galia kennenlernen und die Wahl der Namen bestätigen könne. So kam es, seine Frau war einverstanden, und nun lebt dort in Dallas, Texas, ein Mädchen, das die Namen von Großmutter Sura Leah aus Zosleh trägt. Was für eine verrückte Wiederauferstehung eines Namens.

Ich verbrachte mit Galia viel mehr Zeit als mit Shlomi und Fridi. Damals war ich schon älter und arbeitete nicht mehr so viel. Ich brachte Galia jiddische Lieder bei, nahm sie mit zu Einladungen bei meinen Freunden, und wenn sie dann dort auftrat und auf Jiddisch sang, ein süßes kleines Mädchen mit zwei langen, blonden Zöpfen, dann schmolzen die Herzen der Litvaks dahin. Es waren wundervolle Jahre. Obwohl Barry und ich hart arbeiteten, versuchte ich immer, vor dem Abendessen zuhause zu sein, um bei den Kindern zu sitzen und mit ihnen über die Ereignisse des Tages zu reden, genau wie wir es zu Hause mit meinen Eltern getan hatten. Das war mir sehr wichtig.

Eines Tages hörte ich davon, dass in Ashdod eine Firma namens Polyair zum Verkauf stand, die Polyurethan herstellte. Das ist ein Material, welches in einem chemischen Prozess durch Adhäsion mit zwei weiteren chemischen Substanzen aufquillt und so zu einem sehr leichten und flexiblen neuen Material wird. Ich fuhr hin, um die Fabrik zu besichtigen, sah mir die Bilanzen an und beschloss, sie zu kaufen. So bin ich nun mal. Wenn eine Entscheidung fällig wird, zögere ich nicht lange, sondern handle.

Nun musste ich, zusätzlich zur Arbeit in Tel Aviv, zweimal die Woche nach Ashdod fahren und dort die Produktion überwachen. Das war nicht einfach, wegen der neuen Materialien und Produkte, die zur Fertigung hinzukamen. Zehn Jahre lang pendelte ich zwischen Tel Aviv und Ashdod, und der Betrieb lief planmäßig. Zwischen meinem Schwager Barry und mir bestand sowohl eine tiefe Freundschaft als auch eine gute Arbeitsbeziehung. Was haben Judith und ich gejubelt, als Elad und Lior auf die Welt kamen, die beiden Söhne von Barry und Elika. Das Leben verlief weiterhin friedlich mit Familienfesten und gemeinsamen Ausflügen und Picknick auf dem Land an den Samstagen. Es schien, als könne nichts Schlimmes mehr passieren.

Ein schicksalhafter Anruf

Zu Beginn des Septembers 1974 beschlossen Elika und Barry, nach Europa zu reisen und ihren Urlaub mit einer Einführung in die neue Produktionstechnologie bei Dorler zu verbinden. Kurz vor dem Start rief Barry mich vom Flughafen aus an, von einer öffentlichen Telefonzelle.

»Ich habe vergessen, unsere Reiseversicherung abzuschließen«, sagte er, »vielleicht könntest du dort anrufen und uns noch versichern.«

»Kein Problem«, antwortete ich, »ich mache das jetzt sofort.«

Es war ein hektischer Tag voller Produktionsprobleme und Anrufe. Trotzdem rief ich sofort unsere Versicherungsagentin an. Gabi war professionell und sehr gut organisiert, also schickte sie der Versicherungsgesellschaft per Telex sofort den Antrag. Als die Gesellschaft später Beschwerde einreichte und die Ansprüche ablehnte, konnte Gabi die genaue Zeit nennen, zu welcher das Telex verschickt wurde: zehn Minuten, bevor das Flugzeug in Israel startete.

Mittags klingelte das Telefon. »Hier spricht TWA«, sagte die Stimme am anderen Ende der Leitung, »sind Sie verwandt mit Barry und Elisheva Shai?«

»Ja«, antwortete ich. Dann war es einen Augenblick lang still.

»Es gab einen Unfall«, vernahm ich anschließend die Stimme wieder, »vermutlich hat niemand überlebt.«

Irgendjemand hatte die Tür zu meinem Büro geöffnet und im Maschinenlärm, der aus der Fabrik hereindrang, war ich nicht sicher, ob ich richtig verstanden hatte. »Können Sie das bitte noch einmal wiederholen?«, bat ich.

»Mein Name ist Frankfurt, ich bin der Filialleiter Tel Aviv von TWA«, sagte der Mann. »Ich wurde gerade von Athen über das Unglück informiert. Sobald wir nähere Informationen haben, werden wir uns bei Ihnen melden.«

»Woher wissen Sie, dass es keine Überlebenden gibt?«

»Das Flugzeug ist in der Luft explodiert, es gibt definitiv niemanden, der überlebt hat.«

Ich blieb auf meinem Stuhl sitzen wie festgeklebt, lange, sehr lange war ich nicht in der Lage, aufzustehen. Wie konnte so etwas passieren? Was sollte ich jetzt tun? Ich beschloss, nach Hause zu gehen. Den ganzen Weg über suchte ich nach Worten, in denen ich es Judith beibringen konnte. Gibt es einen richtigen Weg, um solche Nachrichten zu überbringen?

Judith war überrascht, mich mitten am Tag nach Hause kommen zu sehen. Normalerweise kam ich erst abends.

»Was ist passiert?«, fragte sie. »Geht es dir nicht gut?«

»Lass uns bitte reingehen«, schlug ich vor. Ich wollte nicht vor den Kindern sprechen, die gerade erst von der Schule gekommen waren und ihr Mittagessen zu sich nahmen.

»Elikas und Barrys Flugzeug hatte einen Unfall«, sagte ich drinnen. Judith starrte mich an, als hätte sie nicht verstanden.

»Es ist möglich, im Mittelmeer zu überleben, wenn das Flugzeug dort hineingestürzt ist«, sagte sie, »ein paar Stunden lang geht das. Vielleicht konnten sie aus dem Flugzeug herauskommen, vielleicht sind sie doch noch am Leben.«

Ich wusste nicht genau, wie ich ihr erklären sollte, was der Filialleiter von TWA mir mitgeteilt hatte, aber ich wollte sie andererseits auch nicht für dumm verkaufen.

»Nein«, erklärte ich, »es waren 88 Passagiere. Das Flugzeug ist in der Luft explodiert und es gibt keinen einzigen Überlebenden.«

Tränen schossen ihr in die Augen und liefen ihr die Wangen hinab.

»Das kann doch nicht sein. Wie kann das sein? Bitte, sag mir, dass es noch Hoffnung gibt.«

Was sollte ich ihr sagen? All das, was ich bisher in meinem Leben durchgemacht hatte, konnte den fürchterlichen Schock und die Traurigkeit nicht mildern, die mich ergriffen. Judith ergriff als erste wieder das Wort. »Wir müssen es Mutter sagen. Wie sollen wir es ihr bloß beibringen?«

Wir fuhren nach Tel Aviv. Judith weinte, und ich konzentrierte mich aufs Fahren. Dabei redeten wir über das Schicksal und seine Tücken, denn Judiths Mutter hätte eigentlich mit den beiden im selben Flugzeug sitzen sollen. Doch Elika und Barry wollten gern einen romantischen Abend zu zweit in Rom verbringen und hatten sie auf den Flug am nächsten Morgen gebucht. Auf diese Weise haben sie ihr das Leben gerettet.

Wir stiegen die Stufen zum zweiten Stock hinauf, wo ihre Wohnung lag. Vor der Tür blieb Judith stehen. »Geben wir ihr noch ein paar Minuten, ehe ihre Welt zusammenstürzt.«

»Im Radio ist längst über das Flugzeugunglück berichtet worden. Bestimmt weiß sie schon Bescheid.«

Nach ein paar Minuten, die uns wie eine Ewigkeit vorkamen, läuteten wir. Nechama, Judiths Mutter, öffnete und ein strahlendes Lächeln trat auf ihr Gesicht.

»Das ist aber eine Überraschung! Seid ihr gekommen, um mir Auf Wiedersehen zu sagen? Was ist los? Warum weint ihr?«

Wie soll man einer Mutter sagen, dass ihre geliebte Tochter und ihr Schwiegersohn nicht mehr am Leben sind?

Barry und Elika waren die einzigen Israelis an Bord der Maschine, die aus Fernost nach New York flog, mit zwei Zwischenlandungen in Israel und Griechenland vor der Landung in Rom. Es waren 88 Passagiere, darunter Japaner, Amerikaner und Kanadier. Nur wenige Tage später stellte sich heraus, dass es kein Unfall gewesen war, sondern ein Terrorakt. Es war eines der ersten palästinensischen Attentate auf ein Flugzeug.

Als das Flugzeug zur Zwischenlandung in Athen eintraf, hatte ein Palästinenser dort ein Ticket gebucht, ging aber nicht an Bord. Er gab nur einen Koffer auf. Damals ermordeten Terroristen andere Menschen noch, ohne dabei Selbstmordattentate zu begehen. Im Gepäck befand sich eine Zeitbombe, die explodieren sollte, sobald das Flugzeug eine bestimmte Höhe erreicht hatte. Ein anderes Flugzeug, das sich zu diesem Zeitpunkt in der Nähe befand, meldete die Explosion sofort. Nachdem es ein amerikanisches Flugzeug war, führte die Sechste Flotte eine Suche nach den Leichen durch.

Elika war 27, Barry 30 Jahre alt. Sie hinterließen zwei Söhne, den fünfjährigen Elad und den damals erst dreieinhalbjährigen Lior. Julio, Barrys Schwager, ein Arzt, flog nach Athen, um die Leichen zu identifizieren. Man hat nur Elika gefunden, Barry nicht. Unser Rabbi schlug vor, dass wir einen Doppelgrabstein auf das Grab legen sollten, auf dem wir die beiden Namen eingravierten und einen Vers aus der Bibel, der mit den Worten beginnt: »Aus der Tiefe des Meeres rufe ich Dich, meinen Gott«.

Viele Jahre später erfuhren wir, dass das FBI den Vorfall untersucht hatte und die Spur des Terroristen verfolgen konnte. Er wurde gefasst und zu lebenslanger Haft in den USA verurteilt, doch dann wurde er vorzeitig entlassen und an den Sudan überstellt.

Wenn ich jetzt mit dem Abstand vieler Jahre über diese Tragödie schreibe, gelingt es mir, die richtigen Worte zu finden. Dennoch ist es schwer, unseren Schmerz und unsere Trauer zu beschreiben. Wir fühlten uns, als wäre ein Teil unseres Lebens abgeschnitten worden. Nach den sieben Trauertagen ging ich zurück an die Arbeit. Von nun an musste ich Barrys Platz ausfüllen. Ich schwor, mich um Elad und Lior zu kümmern wie um meine eigenen Kinder, und das tat ich mein ganzes Leben lang.

Es gab vieles zu klären. Wer sollte die Kinder großziehen? Was wäre das Beste für sie? Judith und ich hätten sie gern adoptiert, auch Julio und Miriam, Barrys Schwester und sein Schwager, hätten das gern gemacht. Doch wie so oft im Leben hatte das Schicksal andere Pläne. Elika und Barry hatten vor ihrer Abreise eine junge Frau angestellt, die sich während ihrer Abwesenheit um die Kinder kümmern sollte. Für die Samstage und Feiertage hatten sie ihre Schwester, Bat-Ami, und deren Mann gebeten, bei den Jungs zu bleiben. Nach dem tragischen Unglück zogen die beiden ganz ein, um bei den Kindern zu sein, und holten ihre Teenagertöchter dazu, Einat und Lilach. Nachdem Elad und Lior einige Monate mit ihnen zusammengelebt hatten, war uns allen klar, dass dies die beste Wahl war. So konnten sie außerdem mit zwei großen Schwestern aufwachsen.

An Feiertagen und während der langen Sommerferien genossen die Kinder es, bei uns in der Kleinstadt zu sein. Als sie auf die höhere Schule kamen, besuchten sie mich nach dem Unterricht in meinem Büro, und wir erledigten ihre Hausaufgaben zusammen. Sie wussten, dass sie sich auf uns verlassen konnten und wir alles für sie tun würden. Zu ihrem großen Glück war ihre auf wundersame Weise gerettete Großmutter Nechama, die nicht auf dem Flug gewesen war, erst 60 Jahre alt und wurde zu einer Säule der Kraft und Stabilität in ihrem Leben. Sie starb erst mit 90, kurz nachdem die beiden Jungen geheiratet und Familien gegründet hatten, als ob sie so lange gewartet hätte, bis ihre Arbeit getan war.

Aufgrund des Dringlichkeitstelefonats mit der Versicherungsagentin und mithilfe ausgezeichneter Anwälte, die einen langwierigen Rechtsstreit führen mussten, gelang es mir, eine anständige Entschädigung für ihren Verlust zu erzielen. Außerdem zahlte ich das Gehalt ihres Vaters Barry weiter, so als wäre er noch am Leben, wodurch es Elad und Lior möglich war, in finanzieller Sicherheit aufzuwachsen.

Unsere Familie war mir im Leben immer das Wichtigste, nicht nur meine eigene kleine Familie und mein Bruder Danny, der immer auf mich zählen konnte, sondern auch Judiths Familie. Wir feierten zusammen und wir teilten auch unsere Sorgen und Nöte. Sobald jemand in der Familie moralische Unterstützung oder finanzielle Hilfe brauchte, habe ich es als meine Pflicht angesehen, zu helfen. Barrys Tod hat sowohl in meinem Herzen als auch in der Firma eine Leerstelle hinterlassen, die nur schwer zu füllen war. Glücklicherweise hatte ich erfahrene Arbeiter an meiner Seite, sodass die Arbeit reibungslos weiterlaufen konnte. Immerhin war die Nachfrage nach den neuen Polyurethan-Produkten immens hoch.

Ein, zwei Jahre später begann eine anstrengende Phase der Hyperinflation, die zu ernsthafter ökonomischer Unsicherheit führte. Große Betriebe wurden insolvent und mussten schließen. Während des nachfolgenden ökonomischen Chaos wurde es zunehmend schwer, zwei Betriebe gleichzeitig zu führen. Jeden einzelnen Schritt unternahm ich mit großer Vorsicht und fühlte mich wie ein Kapitän, der versucht, sein Schiff ohne Mast durch einen Sturm zu manövrieren, von dem niemand wusste, wann er enden würde. Trotzdem gelang es mir, diese schlimmen Zeiten zu durchzustehen und beide Betriebe zu erhalten, ohne auch nur einem einzigen Arbeiter kündigen zu müssen. Als die schwierige Zeit der Inflation endlich vorüber war, war mir klar, dass ich umfangreiche Investitionen bei Polyair würde vornehmen müssen, wollte ich die Produktion aufrechterhalten. Das war eine schwere Last für mich.

Ich nahm Kontakt auf zu Uri und Michael, zwei Vertretern des Kibbuz Zikim, die gerne Teile der Fabrik übernommen hätten. Sie und ihr Anwalt Hillel Ashkenazi waren starke und geduldige Verhandlungspartner. Nachdem sie sich jedoch einige Wochen lang nicht gemeldet hatten, gewann ich zunächst den Eindruck, sie hätten kein Interesse mehr am Kauf. Eines Tages traf ein Paket mit köstlichen gelben Mangos bei uns zuhause ein.

»Sie haben sich entschieden, zu kaufen«, sagte Judith.

»Wie kommst du denn darauf?«, zweifelte ich. »Vielleicht wollen sie bloß nett sein.«

»Wenn sie ein Paket Mangos schicken, bedeutet das, dass sie kaufen wollen.«

Und genauso war es. Ein paar Tage später war der Vertrag unterschrieben.

Die Kibbuzniks übernahmen die Fabrik und machten sie zu einer der größten Matratzenfabriken in Israel. Als ich ein paar Jahre später Auto fuhr, hörte ich im Radio, dass in der Zikim-Polyronfabrik ein Feuer ausgebrochen war. Ich drehte um und fuhr sofort hin. Das ganze Gebäude stand in Flammen, Rauchwolken stiegen auf, meine Freunde und ihre Kollegen beeilten sich, wenigstens die Maschinen zu retten.

»Freunde!«, rief ich, »lasst die Maschinen und rettet lieber die Bücher. Ihr müsst wissen, wer euch Geld schuldet!«

Sie hörten auf mich und räumten das Büro aus. Später dankten sie mir für meinen guten Rat. Bis heute stehe ich mit allen in freundschaftlicher Verbindung.

Ein paar Worte Russisch und ein internationaler Erfolg

Ab und zu begleitete ich Judith auf Modemessen in Israel und im Ausland. Dank ihr hatte ich Einblicke in die Welt der internationalen Mode, der schönen Menschen und glamourösen Ereignisse. Das wichtigste Ereignis jener Zeit stand in Verbindung mit dem, was auf Russisch »Perestroika« hieß.

Wir waren gerade in München auf der Fashion Week, über die Judith berichten sollte, als einer der Verantwortlichen dort ihr mitteilte, dass ein Telegramm aus Moskau gekommen sei, von einem Modedesigner namens Slawa Saizew[42]. Er wollte seine Kollektion in München präsentieren. Alle waren überrascht, schließlich muss so ein Ereignis üblicherweise ein Jahr im Voraus bereits vorbereitet werden. In jenen Jahren bestand nur wenig Kontakt zwischen Ost und West. Niemand war also sicher, ob er überhaupt kommen würde und warum er seine Kollektion in Deutschland präsentieren wollte.

Zwei Tage später saß während einer der Vormittagsshows ein etwa 40-jähriger Mann neben uns. Er trug eine rote Jacke und ein blaues Halstuch. Als wir ihn begrüßten, lächelte er, und ein Goldzahn blitzte auf.

»Hast du seinen Goldzahn gesehen?«, flüsterte Judith, »er ist der russische Designer.«

Dann sprach sie ihn auf Englisch an. Er schüttelte bedauernd den Kopf, als könne er nichts verstehen.

»Sind Sie der Gast aus Moskau?«, fragte ich auf Russisch. Überrascht sah er mich an.

»Man hat uns angekündigt, dass Sie kommen würden. Meine Frau ist Journalistin und würde gern ein Interview mit Ihnen führen.«

»Oh ja, gerne, aber nicht jetzt, ich muss mich beeilen und meine Show organisieren.«

Als er sich erhob, standen zwei Männer mit ernsten Gesichtern, die hinter ihm saßen und unser Gespräch mit angehört hatten, ebenfalls auf – anscheinend seine Bodyguards.

Am Nachmittag präsentierte Saizew in einem kleinen Saal seine Show: prächtige Abendkleider, übersät mit funkelnden Edelsteinen. »Wahrscheinlich haben sich da Zwangsarbeiterinnen in Sibirien monatelang geplagt, um sie aufzusticken«, sagte ich zu Judith. »Immerhin gibt es da Arbeitskräfte für umsonst, und es herrscht an ihnen auch kein Mangel.«

Am Ende der Show versuchte Judith, sich Saizew zu nähern, doch die Bodyguards hielten sie mit einem deutlichen »Njet, njet!« zurück.

»Er hat ihr ein Interview versprochen«, erklärte ich ihnen auf Russisch.

»Njet!«, insistierten sie, »das ist verboten.«

Doch Saizew bedeutete ihnen mit einer knappen Geste, Ruhe zu geben, und tatsächlich gelang es ihm nach einer gewissen Zeit, die Bodyguards loszuwerden. Zum Interview erschien er allein, wir fanden ein freies Zimmer, schlossen die Tür und saßen eine Stunde lang mit ihm

42 Slawa Saizew, 1938 geboren, galt in den 1990er-Jahren als bedeutendster russischer Modeschöpfer.

zusammen. Ich übersetzte, und so erzählte er uns, dass er die Garderobe von Raisa Gorbatschow entwerfe.

Judiths Interview mit Saizew wurde ein Welterfolg. Es erschien auf der Titelseite ihrer Zeitung, Ma'ariv, und wurde von der internationalen Presse aufgegriffen, die keine Korrespondenten nach München auf diese Show geschickt hatte.

Dies war das erste Mal, dass ein russischer Designer sich im Westen präsentiert hatte, und vielleicht war dies auch einer der ersten Hinweise auf das Perestroika-Programm von Gorbatschow, das kurz darauf seinen Anfang nahm. Hätte ich kein Russisch gelernt in meinem Schuljahr am Jüdischen Gymnasium in Kaunas, sagte Judith, dann hätte sie vermutlich die wichtigste Geschichte ihres Lebens verpasst.

Auf der Suche nach Thereza

Im Jahr 1995 beschloss Danny, nach Litauen zu reisen. Die Sowjets waren fort, Litauen hatte seine neu erlangte Unabhängigkeit erklärt; doch ich lehnte ab.

»Warum zurückkehren an einen Ort, wo man uns so schrecklich behandelt hat?«, versuchte ich einzuwenden, doch Danny bestand darauf.

»Bevor ich sterbe, will ich noch einmal zurückkehren und Vince wiedersehen.«

»Und wie willst du sie finden, nach all den Jahren?«

Zu meiner Überraschung konnte Danny sich nicht nur an ihren Familiennamen erinnern, sondern auch an den des kleinen Dorfes, aus dem Vince stammte: Pilsupiai. Sogar den Namen des Bezirks wusste er: Kedainiai. Dabei waren die Namen lang und kompliziert.

»Du warst doch erst neun, als wir sie zuletzt gesehen haben. Wie kannst du dich daran erinnern?«

»Bevor Vince uns zum Gettotor gebracht hat, ließ sie mich die Namen so oft sagen, bis sie sich unauslöschlich in mein Gedächtnis eingeprägt haben.«

Danny hatte sich gerade von einem schweren Herzinfarkt erholt – ich konnte ihm nichts abschlagen. Doch ich hatte große Bedenken bezüglich der Reise. Wir beschlossen, über Kopenhagen zu fliegen, da es von dort täglich Flüge nach und von Litauen gab. Würden wir uns nicht wohlfühlen, so konnten wir innerhalb eines Tages wieder abreisen. Nachdem ich mein Litauisch verlernt hatte, nahm ich Kontakt zu Chaim auf, einem Fremdenführer, der Hebräisch sprach, das er während der Sowjetära im Untergrund gelernt hatte.

Chaim erwartete uns am Ausgang der Ankunftshalle am Flughafen Vilnius. In der Hand hielt er eine kleine israelische Flagge. Der Anblick dieser Flagge neben dem Schild mit der Aufschrift »Vilnius« war so bewegend für uns, dass wir alle miteinander mit den Tränen kämpften. Wir fuhren nach Kaunas und bezogen ein Hotel, das im Gebäude des früheren jüdischen Waisenhauses untergebracht war. An einer der Außenmauern waren die Abdrücke des alten Schildes noch sichtbar.

Auf jedem Stockwerk des Hotels saß eine korpulente Frau und hielt Wache – ein Relikt aus der Sowjetzeit. Man hatte uns vorher gewarnt, dass in Litauen Lebensmittelknappheit herrsche, sodass wir uns Konserven und Cracker mitgebracht hatten, um nicht zu verhungern. Doch schon nach einem Tag verschenkten wir alles an die ernsthaft dreinblickenden Wachfrauen, da wir feststellten, dass es durchaus genügend und sehr köstliches Essen in Litauen gab.

Sofort gingen wir aus. Es war ein wunderbarer Sommerabend, wir saßen auf der Terrasse eines kleinen Restaurants und schauten in die Speisekarte, doch wir verstanden kein Wort.

»Seltsam«, sagte ich zu Danny, »wir sind in diesem Land geboren und aufgewachsen und können uns überhaupt nicht mehr an die Sprache erinnern.«

Trotzdem war alles vertraut und berührend für uns. Der Duft der blühenden Bäume, die feuchte Brise vom nahe gelegenen Fluss, der Geschmack des auf der Zunge schmelzenden Salzherings, die Scheiben vom geräucherten Aal, das köstliche Schwarzbrot, und erst das Karminad, ein exzellentes Kalbsschnitzel, das mich an die Kochkünste unserer Mutter erinnerte.

Am nächsten Morgen servierte man uns zum Frühstück ein Omelett aus fünf Eiern! Wir hatten eigentlich eines aus nur einem Ei bestellt. »Das ist unmöglich«, sagte die alte Kellnerin, während sie uns erstaunt betrachtete, »so steht es auf der Karte.«

Dieselbe Szene wiederholte sich genauso am nächsten Tag. So lernten wir, wie unnachgiebig die Litauer waren. Obst und Gemüse schmeckten noch genauso wie früher, vielleicht, weil Litauen ein Agrarland ist und alle Produkte direkt vom Feld auf den Teller kommen.

Kaunas wirkte, als sei die Zeit stehen geblieben. Es hatte sich in den 50 Jahren, seit wir fort waren, nicht verändert – dieselben kleinen Straßen, dieselben Boulevards. Doch hinter den zum Teil schon ein wenig renovierten Häusern sahen wir, dass dort noch nichts wieder aufgebaut worden war oder mal einen Anstrich bekommen hatte, alles sah verwahrlost und schäbig aus. In der Straße und auf den Gehwegen waren Schlaglöcher, sodass wir unsere Schritte vorsichtig setzen mussten. Wie anders war auf den zweiten Blick doch diese Stadt als das schöne, gepflegte Kaunas, an das wir uns erinnerten.

Wie im Traum zogen wir von Straße zu Straße, hier war unsere Schule, das Jüdische Gymnasium, dieses schöne Haus neben dem Fluss. Es war Sommer, das Gebäude war leer. Wir baten den Wachmann am Tor darum, eintreten zu dürfen.

»Was suchen Sie denn in diesem alten Gebäude?«, fragte er verwirrt.

»Wir waren hier Schüler«, erklärten wir. Unsere Antwort stellte ihn zufrieden, und für ein paar Dollars bekamen wir sogar ein Lächeln von ihm. Dann stromerten wir durch das Gebäude und gingen von Stockwerk zu Stockwerk.

»Hier war mein Klassenzimmer während der ersten Klasse!«, rief Danny. Ich betrat den Raum, in dem ich zuletzt als Sechstklässler gewesen war. Die Fenster gingen zum Fluss hinaus, und ich sah mich wieder dort sitzen und nach draußen schauen, zusehen, wie die Schiffe sich auf dem Fluss bewegten, anstatt zuzuhören, was mein Lehrer erklärte.

In der Aula ging ich hoch auf die Bühne.

»Weißt du noch, wie unsere Klasse für Purim eine Aufführung einstudiert hat?«, fragte ich Danny. »Ich habe dein Holzpferd zu Fuß von zu Hause mitgeschleppt. Du warst fünf und hast mit Mutter und Vater in der ersten Reihe gesessen. Plötzlich hast du dein Pferd entdeckt, du bist die Stufen zur Bühne hochgeklettert, hast nach deinem Pferd gegriffen und es nach unten gezogen. Alle haben gelacht und mir war es total peinlich. Weißt du noch?«

Wir lachten zwischen Heiterkeit und Tränen.

Später gingen wir die Straße entlang, die wir so oft auf dem Heimweg von der Schule gegangen waren. Nach wenigen Minuten erreichten wir den Platz im Zentrum mit der weißen Kirche, die aussah wie eine große Hochzeitstorte. Und dort, am Rande des Platzes, stand wie damals »Toters« Kiosk, als habe er in all den Jahren auf mich gewartet, damit ich mir wieder einen kleinen roten Zuckerapfel am Stiel kaufen könnte.

»Hier ist das Tor zum Hof unseres Hauses.«

Aufgeregt stiegen wir hoch zum zweiten Stockwerk und klopften an die Tür, aber niemand öffnete. Enttäuscht gingen wir zurück in den Hof, wo der große Baum noch immer seinen Schatten warf, wo damals meine Freunde gestanden und mich zum Fußballspielen heruntergerufen hatten an jenem Sommernachmittag, als ich meine Geige zerbrochen hatte.

Dann fuhren wir nach Zosle. Der Bahnhof sah noch genauso aus wie vor 50 Jahren, als habe sich seitdem nichts verändert. Die alte Holzbank, das Wartezimmer und der große Ofen mit seinen Kacheln an den Seiten, die einmal blau gewesen und nun verblasst waren. Das Schalterfenster mit dem Metallgitter davor, hinter dem der großväterliche Kopf des Fahrkartenverkäufers erschien, als habe er sich seit unserem letzten Besuch in Zosle nicht von der Stelle bewegt.

Nur Großmutter fehlte, sie wartete nicht mehr draußen im Pferdefuhrwerk mit den beiden Zugpferden, eine Decke in der Hand, in die sie uns liebevoll einpackte. Der große rechteckige Platz war leer. Noch immer wurde er von den kleinen Dorfhäusern begrenzt, die einst von meinen Verwandten und anderen Litvaks bewohnt wurden. Die Häuser sahen noch genauso aus wie damals, nur die Farben waren im Lauf der Jahre verblichen. Wir klopften an zwei oder drei Türen, doch niemand öffnete. Wo war Großmutters Haus? An der Stelle, wo es einst stand, war jetzt eine Lücke. Ein junger Mann kam aus dem Nachbarhaus, es hatte Onkel Abraham gehört. Auf Englisch fragte er, ob er uns helfen könne. Wir erklärten ihm, dass wir das Haus unserer Großmutter suchten.

»Ich bin noch neu im Dorf«, sagte er, »ich lebe erst seit ein paar Jahren hier. Aber ich habe gehört, dass das Nachbarhaus vor vielen Jahren abgebrannt ist. Jetzt baue ich dort Gemüse an.«

Er stellte sich als Künstler vor und lud uns in Onkel Abrahams Haus ein. Der Maler hatte es renoviert, sodass es jetzt ganz anders aussah. Er zeigte uns seine Bilder, Dorfszenen und Landschaften der nahe gelegenen Seen, vermutlich hoffte er, wir würden aus nostalgischen Gründen eines kaufen.

»Von wem haben Sie das Haus gekauft?«, fragte ich.

»Von der Gemeinde, und ich habe 10000 Euro dafür bezahlt. Aber meine Nachbarn, die hier seit vielen Jahren leben, haben mir erzählt, dass die Gemeinde sie umsonst bekommen hat, nachdem die Juden fortgegangen sind.«

»Fortgegangen?«

»Ja, die Deutschen haben es ihnen befohlen, und so sind sie gegangen.«

Von dort gingen wir zum alten Dorffriedhof, in der Hoffnung, die Gräber von Verwandten zu finden, die vor dem Krieg gestorben waren. Die meisten Gräber waren offen, die Marmorplatten und Grabsteine waren fort. Ein alter Mann, der gerade vorüberging, erzählte, dass die Bauern sie sich geholt hätten für ihren eigenen Friedhof oder auch für ihre Fußböden daheim.

»Die Juden waren doch längst alle tot, wozu brauchten sie noch einen Friedhof?«, erklärte er.

Neben einem der offenen Gräber sahen wir einen Schädel mit gebleckten Zähnen. Mir lief ein Schauer über den Rücken. Der Anblick war unerträglich. Eilig machten wir uns davon.

»Wir müssen eine Möglichkeit finden, diesen Horror hier zuzudecken, und die Gräber wieder instand setzen«, sagte ich zu Danny, Heli und Judith.

Nachdem es unserem Fremdenführer Chaim gelungen war, auf der Straßenkarte gemäß Dannys Anweisungen und seinen Erinnerungen an die Namen den Bezirk und das kleine Dorf zu finden, in dem Vince lebte, machten wir uns am Sonntag auf den Weg dorthin. Es gab keine geteerten Straßen, nur schwarze Schlammwege mit den Radspuren der vor uns hier gefahrenen Fuhrwerke darin. Ein Bauer pflügte sein Feld mithilfe eines Handpfluges, vor den er ein Pferd gespannt hatte. Die Augen des Pferdes verschwanden unter einer dichten Mähne, um den Hals hatte es ein hölzernes Geschirr, um das Gefährt zu ziehen, so wie man es von alten Bauernbildern kennt. Chaim ging zu ihm. »Kennen Sie eine Frau namens Vince Bianoskaita?«, fragte er.

»Die ist tot, die arme Seele, seit über 20 Jahren.«

Unsere Enttäuschung war unbeschreiblich. Wir hatten so sehr gehofft, Vince hier zu finden, damit sie uns zurück in unsere Kindheit führen könnte. Der Bauer sah uns an und bemerkte wohl, wie enttäuscht wir waren.

»Aber ihre Tochter Thereza lebt noch immer hier im Dorf.« Er deutete in die Richtung, die wir einschlagen sollten.

Eine schlichte Holzhütte stand da, am Ende eines großen Hofs. Vor vielen Jahren war sie wohl mal gestrichen worden, doch die Farbe war verblasst und abgeblättert. Chaim klopfte an die hölzerne Tür. Eine Frau um die 60 erschien im Eingang. Sie war barfuß und flocht ihr dichtes Haar. Chaim fragte sie etwas und sie schüttelte ablehnend den Kopf. Dann deutete Chaim auf uns, die wir in einiger Entfernung noch am Auto standen. Sie starrte uns an, als könne sie nicht glauben, was sie sehe. Dann rannte sie von jetzt auf gleich auf uns zu und umarmte Danny und mich.

»Meine Brüder«, schluchzte sie, »ihr seid am Leben. Wo wart ihr all die Jahre? Ich dachte, ihr wäret schon vor Langem gestorben.«

Es ist schwer zu beschreiben, wie aufgewühlt wir waren. Durch die Küche traten wir ein. Es gab nur einen hölzernen Spültisch mit einem kleinen Becken darauf, außerdem noch ein paar Holzregale. Auf dem obersten Regalbrett standen Einmachgläser mit Pfirsichen und Pflaumen darin. Im kleinen Wohnzimmer standen zwei ausgebleichte Armsessel und ein Sofa.

»Ach, hätte ich doch gewusst, dass ihr lebt und eines Tages zurückkommt«, stieß Thereza aus, »hätte ich das doch bloß gewusst. Vor ein paar Jahren erst habe ich die Sachen verkauft, die meine Mutter aus eurer Wohnung mit hergebracht hat. Aber wartet, ich habe noch immer eure herrlichen Tischdecken. Heute essen wir darauf unser Mittagessen.«

Dann stürzte sie nach nebenan in ihr Schlafzimmer und kam nach wenigen Minuten aufgeregt zurück.

»Urinke, schau, was für eine Überraschung!«, rief sie, »sieh, was ich gefunden habe!«

In den Händen hielt sie ein kleines Foto, das mich im Alter von acht Jahren zeigte, wie ich Geige spielte, jene Geige, die ich zerbrochen hatte, weil ich lieber nach draußen wollte zum Fußballspielen.

»Eigentlich gehe ich ja jeden Sonntag in die Kirche«, sagte Thereza, »nur heute mal nicht, ich weiß selber nicht, warum. Als ob mein Herz mir gesagt hätte, bleib lieber zuhause. Gestern haben wir ein Schwein geschlachtet, gleich gibt es Mittagessen. Aber jetzt gehen wir erst mal zum Friedhof und besuchen Mutters Grab. Ach, hätte sie doch gewusst, dass ihr überlebt habt und eines Tages an unsere Tür klopft.«

Im Hof lag ein junger Mann auf einem Heuhaufen.

»Das ist mein Schwiegersohn«, erklärte Thereza, »kümmert euch nicht um ihn, er hat gestern mal wieder einen über den Durst getrunken.«

Der Friedhof war sehr gepflegt, Blumen blühten und die Grabsteine waren aus Marmor. Der Kontrast zwischen den armseligen Hütten und den Marmorsteinen war höchst überraschend. Mithilfe eines an eine lange Kette gebundenen Eimers holte Thereza Wasser aus einem Brunnen und goss die Blumen, die das Grab zierten.

»Da fällt mir etwas ein«, verkündete sie aufgeregt, »als ich ein kleines Mädchen war, hat meine Mutter mir ein Lied in eurer Sprache beigebracht.«

Auf Hebräisch begann sie zu zählen: »Ahat, shtaim, shalosh, arba, hamesh, shesh, sheva, shmone …« (»Eins, zwei, drei, vier, fünf, sechs, sieben und acht …«)

Es war seltsam, zu hören, wie eine litauische Bäuerin hebräische Zahlen rezitierte, die ihre Mutter ihr als Kind beigebracht hatte. Anschließend brach Thereza in Tränen aus und berichtete uns, was für ein schweres Leben sie gehabt hatte. Ihr Ehemann verstarb jung, ihr Sohn wurde von einem betrunkenen Motorradfahrer überfahren und dabei getötet. »Die Menschen hier saufen und saufen. Das ist ein Riesenproblem. Unter den Russen waren wir arm, und jetzt sind wir noch ärmer. Mutter hat immer gesagt, dass Litauen ohne die Juden nicht den Hauch einer Chance hat. Immer wieder hat sie uns davon erzählt, wie gut unser Leben war, als sie noch hier bei uns gelebt haben.«

Wir kehrten zurück in Therezas Haus, wo ihre Töchter Yolenta und Rassa bereits warteten. Yolenta sprach ein wenig Englisch, sodass wir uns mit ihr gut unterhalten konnten. Unter einem kleinen Dach im Garten war der Tisch gedeckt worden und auf den weißen Tischdecken, die einst auf dem Tisch bei uns zuhause gelegen hatten, standen Plastikschüsseln mit Tomatensalat, Rote Bete und Radieschen. Die Töchter hatten bereits ein Feuer gemacht und luden uns ein, vom Fleisch des unglücklichen Schweins zu essen, das tags zuvor geschlachtet worden war. Danny und ich halfen uns mit den wenigen Brocken Litauisch, die noch tief in unserer Erinnerung schlummerten, und Chaim half beim Übersetzen. Wir taten so, als würden wir das Fleisch essen, und der Hund, der unterm Tisch lag, genoss heimlich ein Festmahl.

Am nächsten Tag fuhren wir zum Fort IX, eine jener Festungen, die die russischen Zaren rund um Kaunas errichtet hatten und die die Deutschen in Tore zur Hölle verwandelt hatten. Der Ort ließ einem das Blut in den Adern gefrieren. Wir stiegen hinab in die Keller, wo die Häftlinge vor ihrer Hinrichtung gefangen gehalten wurden. Zehntausende Juden waren hier ermordet worden. An einer der Mauern stand noch immer auf Jiddisch der letzte Wille eines Juden aus München mit weißer Kreide geschrieben : »Juden, rächt uns!« Die Deutschen hatten im November 1941 Juden aus vielen deutschen Städten und später aus ganz Europa deportiert, um sie hier zu ermorden.

Auch Mutter war hierhergebracht worden, als sie einmal außerhalb des Gettos verhaftet worden war. Einzig das wundersame Eingreifen des deutschen Offiziers Gustav Hermann, der seine Menschlichkeit noch nicht gänzlich vergessen hatte und sie zurückbrachte ins Getto, rettete ihr das Leben – wenigstens für zwei Jahre.

Draußen schien die Sonne, weiches grünes Gras bedeckte die hohen Erdhügel, unter denen sich die Gräber unseres Volkes befanden, die während der Großen Aktion hier zu Tode kamen – wie wir wussten. Und noch viele andere waren hier ermordet worden.

Wir kehrten zurück ins Hotel und hatten kein Bedürfnis, danach noch woanders hinzugehen.

Jeden Tag kam Thereza nun zu Besuch, und jedes Mal brachte sie uns ein kleines Geschenk mit. Einen Korb voll Birnen, einen Strauß Wildblumen, ein Einmachglas mit Früchten, von ihr selbst eingelegt. Sie wollte einfach gern bei uns sein. Später besuchte uns dann auch Izkeh, ein Klassenkamerad von mir, dessen Familie nach Sibirien deportiert worden und der nach Litauen zurückgekehrt war. Er war Architekt und nie verheiratet gewesen. Sein Leben war frühzeitig erstarrt. »Ich wollte keine Litauerin heiraten«, sagte er, »und Jüdinnen waren keine mehr da.«

Am Sonntag erschienen Thereza und ihre Töchter festlich gekleidet zum Abschiedsessen in einem Restaurant. »Vielleicht können wir doch noch einen Versuch unternehmen, unsere alte Wohnung zu sehen?«, schlug ich vor.

»Kommt mit«, antwortete Thereza, »die Menschen hier haben Angst vor Fremden, aber vielleicht lassen sie mich rein.«

Wir stiegen die Stufen in dem alten Haus hinauf. Thereza klopfte an der Tür und eine alte Frau riss sie auf. Ein modriger Geruch nach Schimmel und Armut verschlug uns den Atem.

»Keine Angst, Babuschka«, besänftigte Thereza sie, »wir sind nur gekommen, um die Wohnung noch einmal zu sehen. Wir haben früher mal hier gewohnt.«

Unsere schöne Wohnung war in zwei Einheiten unterteilt worden. Sie sah sehr trist aus. Unser Blick fiel auf das Fenster im Wohnzimmer, vor dem wir den Chanukkaleuchter aufgestellt hatten, jenes Fenster, durch das ich im Alter von drei Jahren geklettert war, um auf dem Mauerabsatz zu balancieren. Wir bedankten uns bei der Bewohnerin und gingen wieder hinaus auf die Straße.

Dann besuchten wir Kačerginė, den Urlaubsort nahe Palankine. Wir suchten die Stelle auf, an der sich einst ein Café befunden hatte. Auf dem Boden waren noch die Abmessungen des Tennisplatzes zu erkennen, wo ich mich damals bemüht hatte, die Bälle mit dem Schläger zu treffen. Nahe dem Tennisplatz waren noch Überreste der Fliesen des kleinen Tanzbodens zu sehen, wo meine Schwester mir Walzer und Tango beigebracht hatte. Ich schloss die Augen und stellte mir vor, wie meine Schwester damals meine Hand gehalten und »eins, zwei, drei« gezählt hatte, den Rhythmus des Walzers »Blaue Donau«, wie sie laut gelacht und mich gewarnt hatte: »Pass auf, du trittst mir auf den Fuß!« Vor meinem inneren Auge sah ich meine Eltern, so jung und schön, wie sie in leichter, bunter Sommerkleidung zusammen mit Danny an einem runden Tisch mit rot-weiß-karierter Tischdecke saßen und darauf warteten, dass meine Schwester und ich vom Tanzboden zurückkamen.

Am nächsten Tag fuhren wir nach Palanga, wo damals das Sommerlager stattfand. Die Hütten standen noch immer dort. Ich tauchte meine Füße ins eiskalte Wasser der Ostsee, so wie ich es damals in jenen so kurzen, so glücklichen Tagen getan hatte, die ich hier im Pionierlager verbracht hatte, ehe die Welt, wie wir sie kannten, unterging. Ich versuchte gar nicht erst, den Ort der Synagoge wiederzufinden, in der man uns festgehalten und die niedergebrannt worden war, nachdem ich auf wundersame Weise gerettet worden war. Es wäre einfach nicht zu ertragen gewesen.

Zehn Tage verbrachten wir in Litauen und nahmen die Orte und

Ansichten in uns auf. Es war eine Zeit voll schwankender Gefühle, voll Traurigkeit und Nostalgie. Nach und nach fielen uns die litauischen Wörter wieder ein. Überall, wohin wir gingen, kosteten wir die regionalen Gerichte. Bloß Teiglach, diese süße Pfefferkuchendelikatesse, mit Honig oder goldenem Sirup gebacken, die Tante Leah so köstlich zubereiten konnte, war in Litauen nirgends mehr aufzutreiben, wo nur noch so wenige Juden zurückgeblieben waren. Wer weiß heute noch, was Teiglach sind?

Ein Jahr später luden wir Thereza ein, uns in Israel zu besuchen. Sie blieb zwei Wochen lang. Wegen der Sprachschwierigkeiten konnten wir uns nicht sonderlich gut mit ihr verständigen, doch wir unternahmen jede Anstrengung, um ihr den Aufenthalt so schön wie möglich zu machen. Wir fuhren sie im ganzen Land herum, und vor allem zu den christlichen Stätten, was sie sehr bewegte. Mit Koffern voll Leckereien, neuer Kleidung und Geschenken für ihre Enkel fuhr sie schließlich zurück nach Litauen.

»Pizza in Auschwitz«

Ein paar Jahre nach unserer Litauenreise beschloss Danny, sich allein auf die Reise zu machen, zurück in die schrecklichste Zeit seines Lebens, den zehn Monaten, die er in Auschwitz, Mauthausen und Gunskirchen verbracht hatte, jenen Lagern, in denen er festgehalten wurde, als er elf Jahre alt gewesen war. Er hatte jemanden gefunden, der über diese Reise einen Dokumentarfilm drehen wollte, und zusammen mit ihm sowie seinen Kindern Shragi und Miri machte Danny sich auf den Weg. Warum nur wollte er die schlimmste Erfahrung seines Lebens mit seinen Kindern teilen? Ich weiß es nicht. Wahrscheinlich ist Auschwitz, selbst nach all den Jahren, die seit seiner Befreiung vergangen sind, noch immer tief in seine Seele eingebrannt.

Zuerst reisten sie nach Kaunas und von dort weiter nach Polen. Am Abend, am Ende eines langen und anstrengenden Tags, kamen sie in Auschwitz an. Die Gedenkstätte war für Besucher längst geschlossen, doch mit erheblichem Druck erhielt Danny die Genehmigung, die Nacht dort zu verbringen. Miri erzählte später, sie hätten den ganzen Tag nichts gegessen, vielleicht wollte Danny sie auf diese Weise ein wenig den Hunger spüren lassen, den er als Kind an diesem Ort gelitten hatte. Es war ein Sommerabend und trotzdem sehr kalt und feucht.

Mücken so groß wie Schmetterlinge, erzählte Miri, saugten ihnen das Blut aus.

In der nächtlichen Totenstille, die in der leeren Baracke herrschte, schien die Vergangenheit zum Leben zu erwachen. Das war so schmerzvoll und unheimlich, dass Shragi und Miri es nicht ertragen konnten. Miri brach in Tränen aus und bat darum, gehen zu dürfen. Danny bat den Fahrer, in die nächste Stadt zu fahren und ihnen dort etwas zum Essen zu besorgen. Der Fahrer kam mit einem Karton voll Pizza zurück und sie stillten ein wenig ihren Hunger. Das brachte Miri, eine begabte Autorin, auf den verblüffenden Filmtitel »Pizza in Auschwitz«. Der Film wurde in Israel oft gezeigt und Danny wurde zu einer bekannten Gestalt, die mit Auschwitz identifiziert wurde. Er wurde auf Filmfestivals in ganz Europa eingeladen und der Dokumentarfilm gewann einige Preise.

Als eine Einladung des Filmfestivals Krakau kam, bat ich darum, Danny zur Vorstellung begleiten zu dürfen. So kamen wir nach Krakau. Die Altstadt dort ist sehr schön restauriert worden. Am Abend bummelten wir durch die Gassen der Altstadt, die einst vollkommen jüdisch gewesen waren, erst spät in der Nacht kehrten wir ins Hotel zurück. Beim Öffnen des Koffers, um die Nachtwäsche herauszunehmen, fand ich einen Brief von Judith. Es war ein Gedicht darin:

Abschied vom Vater

Du bist in Auschwitz und ich habe Angst.
Der Wetterbericht kündigt Regen an
in Auschwitz wird es trotz Hitze
immer eisig kalt sein, denn
die Sonne beleuchtet die Schrecken,
weshalb ich dich anflehte, nicht zu gehen.

Ich will Vater verabschieden,
sagtest du. Als sie ihn ins Lager 4 brachten,
in die Baracken, die sie Krankenlager nannten,
glaubte ich, er sei dort gestorben, habe
seine Augen auf der Holzpritsche geschlossen,
um aus der Folter in eine heitere Welt zu fliehen.

Heute ist der Appellplatz in Dachau ohne Makel,
die Baracken tragen neue Farbe. Die Wege

sind mit Kieselsteinen bestreut und niemand
kann sich die Hölle ausmalen, die hier
einst herrschte.

Im Büro der Gedenkstätte fragtest du arglos:
»Ihr wart damals so gut organisiert,
war hier wirklich jeder registriert?«

Sie brachten ein Blatt aus dem alten Register.
Und auf diesem Koordinatenpapier standen
in fließend runder Schrift Reihe für Reihe
die Namen der Menschen, die hier noch
gelebt hatten und schon lange nicht mehr sind.
In der sechsten Reihe stand Shraga Feivel Chanoch
und noch drei Worte: »Nach Auschwitz deportiert«.

Auf einmal war dir klar: er starb nicht hier,
nur sie bestimmten, wo einer starb.
Juden töten, war eine Frage der Ordnung.
Und so zerrten sie einen sterbenden Mann
in einen verplombten Güterzug, tagelang
fuhr er in einen qualvollen Tod am
fürchterlichsten Ort der Welt.

Jetzt stehst du unter dem weinenden Himmel,
zu den versteckten Geheimnissen des Todeslagers
geführt von Danny, Kind liebender Eltern,
zum grausamsten aller Ziele, wo er
dem Todesengel ins Gesicht sah und lernte
mit ihm zu leben – und zu überleben.

Übermorgen kehrst du heim, nachdem du
Abschied genommen hast von deinem Vater.
Wenn Gott will, wirst du jetzt Ruhe finden
und Frieden.

Mai 2009

In der Nacht habe ich nicht sehr viel Schlaf gefunden. Am Morgen fuhren wir nach Auschwitz. Keine einzige der Geschichten, die ich über diesen Ort kannte, hatte mich vorbereiten können auf dieses schreckliche Erlebnis. Auschwitz war völlig anders als unser Lager in Kaufering.

Auschwitz war eine riesige Todesfabrik gebaut und organisiert, um jahrelang einem einzigen Zweck zu dienen. Es ist unbegreiflich, wie Menschen auf eine solch satanische Idee der Vernichtung kommen konnten, welche sie dann methodisch und höchst effizient durchführten. Im Museum ist der Anblick der Berge aus Brillen, Koffern, Kinderschuhen und Puppen kaum zu ertragen, das Gleiche gilt für die Baracken, Gaskammern und Krematorien. Wer einmal dort war, weiß, wovon ich spreche.

Wir suchten Dannys Baracke auf. Ich versuchte mir seine Ankunft hier vorzustellen, ein elfjähriges Kind nach der langen Fahrt von Dachau hierher im verplombten Güterwaggon, zum ersten Mal im Leben ganz allein, an diesem Ort des Todes. »Als ich ankam«, erzählte Danny mir, »fühlte ich mich so verloren und ängstlich wie ein Wolfsjunges, dessen Mutter bei lebendigem Leibe aufgefressen wurde.«

Die 131 Kinder, die alle schon die Aktionen im Getto Kaunas überlebt hatten, wurden zu ihrem Glück vom älteren Bruder eines der Kinder begleitet. Noch in Dachau hatte er sie damit abgelenkt, dass er sie wie eine Kompanie Soldaten auf Kommando marschieren lehrte, »links, rechts!«. Als sie in Auschwitz ankamen, marschierten sie vor Josef Mengele, der entschied, wer leben sollte und wer sterben musste.

Wie gut ausgebildete Soldaten marschierten die Kinder und der Todesarzt beobachtete sie amüsiert. Ob das manchen von ihnen das Leben gerettet hat? Oder lag es daran, dass die Gaskammern an diesem speziellen Tag bereits überfüllt waren? Wer weiß? Man tätowierte ihnen die Erkennungsnummern auf die Arme, aber auch das war keine Garantie dafür, zu überleben. Zwei Wochen später waren nur noch 40 dieser Kinder da und mussten sich einem weiteren Marsch vor Mengele unterziehen, der mit einem Stock in der Hand dastand und ihn in einer bestimmten Höhe hielt. Diejenigen Kinder, welche den »Stocktest« nicht bestanden, Kinder, die drei Jahre im Getto von Kaunas überlebt hatten, begriffen, dass sie zum Tode verdammt waren. Danny erzählte, dass diese Kinder die ganze Nacht lang geweint hätten, weil sie wussten, dass es ihre letzte Nacht war.

Die 40 Überlebenden wurden zu einer verschworenen Gruppe von Freunden, die einander in beispielhafter Solidarität beschützten und verteidigten. Wenn es eiskalt war, drängten sie sich im Kreis zusammen und wechselten immer wieder den Platz, damit jedes Kind einmal in den wärmeren inneren Bereich des Kreises kam. Wenn einer der Erwachsenen versuchte, einem der Kinder Essen oder eine Decke zu stehlen, fielen die anderen über ihn her wie ein Rudel Wölfe. »Jeder wusste, dass man sich mit uns besser nicht anlegte«, erzählte Danny und fuhr fort: »Wir waren in Auschwitz die Zugpferde. Wir mussten die Karren ziehen, die mit der Habe der Vergasten beladen waren. Als die sowjetische Armee sich näherte, wurden wir auf eine wochenlange Fahrt in offenen Wagen geschickt, durch die eisige Januarkälte, um im Steinbruch des KZ Mauthausen zu arbeiten, und von dort wurden wir dann zum Sterben nach Gunskirchen geschickt.«

Mein Bruder Danny hat eine seltsame Art, seine Geschichten zu erzählen. Er beschreibt, was geschehen ist, und dann lacht er, als habe er gerade etwas Komisches erzählt. Manche Menschen verstehen dieses Lachen nicht. Wir saßen auf den Holzpritschen in seiner Baracke in Auschwitz, er erzählte gerade seine Geschichte, als eine Gruppe Frauen vorbeikam, stehen blieb und zuhörte. Als er sein Lachen anstimmte, starrten die Frauen ihn geschockt und voll Verwunderung an. Wie konnte er da lachen? Doch ihr Tourguide, eine Frau, erklärte ihnen: »Dieses Lachen ist seine Art, zu weinen.« Sie war eine kluge Frau, die Danny verstanden hatte.

Fast alle der 40 Kinder, die diesen Albtraum überlebt hatten, sind nach Israel emigriert und haben Familien gegründet. An jedem 5. Mai, dem Jahrestag ihrer Befreiung, treffen sie sich und feiern ihren zweiten Geburtstag.

Gedenken und Hoffnungskeime

Ich werde nun einen Zeitsprung machen. In den 1990ern war unser Haus voll junger Menschen, Freunde unserer Kinder. Erste Lieben kamen und gingen, gebrochene Herzen und Tränen im Gepäck. Wir sahen voll Ehrfurcht und Zufriedenheit unsere Kinder heranwachsen und erwachsen werden.

Shlomi verpflichtete sich bei der Golani-Brigade, einem 1948 gebildeten Großverband der IDF, der seither an allen militärischen Konflikten beteiligt war. Shlomi kämpfte im ersten Libanonkrieg. Der schönste Tag in dieser Zeit war der, als er uns mit seinem Besuch daheim überraschte, denn er war für die Offiziersausbildung ausgewählt worden. Als er sie abgeschlossen hatte, war der Krieg vorüber und wir stießen einen Seufzer der Erleichterung aus. Shlomi studierte Wirtschaftsingenieurwesen und fing dann an, bei mir zu arbeiten. Sehr stolz sind wir auch auf Fridi, die sich bei Nachal verpflichtete und an verschiedenen Orten unter schwierigen Bedingungen diente, ohne sich jemals zu beschweren. Anschließend studierte sie an der Universität Tel Aviv und an der Warwick University in England, wo sie ihren B. A. in Kunstgeschichte machte. Nach ihrer Rückkehr nach Israel eröffnete sie eine Schule, in der man lernt, Keramik zu bemalen.

Manchmal geschehen gute Dinge durch Zufall. Auf diese Weise lernten wir eines Abends Shlomo Lahat kennen, den Bürgermeister von Tel Aviv. Er erzählte uns von der Planung einer Open-Air-Opernvorstellung in einem Park, mit Placido Domingo als Stargast, und dass er bekennen müsse, nicht viel von Oper zu verstehen.

»Ich habe ein Buch über alle Opern«, sagte ich und lieh Lahat das Buch aus. Ein paar Tage später rief seine Sekretärin an und erklärte Judith, dass der Bürgermeister mich einlade, dem Opernkomitee beizutreten, welches sich im neuen Haus der Israelischen Oper in Tel Aviv treffen würde.

»Der glaubt jetzt, ich wäre ein Opernexperte«, sagte ich zu Judith, »aber die werden bald herausfinden, dass ich nicht viel Ahnung habe.«

»Geh einfach mal zu ein paar Treffen«, schlug sie vor, »und wenn es dir dann nicht zusagt, kannst du immer noch zurücktreten.«

Schon bald entdeckte ich, dass auch auf diesem Gebiet vor allem die Liebe zur Oper und ein gewisses Verständnis von Organisation gefragt waren. So kam ich per Zufall an eine Aufgabe, die 25 Jahre lang zu den schönsten überhaupt gehören sollte. Ich liebe klassische Musik, vielleicht wegen der zwei oder drei Jahre Geigenunterricht, und ich bin der Überzeugung, dass, wenn man Kindern immer wieder etwas vorspielt, bei ihnen eine Liebe zur Musik entsteht. Das Kapitel »Musik« in meinem Leben sollte noch ergänzt werden um das, was ich »Krieg gegen Wagner« nenne. Ich war dagegen, dass Wagner in Israel aufgeführt wurde, weil er Antisemit war und seine Schriften einen bedeutenden Einfluss auf Hitler und die Nationalsozialisten hatten. Eine Nation muss ein gewisses Maß an Selbstachtung wahren, und darum darf die Musik eines solchen Mannes in unserem Land nicht aufgeführt werden. Ich traf auf manche Gleichgesinnte, und so gründeten wir einen Verein mit dem Zweck, die Aufführungen dieser Musik hier zu untersagen.

Vor einigen Jahren kam der Dirigent Daniel Barenboim mit den Berliner Philharmonikern nach Jerusalem und schmuggelte ein Werk von Wagner ins Programm. Meine Vereinskollegen und ich verlangten, dass die Angelegenheit im Kulturausschuss des israelischen Parlaments, der Knesset, debattiert würde, und Barenboim wurde daraufhin zur Persona non grata erklärt. Ich glaube nicht, dass ihn das sonderlich stört. Gleichwohl scheint der Vorfall eine abschreckende Wirkung zu haben, denn seitdem hat kein Orchester mehr Wagners Werk in Israel gespielt.

Auch im Opernausschuss habe ich gegen die Aufführungen von Wagner gekämpft. Jedes Jahr fragt irgendjemand, warum die Oper nichts von Wagner auf die Bühne bringt. Beim letzten Treffen, an dem ich teilnahm, sagte Ron Huldai, Bürgermeister von Tel Aviv: »Hört auf Uri. Solange ein Holocaust-Überlebender oder jemand mit solchen Erfahrungen durch eine Aufführung von Wagner in Israel in seinen Gefühlen verletzt wird, solange wird die Oper Wagner nicht spielen.« Ich hoffe, das bleibt auch so.

Eine Hochzeit am Zionstor

Einige Jahre vergingen und auf einmal war unser Nest leer. Die Kinder waren ausgeflogen und Judith und ich waren wieder allein. Doch wir langweilten uns keinen Augenblick lang. Es war schön, wieder zu zweit zu sein, Freunde zu treffen, uns zu unterhalten und unterhalten zu werden. Wir haben beide noch gearbeitet, unser Leben war voll Trubel und aufregend.

Als Fridi und Raviv dann Omri bekamen, schlüpften wir voll Freude

Uri Chanoch und
sein Enkel Omri

Uri und Judith Chanoch mit ihren Enkeln

Uri Chanoch auf der Hochzeit von Naomi und Shlomi, Davidszitadelle, Jerusalem

in die Rolle der Großeltern. Bei jeder Gelegenheit fuhren wir zu ihnen, um das »Weltwunder«, wie manche ihr erstes Enkelkind nennen, zu sehen. Er war ein intelligentes und lebhaftes Kind, und von dem Moment an, als er Krabbeln lernte, war er nicht mehr aufzuhalten. Fridi musste nur anrufen und sagen, dass sie müde sei, schon ließ ich den Betrieb hinter mir und beeilte mich, zu ihnen zu kommen. Als er größer wurde, brachte ich ihm in den Fischteichen des Kibbuz Ma'agan Michael Angeln bei. Nie werde ich den litauischen Jugendlichen in Palankine vergessen, der es mir beigebracht hatte.

Zwei Jahre später kam seine Schwester Stav auf die Welt, unsere rothaarige Enkeltochter. Was waren wir glücklich, nun auch eine Enkelin zu haben. Stav war ein Traumkind – die Heiterkeit in Person. Als sie sechs Jahre alt war und gerade schreiben gelernt hatte, schrieb sie mir die schönsten Geburtstagsglückwünsche, die ich je bekommen habe: »Liebster Großvater, Du sollst gesund bleiben, bis du stirbst.« Und am Ende der Karte fügte sie noch hinzu: »Wenn du überhaupt sterben musst.« Ich hätte nie gedacht, dass sich ihr Segen wie eine Prophezeiung beinahe in Gänze bewahrheiten sollte.

Der Sommer 1997 versprach neue Feiertage für die Familie, denn Shlomi und Naomi hatten beschlossen, zu heiraten. Naomi war in der englischen Stadt Newcastle geboren und hatte sich, als Zionistin, entschieden, nach Israel auszuwandern. Die beiden wollten ihre Hochzeit in Davidszitadelle in Jerusalem feiern, worüber ich sehr glücklich war, denn dieser Ort hat eine ganz besondere Bedeutung für mich. Immer, wenn ich die Altstadt besuche, gehe ich auf dem Weg zum Zionstor an der Zitadelle vorbei und mache kurz Halt. Dann ist mir immer, als höre ich noch das Geschützfeuer und die Stimmen der verwundeten Freunde, und ich erlebe aufs Neue die heftigen Gefechte, die wir dort im Dunkel der Nacht durchgestanden haben.

Unsere Freunde kamen zum Fest und im Angesicht der steinernen Mauern der Davidszitadelle erzählte ich ihnen aufgewühlt, wie ich hier, nur ein paar Dutzend Meter entfernt, 1948 im Unabhängigkeitskrieg gekämpft hatte, als ein kriegsgeschädigter, abgekämpfter 19-jähriger Palmach-Soldat, der nicht wusste, ob er diesen fürchterlichen Krieg überleben würde. Doch da war ich und sprach auf der Bühne eines überaus erfreulichen Ereignisses – wie schloss sich da auf wundersame Weise der Kreis. Manchmal übertrifft die Wirklichkeit jede Fantasie.

An einem kalten Wintertag im März 2000 bekamen Naomi und Shlomi ein kleines blondes Mädchen, Ellie, die uns noch mehr Glück und Freude brachte. Ellie ist die Enkelin, die Judith am ähnlichsten ist, die genauso aussieht wie sie mit 16 ½, als ich sie an einem Sommermorgen im August 1948 kennenlernte. Ellie ist eine große, schlanke Balletttänzerin. Judith sagt immer, dass Gott in Ellie all ihre Makel korrigiert habe.

Zwei Jahre später bekamen sie Zwillinge – Zwillinge in unserer Familie! Sie waren so winzig, dass ich nicht wagte, sie in den Arm zu nehmen. Tal und Romi brachten uns das einzigartige Vergnügen, dabei zu helfen, Zwillinge großzuziehen. Tal ist ein gutherziger Junge und hat, genau wie ich, keine Probleme damit, in der Öffentlichkeit zu sprechen. Er kann ganz ohne Vorbereitung vor Publikum auftreten, auch vor größeren Menschenmengen. Romi ist hübsch, klug und mutig. Bei ihrer Bat Mitzwa, die in einem Zirkus gefeiert wurde, kletterte sie ein zehn Meter langes Seil hinauf und zeigte dort oben, nur mit einer Hand sich festhaltend, ihre Übungen. Mein Herz blieb beinahe stehen.

Ich liebe es, die ganze Familie bei uns zu haben, entweder zum Abendessen am Sabbat oder am Tag darauf mittags oder abends. Das sind die schönsten Stunden unseres Lebens.

Wir waren erleichtert, als Omri nach drei Jahren Wehrdienst bei den Fallschirmjägern ausschied. Ich nahm am Ende der Ausbildung an allen Veranstaltungen teil, denn ich wollte bei den Ereignissen dabei sein, die den Fortschritt seiner Ausbildung markierten. Stav studierte Musik im Hauptfach an der Hochschule und trieb mir die Tränen in die Augen, als sie »It is possible« auf meinem 80. Geburtstag sang. Das alte Lied versetzte mich zurück in die Zeit, als ich 1948 im Palmach kämpfte. Später bestand sie die meteorologische Ausbildung mit Auszeichnung, die während ihres Dienstes bei der Luftwaffe eine entscheidende Rolle spielte. All diese Ereignisse waren eine Quelle der Genugtuung und Zufriedenheit für mich.

Bei Tisch gibt es stets höchst lebendige Gespräche, und wenn ich meine fünf Enkel anschaue, bin ich ein wenig traurig, dass ich sie nicht mehr als Erwachsene sehen werde. Doch wie ich immer sage: »Die menschliche Biologie erlaubt uns nicht, für immer hier zu sein.«

Es hat viele Stunden der Freude und des Vergnügens in meinem Leben gegeben, von denen ich hier noch eine erwähnen möchte. Ich habe Autos immer geliebt, doch wenn ich mich erst mal an eines gewöhnt hatte, konnte ich mich jahrelang nicht davon trennen. Ich weiß nicht, warum es mir immer so schwerfiel, ein neues Fahrzeug zu kaufen. Vielleicht liegt es an meinen Rückenschmerzen, sodass mir nicht alle Autositze gut bekommen. Als mein Auto 15 Jahre alt wurde und ich selbst 85, beschlossen die Kinder, mir ein besonders originelles Geschenk zu machen: ein brandneues Auto. Fridi hat es in ihrer Garage versteckt und mit weißen Schleifen geschmückt. Es war eine großartige Überraschung, und Judith und ich sind mehrere Tage damit umhergefahren, ohne dass eine der weißen Schleifen beschädigt worden wäre. Was haben wir das Lächeln der Entgegenkommenden genossen, mit dem sie das alte Paar bedachten, das mit einem geschmückten Auto umherfuhr wie Braut und Bräutigam.

Nur Galia fehlt bei unseren Familienessen. Sie hat sich auf Finanztechnologie bei Reuters spezialisiert, anscheinend haben ihre Reisen gemeinsam mit uns und ihr perfektes Englisch ihre Karriere beflügelt und ihr zu einem Arbeitsplatz in der Niederlassung in Dallas verholfen. Auf einer ihrer Reisen hat sie Richard kennengelernt und eines Tages überraschten die beiden uns mit der Nachricht, dass sie nach Las Vegas gefahren sind und dort geheiratet haben. Als sie zusammen nach Israel kamen, habe ich es genossen, Richard das Land zu zeigen und ihn dabei zu einem begeisterten Zionisten zu machen, besonders, nachdem wir Jerusalem besucht hatten, jenen Ort, den ich am meisten liebe.

Mein Jerusalem

Jedes Mal, wenn ich nach Jerusalem fahre und auf dem Weg durch Sha'ar HaGai komme, das ich innerlich noch immer Bab el Wad nenne, erinnere ich mich lebhaft an das Jahr 1948. Ich sehe unseren Konvoi vor der Mauer aus Steinen stehen, welche die enge Straße blockiert hat, ich höre die Granaten explodieren und die Kugeln um uns her pfeifen. Doch nach ein paar Minuten, während die sechsspurige Autobahn sich höher und höher schraubt, wird mir das Herz weit und ich fühle mich wie der Eigentümer der ganzen Berge. Das mag sich seltsam anhören, doch genauso ist es für mich.

Ich fahre zwei- oder dreimal in der Woche nach Jerusalem, um Ministerien oder die Knesset aufzusuchen oder nach Yad Vashem zu fahren. Besonders gerne bin ich in der Knesset, denn dort habe ich das Gefühl, hinter die Kulissen des Regierungshandelns schauen zu können. Parlamentsmitglieder und Minister eilen von einer Konferenz zur nächsten, brüllen einander in der Kammer an und sitzen anschließend beisammen in der Kantine beim freundschaftlichen Gespräch. Traurigerweise haben wir im Komitee der Überlebenden des Holocaust keinerlei signifikante Verbesserungen für deren Leben erreichen können.

Dennoch halte ich es für enorm wichtig, die Aktivitäten des Komitees weiterzuführen.

Vor ein paar Jahren ernannte der frühere Minister Gideon Sa'ar mich zum Mitglied des Beirats von Yad Vashem. Ich erfülle diese Aufgabe mit großem Engagement und lasse keine Zusammenkunft aus. Den ersten Zeitzeugenbericht über unsere Erfahrungen im Getto und im Konzentrationslager hielten Danny und ich in Yad Vashem. Der Regisseur Yehuda Gil verwendete unseren Bericht als Grundlage für seinen Film »Bruder und Bruder«. Jahrzehnte nach den Ereignissen durchbrachen Danny und ich für diesen Film die Schutzmauer, die wir vor der Erinnerung errichtet hatten, und sprachen über alles, was sich damals ereignet hat.

Immer, wenn ich in Yad Vashem bin, sehe ich dort jede Menge Besucher, Studenten und Schüler, Soldaten und Touristen aus jedem Winkel dieser Erde. Ich finde es äußerst wichtig, Menschen, die nur wenig oder gar nichts über den Holocaust wissen, mit diesem fürchterlichen Kapitel in der Geschichte des jüdischen Volkes zu konfrontieren. Als ich eingeladen wurde, am Holocaust-Gedenktag eine Fackel zu entzünden, ging ich zusammen mit meinem Enkel Omri, der zu diesem Zeitpunkt 16 Jahre alt war, auf das Podium. Die Zeremonie mit der militärischen Ehrenwache, der Musik der Kapelle und der Flamme der Fackel hat mich tief bewegt. Ich hatte das Gefühl, dort stellvertretend für all meine abwesenden Verwandten zu stehen – meine Eltern und meine Schwester, meine Onkel Israel und Abraham und ihre kleinen Kinder, Tante Leah und alle anderen aus meiner Familie, für meine Klassenkameraden aus dem Jüdischen Gymnasium und für all jene, die in den Flammen dieses Infernos verschwunden sind.

Wenn Freunde und Regierungsvertreter aus dem Ausland Israel besuchen, mache ich mit ihnen als erstes eine Tour durch Yad Vashem. Ich mache Halt in dem Raum, der dem Getto Kaunas gewidmet ist, der Stadt, in der ich geboren bin, und dort erzähle ich ihnen von den Litvaks, diesen so besonderen litauischen Juden. Es gibt dort in der Ausstellung eine Zeichnung von Jacob Lifshitz, die mich als Jungen im Getto zeigt und auf wundersame Weise erhalten geblieben ist. Auf der Skizze bin ich 15, dünn und mit langen Beinen, ich trage die Kleidung des jüdischen Jugendlichen aus München, der im Fort IX ermordet wurde und an dessen Jacke ich das Abzeichen mit dem Wort »Eilbote« aufgenäht hatte, was mir im Getto das Leben gerettet hat.

Ich bin der festen Überzeugung, dass sich das Wesen Israels nur nach einem Besuch Yad Vashems begreifen lässt. Darum zeige ich meinen

Gästen erst nach dieser Tour »mein Jerusalem«. Ich führe sie in die Altstadt und zum Zionstor, wo ich ihnen die Einschussspuren der Kugeln zeige, die meine Freunde und ich hier 1948 abgefeuert haben, und ich erzähle ihnen die Geschichte Jerusalems, von den blutigen Schlachten, die wir ausgefochten haben bei unserem Versuch, das jüdische Viertel zu erstürmen, um dessen Bewohner zu retten. Anschließend geleite ich meine Gäste in eine ruhige Ecke und erzähle ihnen die Geschichte des Landes. Es gibt nichts Besseres, als eine persönliche Geschichte dort zu hören, wo sie sich abgespielt hat, um die Verbindung zwischen dem Holocaust und der Wiedergeburt Israels zu verstehen.

Jahrelang waren die Kriegsjahre eine ferne Erinnerung. Ich habe mich jenseits des Galgenhumors, den ich zusammen mit meinen engsten Freunden aus dem Getto und dem Lager entwickelt habe, nie mit dem Thema beschäftigt. Wenn wir uns sahen, sprachen wir über das, was wir erlitten haben und riefen unsere Erinnerungen wach, manchmal mit einer Art schwarzem Humor. Niemals habe ich mit meinen Kindern über die Vergangenheit gesprochen, abgesehen von den Geschichten aus meiner Kindheit. Zum ersten Mal hörten sie von meinen Erfahrungen im Getto und im Konzentrationslager, als ich in ihre Schulen ging, um dort meine Geschichte zu erzählen. An jedem Holocaust-Gedenktag ging ich in Schulen, manchmal in zwei oder drei hintereinander, und in Militärkasernen, um über das zu sprechen, was ich durchgemacht und überlebt habe. Ich war immer der Überzeugung, dass es besonders wichtig ist, die Geschichte des Holocaust jungen Menschen zu erzählen. Auch wenn ich meine Erinnerung an diese schrecklichen Jahre lange unterdrückt habe, so habe ich doch nichts vergessen.

Mein Leben war gesegnet, ich bin ein glücklicher Mann. Nicht allen Überlebenden gelang es, sich nach dem Holocaust ihr Leben wieder aufzubauen. Manche schafften es nicht und blieben allein auf der Welt, so wie Henry Berler, der in unserer Fabrik arbeitete. Ich erwähne hier seinen Namen, weil sich sonst niemand mehr an ihn erinnert. Henry kam aus einer polnischen Kleinstadt. Er baute sich kein neues Leben auf und blieb allein. Tatsächlich fuhr er nach dem Krieg lediglich fort, zu existieren, ohne wirklich zu leben. Henry kam niemals zu spät und war ein guter, hingebungsvoller Arbeiter. Ich wusste, dass er die Feiertage und Ferien allein in seinem Zimmer verbrachte. Obwohl ich ihn zu uns nach Hause einlud, lehnte er es ab, zu kommen. Mehrmals versuchte er, sich das Leben zu nehmen, und wurde jedes Mal von besorgten und aufmerksamen Nachbarn gerettet, die einen Krankenwagen riefen. Ich wollte ihm so gerne helfen und versuchte, ihn zu ermutigen, sich zu öffnen und über alles zu sprechen, doch er wollte nicht. Ebenso lehnte er Entschädigungszahlungen ab oder psychologische Hilfe. Henry ist ein Beispiel für jene, die nicht in der Lage waren, das Trauma des Holocaust zu überwinden, und deren Leben nie wieder normal wurde. Auch wenn ich mich nur am Holocaust-Gedenktag auf meine vielen Leidensjahre konzentrierte, so waren doch die Schrecken des Holocaust immer präsent, so als ob er nur darauf warte, dass sich der Vorhang über seiner Wiederkehr hebt.

Zurück zu elf vergessenen Zwangsarbeitslagern

Eines Tages kam ein Bekannter mit einer seltsamen Geschichte aus Deutschland zurück. Ein Geschichtslehrer namens Anton Posset aus Landsberg, jener kleinen Stadt nahe München, ging nach einem Sturm im Wald spazieren und bemerkte am Wegrand Blechteller und die Überbleibsel von etwas, das aussah wie eine Hundehütte. Er begann, sich für die Vergangenheit dieses Ortes zu interessieren und entdeckte, dass dieser bezaubernde, heitere Teil Bayerns einst der Standort von elf KZ-Außenlagern gewesen war, von deren Existenz bis zu diesem Zeitpunkt niemand etwas gewusst hatte.

Als Posset mit seinen Nachforschungen begann und anfing, Fragen zu stellen, stieß er auf eine Mauer des Schweigens. Doch er gab nicht auf und setzte sich in Verbindung mit Dr. Ekkehard Knobloch, dem Bürgermeister von Gauting. Als den beiden klar wurde, was dort geschehen war, sagten sie sich, dass dieses Kapitel der deutschen Geschichte nicht dem Vergessen preisgegeben werden dürfe. Das Bayerische Kultusministerium erfuhr von Anton Possets ehrenamtlichen Tätigkeiten und forderte ihn auf, er möge auf der Stelle seine Nachforschungen zur Vergangenheit einstellen und sich ausschließlich auf den Unterricht konzentrieren, ansonsten drohe ihm die Versetzung. Doch Anton Posset setzte seine Arbeit fort und legte die elf vergessenen Außenlager Dachaus wieder frei; in einem von ihnen waren mein Bruder und ich tragischerweise eingesperrt gewesen.

Ich wandte mich an meine Litvak-Freunde, die Dachau-Überlebenden Solly Ganor und Chaim Konvitz, und schlug vor, dass wir uns mit dem deutschen Botschafter in Tel Aviv treffen, um ihn zu bitten, im Fall Anton Posset zu intervenieren und diesen zu unterstützen. Der Botschafter erklärte uns, dass es nicht in seiner Macht stünde, hier einzugreifen, da dies eine Angelegenheit des Bayerischen Kultusministeriums sei.

»Schauen Sie«, hörte ich mich sagen, »wir sind hier stellvertretend für Hunderte Überlebender der Dachauer Außenlager in Landsberg-Kaufering, und sollte Anton Posset gefeuert werden, werden wir dafür sorgen, dass die ganze Welt erfährt, wie das neue Deutschland mit Menschen umgeht, die Nachforschungen zum Holocaust anstellen.«

Meine Freunde sahen mich überrascht an, denn ich hatte gerade in diesem Moment eine Holocaust-Überlebenden-Organisation geschaffen, die bis dahin noch gar nicht existiert hatte. Der Botschafter versprach, an das Kultusministerium zu schreiben, und wir verließen die Botschaft, um in ein nahe gelegenes Café zu gehen.

Chaim verpflichtete sich, herauszufinden, wie man eine Organisation gründet – und so fing es an. Anton Posset wurde nicht versetzt und ich fand mich auf einmal als Vorsitzender der Vereinigung der Überlebenden des Außenlagers Dachau wieder, die 400 Holocaust-Überlebende in ganz Israel vertrat. Als Anerkennung seiner Arbeit zur Erinnerung an die vergessenen Lager kauften mein Freund Abba Naor und ich Flugtickets und luden Anton Posset und seine Frau ein, als unsere Gäste nach Israel zu kommen. Nachdem Posset nicht länger die Versetzung drohte, schlug Dr. Knobloch, der Gautinger Bürgermeister, vor, nach den Menschen zu suchen, die in jenen Lagern gewesen waren und überlebt hatten, und die heute in Israel lebten und davon berichten könnten, was ihnen damals dort geschehen war.

Dr. Knobloch, der mehr als 20 Jahre lang Bürgermeister gewesen ist, erwies sich als einfühlsamer und empathischer Mann, der sich hingebungsvoll dieser Aufgabe widmete. Mit der ganzen Kraft seiner Autorität stellte er sich hinter das Anliegen, die Geschichte der vergessenen Lager bekannt zu machen. In einigen israelischen Zeitungen schaltete er Anzeigen, in denen er Überlebende bat, Kontakt mit ihm aufzunehmen, damit er diejenigen, die bereit waren, zu kommen, als Ehrengäste der Gemeinde einladen und sie darum bitten könne, zu berichten, was ihnen während des Kriegs zugestoßen war. Eines der Mitglieder unserer Organisation sah diese Anzeige und rief mich an. Ich schrieb an Dr. Knobloch und teilte ihm mit, dass ich versuchen wolle, all jene Überlebenden zu gewinnen, die bereit waren, nach Deutschland zu reisen, unter der Bedingung, dass man ihnen gestatte, das monströse Gebilde zu besichtigen, das wir 1945 im Rahmen des Plans der »Vernichtung durch Arbeit« gebaut hatten. Dieses Gebilde wurde in den 1950er-Jahren fertiggestellt und in einen »Bunker« für eine Einrichtung der Bundeswehr umgewandelt, in dem Raketengeschosse der NATO gelagert wurden. Dr. Knobloch erhielt die Erlaubnis und so machte sich unsere Gruppe aus 50 Überlebenden auf den Weg nach Deutschland.

An einem Frühlingsmorgen Anfang Mai 1995 standen wir vor einem mit Bäumen bepflanzten Erdhügel, aufgehübscht mit gepflegten Blumenbeeten, und einem großen Tor, das zur unterirdischen Militäranlage führte. Alles sah sehr friedlich, beinahe idyllisch aus. Niemand hätte etwas ahnen können von den Geheimnissen der Vergangenheit dieses Ortes. Ein Offizier, ein Mann um die 50, der sich als Oberstleutnant Fritz Odinius vorstellte, empfing uns. Er sagte, er habe noch nie von der Holocaust-Vergangenheit dieses Ortes gehört. Bisher habe er es immer für ein unterirdisches Bürogebäude gehalten.

Mit dem Fahrstuhl fuhren wir zehn Stockwerke hinunter, bis wir am Grund des Gebäudes ankamen.

»Das ist das Fundament, das Sie, wie ich glaube, im Jahr 1944/45 gebaut haben«, sagte Odinius. Der ohrenbetäubende Lärm der Ventilatoren machte mich wieder zu dem hungrigen, 16-jährigen Jungen, der in Todesangst auf seinem Rücken schwere Zementsäcke in einer Wolke aus Staub um die bodenlose Grube herumtrug und dabei ständig im Hintergrund den Lärm des schäumenden Betonmischers vernahm, während Hunderte von Menschen, die aussahen wie Skelette, unter dem Gebrüll der Wachen herumrannten.

»Das ist kein Fundament«, sagte ich, »es ist ein Friedhof. Dies ist das Grab all jener, die unter dem Gewicht der Zementsäcke hinuntergestürzt sind.«

Der deutsche Offizier schwieg. Meine Freunde und ich sprachen flüsternd das Kaddisch und das El male rachamim (Gott voll der Gnade). Ehe wir wieder hinauffuhren, kratzte der deutsche Offizier ein paar kleine Steinbröckchen von der Betonwand und sagte: »Ich dachte mir, vielleicht hätten Sie gern eine Erinnerung von hier. Bitte erzählen Sie mir, was hier geschehen ist, denn ich bin nach dem Krieg geboren und weiß nichts über diese Zeit.«

An jenem Abend besuchten Fritz Odinius und seine Frau Carmen uns in dem Hotel, in dem wir untergebracht waren. Sie saßen stundenlang mit uns zusammen und hörten den Geschichten zu, die meine Freunde und ich zu erzählen hatten. Anschließend erzählte er uns ein wenig über sein Leben:

»Gleich nach dem Krieg verliebte sich meine damals 17-jährige Mutter in einen kanadischen Soldaten, dessen Bataillon in der Nähe ihres Heimatdorfes stationiert war. Als der Soldat nach Kanada zurückkehrte, entdeckte sie, dass sie schwanger war. Sie schrieb ihm, und er schlug vor, sie möge nach Kanada kommen, damit er sie heiraten könne. Doch sie hatte Angst davor, so weit von ihrer Familie entfernt zu sein und womöglich sitzen gelassen zu werden, falls der Soldat sein Versprechen nicht halte. Ihre Eltern redeten auf sie ein, sie möge in Deutschland bleiben, und verheirateten sie mit einem Mann, der aus dem Krieg zurückgekommen war. Mit ihm zog sie aus dem Dorf fort. ›Ich wusste gar nicht, dass er nicht mein biologischer Vater war‹, erzählte Odinius, »er hat mich immer schlecht behandelt, mich zu jeder Gelegenheit geschlagen. Als ich 18 wurde, bin ich von zuhause fortgegangen zur Marine. Kurz darauf habe ich Carmen kennengelernt, seitdem sind wir zusammen und haben schon bald unsere Familie gegründet.«

»Haben Sie jemals versucht, Ihren Vater zu finden?«, fragte ich.

»Nein. Ich habe zwar oft drüber nachgedacht. Aber was ist, wenn ich ihn finde und er mich zurückweist? Das wäre so kränkend.«

Als wir uns verabschiedeten, sagte er: »Ich bin so froh, euch alle kennengelernt zu haben, denn in der Schule haben wir nichts über den Holocaust gelernt. Erst jetzt verstehe ich die fürchterlichen Dinge, die hier in Deutschland geschehen sind. Es ist so schockierend, dass ich an einem Ort arbeite, der eigentlich ein Friedhof ist und dessen Geschichte noch nie erzählt worden ist.«

Uri vor der Skulptur im Gedenken an den Dachauer Todesmarsch

»Mit dem heutigen Tag hat sich das Leben dieses Mannes verändert«, sagte Judith, nachdem Fritz und Carmen gegangen waren, »er weiß das jetzt noch nicht, aber so wird es kommen.«

Viele Jahre später habe ich Fritz erzählt, was Judith damals gesagt hat, und er gab zu: »Sie hatte recht, die Begegnung mit euch hat wirklich mein Leben verändert.«

Fritz Odinius ist ein sehr

Uri Chanoch und seine Tochter Frida während der Zeremonie am Holocaust-Gedenktag im »Bunker«

guter Freund geworden. Er hat Israel oft besucht. Seit seiner Pensionierung geht er oft in Schulen und liest Auszüge aus Büchern von Holocaust-Überlebenden, damit die Kinder wissen, was in ihrem Land vor 70 Jahren geschehen ist. Nach ein paar Jahren hatte ich Fritz überredet, nach seinem biologischen Vater zu suchen. Er reiste nach Kanada und erfuhr, dass sein Vater gestorben war. Immerhin hat er seine Familie dort kennengelernt und entdeckt, dass er zwei Brüder und eine Schwester hat, mit denen er seitdem engen Kontakt pflegt.

Ein Holocaust-Museum an einem deutschen Militärstützpunkt

Nach unserem ersten Besuch begann Fritz Odinius mit seiner Erinnerungsarbeit zum Gedenken an die elf vergessenen Lager rund um den »Bunker«, wie die Offiziere und Soldaten diesen Ort nannten, an dem sie arbeiteten. Die Männer spendeten Geld, damit am Eingang des Gebäudes eine Gedenktafel angebracht werden konnte, die auf Hebräisch und Deutsch davon berichtet, was hier zwischen 1944 und 1945 geschehen ist. Daraufhin gestattete das Oberkommando der Armee die Errichtung eines Denkmals zur Erinnerung an die Geschichte des Standortes während des Kriegs. Jeder neue Soldat, der hier ankommt, wird nun darüber informiert.

In einer der Hallen ist ein kleines Museum eingerichtet worden, das über die Geschichte der elf Dachauer Außenlager rund um Kaufering informiert. Die Nährwerttafeln der SS, die dort ausgestellt sind, zeugen davon, dass ein Mann in ein oder zwei Monaten getötet werden konnte, indem ihm 600 Kalorien pro Tag bei gleichzeitiger Schwerstarbeit zugestanden wurden; eine Zuteilung von 800 bis 1000 Kalorien ließen ihn vier bis fünf Arbeitsmonate überleben.

Die Berechnungen waren sehr genau. In zehn Monaten überlebten nur ein paar 100 der 15 000 Juden, die nach der Liquidierung der Gettos in Polen, Litauen, der Tschechoslowakei und Ungarn hierher deportiert worden waren, um für das Bauprojekt des »Bunkers« zu arbeiten, das von einer Oberbauleitung mit dem Decknamen »Ringeltaube« beaufsichtigt wurde. Rund 10 000 Menschen besuchen das Museum im »Bunker« jedes Jahr. Ein Offizier des Standortes ist verantwortlich für den Erhalt des Museums und die Organisation der Führungen.

Im Jahr 2013 übergab ich während der jährlichen Gedenkzeremonie meine gestreifte Jacke dem Kommandanten des Militärstützpunktes, an dem sich einst das Lager I befunden hatte; seitdem liegt sie dort in der Ausstellung in einer Glasvitrine. Für mich war diese Rückgabe des Kleidungsstückes an Deutschland ein symbolischer Akt. Es war, als sei etwas dorthin zurückgebracht worden, wo es hingehört.

Jedes Jahr am 27. Januar, dem Tag der Befreiung des Konzentrationslagers Auschwitz, der 2008 zum internationalen Holocaust-Gedenktag erklärt worden ist, findet eine bewegende Zeremonie am Eingang zum »Bunker« statt, und immer versuche ich, dabei zu sein. Eine Ehrenwache aus Soldaten und Offizieren steht da in Hab-Acht-Stellung und salutiert zum Gedenken an die Juden, die hier gestorben sind. Die Zeremonie hat etwas Surreales, die Kommandos ertönen auf Deutsch, das Gebet für die ermordeten Juden wird begleitet vom Klang einer Trompete und die jungen Soldaten stehen stramm. Wenn das Thermometer unter Null fällt, kollabieren manche der Soldaten, trotz ihrer warmen Uniformen und dicken Mäntel. Dann fällt mir immer ein, wie wir dort standen in der Eiseskälte im Winter 1944/45, in unserer dünnen gestreiften Häftlingskleidung.

Seit jenem ersten Besuch im Jahr 1995 schließt die Verbindung zwischen mir und meinen Freunden auch die Bürgermeister der Orte der

Region ein. In einigen dieser kleinen Kommunen haben die Einwohner Vereine gegründet, die die Erinnerung an den Holocaust aufrechterhalten. In jedem Jahr gehen am ersten Samstag im Mai alte und junge Menschen dieselbe Strecke, die die Juden auf dem Todesmarsch in den letzten Kriegstagen zu gehen hatten. Während dieser letzten Tage sind noch viele, die Jahre der Pein und des Schreckens überlebt hatten, an der Kälte gestorben oder durch die Kugeln der SS, die jeden erschoss, der nicht mehr weiterlaufen konnte.

Entlang der Straßen, über die der Todesmarsch führte, stehen 22 identische Denkmäler – sie zeigen eine Gruppe Vornübergebeugter, die sich unter allergrößten Anstrengungen weiterzuschleppen scheint, als stemmte sie sich gegen einen starken Wind. Geschaffen hat das Denkmal der Bildhauer Hubertus von Pilgrim. Ein Exemplar des Denkmals steht auch in Yad Vashem. Ich hoffe, dass Kinder bei seinem Anblick ihre Eltern nach der Bedeutung fragen und von ihnen etwas über die Geschichte des Holocausts erfahren. Die Menschen, die am Gedenkmarsch Anfang Mai teilnehmen, schmücken die Denkmäler mit Blumenkränzen, auf diese Weise widmet auch die dritte und vierte Generation der Deutschen, die in einer veränderten Welt aufgewachsen sind, diesen Tag dem Gedenken an jene, die im Holocaust ums Leben gekommen sind. Jedes Jahr gehen auch einige Überlebende, darunter ich selber, mit ihnen entlang der Route, und jedes Mal bin ich stolz, dass ich dazu beigetragen habe, dieses Ereignis zu initiieren. Ich hoffe sehr, dass, wenn wir diese Welt verlassen, es noch welche gibt, die die Erinnerung an die vergessenen Lager und an die Todesmärsche weitertragen.

Die Träume von einer Zeit der Ruhe nehmen eine neue Richtung

Im Alter von 13 Jahren begann ich zu arbeiten, damals im Arbeitsamt des Gettos in Kaunas, und bis ich 73 war, habe ich nicht mit dem Arbeiten aufgehört. Mit dem Verkauf der Firma wurde die Last der Arbeit von mir genommen und zum ersten Mal seit 60 Jahren war ich frei von Sorgen. Nun konnte ich morgens spät aufstehen, meinen Tag mit Dingen verbringen, die mir Freude bereiteten, fremde Länder bereisen und all die Bücher lesen, die zu lesen mir bisher nicht gelungen war. Ich nahm mir vor, Klavierstunden zu nehmen und meine »Musikkarriere« wieder aufzunehmen, die damals zu Ende ging, als ich die Geige zerbrochen hatte. Schließlich wollte ich den Zeitungsstapel in meinem Arbeitszimmer endlich aufräumen. Ich habe mir all diese Dinge vorgenommen, die Pensionäre tun, und wollte mir außerdem gestatten, auch einfach mal ein bisschen faul zu sein und gar nichts zu tun. Doch manchmal geht das Leben einen anderen Weg als den, den wir vorgesehen haben.

Zu Beginn der 1990er-Jahre, als Überlebende mich um Hilfe oder Rat baten, wurde mir Folgendes klar: Einige von ihnen hatten es, als sie jung waren, abgelehnt, um Wiedergutmachung zu bitten, da sie das Gefühl hatten, keine Geldsumme könne wirklich wiedergutmachen, was sie durchgemacht hatten. Doch als sie jetzt darum baten, erhielten sie nur noch Ablehnungen. Die deutsche Regierung setzte unendliche Hürden und erklärte, es sei zu spät für Forderungen. So gingen die Jahre ins Land, die älteren Überlebenden wurden immer bedürftiger und mussten mit ernsten gesundheitlichen und finanziellen Problemen zurechtkommen. Jene, die in den 1950er-Jahren Entschädigungen abgelehnt hatten, begriffen nun, dass das womöglich ein Fehler gewesen war, der sie jetzt in Not brachte.

Eines Tages rief Galina an. Galina war das junge Mädchen, das damals mit uns in der Pension in Fiesole gewohnt hatte, wo wir darauf gewartet hatten, nach Israel emigrieren zu können. Ich verstand, dass ihr Leben nicht einfach gewesen war, dass sie geschieden war und allein lebte, aber ich wusste nicht, wie schwierig ihre finanzielle Situation tatsächlich war. Sie berichtete mir, dass ihr Kühlschrank kaputt sei und sie kein Geld habe, einen neuen zu kaufen. Mir brach es das Herz. Ich wusste von anderen Überlebenden in ähnlichen Situationen, Menschen, die sich keine Medikamente oder ärztliche Hilfe leisten konnten. Ich stattete Galina mit einem Kühlschrank aus und versuchte alles, was in meiner Macht stand, um auch die Situation anderer Menschen, die mich um Hilfe baten, zu verbessern. Doch welche Institutionen und Organisationen ich auch aufsuchte, überall stieß ich auf Apathie und Bürokratie. Ich begriff, dass ich anders vorgehen musste.

Noach Flug, der Präsident des Internationalen Auschwitz-Komitees, berichtete mir, dass er im Begriff sei, einen Dachverband für alle Überlebenden einzurichten, damit durch die Zusammenarbeit endlich Dinge in Bewegung gesetzt werden könnten. Er lud mich ein, meinen Verein mit einzugliedern. Sofort stimmte ich zu, und das war der Beginn meiner öffentlichen Arbeit im Namen aller Holocaust-Überlebenden. Noach Flug hatte als Wirtschaftsattaché an der Israelischen Botschaft in Bonn gearbeitet. Er hatte eine Gesetzesklausel entdeckt, die es jenen

Überlebenden, die unter dem Zahlungsabkommen keine Entschädigungszahlungen erhalten hatten, ermöglichte, die deutsche Regierung zu verklagen. Ihm war klar, dass es zur Unterstützung dieses Vorhabens eine mächtige Körperschaft aus Tausenden von Mitgliedern brauchte. Nach Ende seiner Dienstzeit als Wirtschaftsattaché kehrte er nach Israel zurück und wandte sich an Moshe Sanbar, einen Dachau-Überlebenden, der Gouverneur der Israelischen Zentralbank gewesen war, und die beiden bündelten ihre Kräfte, um die Ungerechtigkeit gegenüber den Holocaust-Überlebenden seitens der deutschen und israelischen Regierung zu korrigieren. Sie gründeten die Zentralorganisation der Holocaust-Überlebenden in Israel und der Verein der Überlebenden der Dachauer Außenlager Landsberg-Kaufering trat dieser bei.

Zusammen mit Noach Flug reiste ich nach Deutschland, um mit Vertretern der deutschen Regierung zu verhandeln. Noach war ein höflicher, freundlicher Mensch, der aber auch standfest sein konnte. Es ging um Bestimmungen im deutschen Recht, die festhielten, dass es unter bestimmten Bedingungen auch dann noch möglich war, Entschädigungsforderungen zu stellen, wenn die Antragsfrist bereits abgelaufen war.

Im Jahr 2012, 60 Jahre nach dem Abschluss des deutsch-israelischen Wiedergutmachungsabkommens, war ich als Angehöriger der Konferenz für Schadensersatzforderungen in Washington D. C. und nahm an dem internationalen Treffen teil, das aus Anlass dieses Jahrestages im United States Holocaust Memorial Museum stattfand. Millionen von Amerikanern und Touristen besuchen jedes Jahr dieses beeindruckende Museum, um etwas über den Holocaust zu erfahren. An dem Treffen nahmen auch einige Menschen teil, die 1952 dabei gewesen waren, als David Ben Gurion und Konrad Adenauer das Wiedergutmachungsabkommen unterzeichneten, und sie berichteten über das Ereignis und seinen Hintergrund.

Nur wenige wissen, wie ernst die Finanzkrise in Israel zu Beginn der 1950er nach dem Unabhängigkeitskrieg war, als Israel Hunderttausende Überlebende aufnehmen musste und im Staatshaushalt nicht genügend Geld vorhanden war, um die nötigsten Rohstoffe wie Weizen und Kraftstoff zu kaufen. Auch vor diesem Hintergrund muss man Ben Gurions Akzeptanz der deutschen Reparationszahlungen sehen. In dem Abkommen verpflichtete sich die israelische Regierung, alle Überlebenden, die nach Israel kamen, zu entschädigen.

Bezüglich der jüdischen Bürger Deutschlands und jener, die in anderen westeuropäischen Ländern leben und die unter dem Naziregime gelitten haben, wurden verschiedene Gesetze verabschiedet, die weit großzügiger waren. Es ist schwierig, im Nachhinein zu kritisieren, zumal ich damals gegen das Entschädigungsabkommen gewesen bin. In den Augen der Überlebenden war es nichts Geringeres als ein Handel mit dem Teufel. Wer hätte sie für all ihre Verluste entschädigen können: ihre Freiheit, ihre Gesundheit, Familien, ihre Kindheit, ihr Zuhause …

In den folgenden Jahren hatte die israelische Regierung stets andere dringende Probleme und so ignorierte sie die meisten Überlebenden, und selbst jene, die von der Regierung eine magere Summe erhalten haben, waren benachteiligt gegenüber denen, welche direkte Entschädigungen von Deutschland erhielten. Immerhin gehörten die Hunderttausenden von Überlebenden, die nach dem Krieg nach Israel kamen, zu den Erbauern dieses Landes. Wer hatte das Bedürfnis oder die Kraft, mit der israelischen Regierung zu streiten und die ihm zustehende Entschädigung zu fordern? Wir waren viel zu sehr damit beschäftigt, ein neues Leben aufzubauen, Kriege zu führen und Familien zu gründen. Wir haben uns unserer Ausbildung und unserer Karriere gewidmet. Die meisten von uns hatten keinen einzigen Verwandten, der uns hätte helfen oder uns unterstützen können.

Nachdem die Zentralorganisation der Holocaust-Überlebenden in Israel gegründet war, wurde die Beziehung zwischen Noach Flug, Moshe Sanbar und mir stärker und wir wurden sehr enge Freunde. Mehrere Male reiste ich mit ihnen nach Berlin, durch sie wurde ich mit den Bereichen des deutschen Regierungsapparates und den führenden Vertretern des Bundesministeriums für Finanzen immer vertrauter und begriff: »Das, was man von hier sieht, sieht man nicht von dort aus.«

Bayern bewahrt das Gedenken an den Holocaust

Gerhard Schröder, der 1998 die Bundestagswahlen gewonnen hatte, war mit dem erklärten Ziel angetreten, einen Entschädigungsfonds für ehemalige Zwangsarbeiter einzurichten. Die Bundesregierung und die Stiftungsinitiative der deutschen Wirtschaft sollten jeweils fünf Milliarden D-Mark einbringen. Doch viele deutsche Unternehmen sträubten sich zunächst. Im Sommer 2000 wurde bei den Gesprächen unter Leitung des US-Vizeaußenministers Stuart Eizenstat und des FDP-Ehrenvorsitzenden Otto Graf Lambsdorff, der die deutsche Seite vertrat, ein Durchbruch erzielt. Am 2. August 2000 wurde die Stiftung »Erinnerung, Verantwortung und Zukunft« gegründet, um ehemalige

Zwangsarbeiter des NS-Regimes zu entschädigen und internationale Projekte zur Versöhnung zu fördern.

Etwa 6000 Unternehmen sind der Stiftungsinitiative der deutschen Wirtschaft beigetreten, darunter auch in Kaufering tätige Bauunternehmen, wie die Firma Moll aus München. Diese Firma hat uns im Konzentrationslager beim Bau des Gebäudes beschäftigt, das später zum »Bunker« wurde. Bei einem Besuch in Deutschland entdeckte ich, dass die Firma Moll noch immer in München existiert, jedoch nicht mehr als Bauunternehmen. Georg Drost, der zwischen 1970 und 2000 als Geschäftsführer tätig war, schrieb mir, dass die Firma Moll der Stiftungsinitiative beigetreten war. Ich antwortete ihm, dass das ein Akt guten Willens sei, Verantwortung zu übernehmen und sich mit der Vergangenheit auseinanderzusetzen. Wir blieben in Kontakt und begegneten uns erstmals im Mai 2006. Wie es manchmal zwischen Menschen geschieht, so knüpften auch wir rasch eine enge Bindung zueinander. Georg Drost, der ein paar Jahre jünger ist als ich, ist ein warmherziger und einfühlsamer Mann, und er und seine liebe Frau Eva wurden sehr gute Freunde von uns. Bei unserer ersten Begegnung wollte er immer noch mehr Details über unsere Arbeit für Moll erfahren.

Er berichtete mir, dass Leonhard Moll 1945 gestorben sei und seine Enkel inzwischen die Firma führten. Ich bat um ein Kennenlernen. Ich wollte gern verstehen, wie es dazu kam, dass ein Wirtschaftsunternehmen seine Arbeiter sich zu Tode schuften ließ. Georg und Eva luden Franz Moll, einen der Moll-Enkel, und dessen Frau zu sich nach Hause zum Abendessen ein. Wir Männer unterhielten uns angeregt. Ich erzählte ihm von meinen zehn Monaten dort, zwischen 1944 und 1945. Franz Moll erzählte, dass er im letzten Kriegsjahr ein Junge von acht Jahren gewesen war und dass er zu Beginn der 1960er-Jahre erstmals in Kaufering gewesen sei, wo er dann von der Arbeit der Zwangsarbeiter gehört habe. Da es an dem Abend unserer gemeinsamen Begegnung stark geschneit hat, hat uns Franz Moll zurück ins Hotel gefahren. Ich schrieb anschließend an Georg Drost: »Wir hatten einen sehr interessanten Abend mit offenen Gesprächen mit Euch, aber auch mit Franz Moll und seiner Frau.« Ich habe Franz Moll nicht mehr getroffen, doch nach dieser Begegnung überwies er unserer Vereinigung einen Geldbetrag. Wie bei unserer ersten Begegnung im Mai 2006 mit Georg Drost besprochen, können mit einem von Moll gestifteten Jahresstipendium jeweils zwei Studenten der Hochschule für Architektur in Tel Aviv ein Jahr lang in München Architektur und die Kunst der Denkmalpflege studieren. Georg Drost und ein Mitarbeiter von Moll kümmern sich um diese Studenten und sorgen für sie. Bisher haben zehn Architekturstudenten von dem Stipendium profitiert, unter ihnen ein christlicher Araber, der bei den IDF gedient hat und gern im Bereich Denkmalschutz in Israel arbeiten möchte.

Zu meinem 80. Geburtstag wollte die Firma Moll mich mit einem Geschenk ehren. Ich habe vorgeschlagen, das Geld möge einem guten Zweck zufließen. Tatsächlich haben Franz Moll, Dr. Ernst Raim und Georg Drost meinem Freund Shalom Eilati, einem Holocaust-Überlebenden aus Kaunas, Geld zugewandt, womit die deutsche Übersetzung seines bewegenden Buches »Crossing the River« finanziert werden konnte.[43] Das Buch erzählt die Geschichte eines Jungen, dessen Mutter ihn bei Litauern verstecken konnte. Es ist mittlerweile in Deutschland erschienen und ich hoffe, dass einige Kapitel daraus an Gymnasien gelesen werden.

Als ich eingeladen wurde, Mitglied im Stiftungsrat der Stiftung Bayerische Gedenkstätten zu werden, habe ich zunächst gezögert. Mir schien die Zusammenarbeit mit Deutschen bei einem so schwierigen und schmerzhaften Thema nahezu unmöglich. Als ich herausfand, dass die meisten der dort Tätigen nach dem Krieg geboren waren, geriet es eher in den Bereich des Möglichen. Ich fand es wichtig, den Wunsch der bayerischen Staatsregierung, das Gedenken an den Holocaust lebendig zu erhalten, anzuerkennen. So beschloss ich, mitzuarbeiten und auf diese Weise dazu beizutragen, dass dieses fürchterliche Kapitel der deutschen Geschichte nicht vergessen wird.

Ich hatte bereits geschäftliche Beziehungen zu Deutschen, doch als ich nun Regierungsvertreter kennenlernte, die mehr über den Holocaust erfahren wollten und die bereit waren, das Gedenken daran zu bewahren, da kam noch eine weitere Facette der Beziehungen zu Deutschland hinzu. Seitdem gehöre ich zum Vorstand des Stiftungsrates. Direktor der Stiftung ist seit 2007 Kultusstaatssekretär a. D. Karl Freller.

Mehrmals war ich eingeladen, am internationalen Holocaust-Gedenktag vor dem Bayerischen Landtag zu sprechen. So lernte ich die Landtagspräsidentin Barbara Stamm kennen, eine freundliche und herzliche Frau. Als sie nach Israel kam, begleitete ich sie nach Yad Vashem und nahm sie mit auf eine Tour durch mein Jerusalem. Ich habe immer an die Bedeutung guter persönlicher Beziehungen geglaubt, geschäftlich wie auch sonst. Zweifellos, so glaube ich, verstehen Menschen

43 Shalom Eilati, Ans andere Ufer der Memel. Flucht aus dem Kownoer Getto, Berlin 2016.

Uri Chanoch und Präsident Shimon Peres auf dem Flug nach Israel, 2010

unsere Geschichte und die gegenwärtige Situation anders, vielleicht besser, persönlicher, wenn sie eine private Führung bekommen.

Im Laufe der Jahre habe ich verschiedene bayerische Ministerpräsidenten kennengelernt. Ich stand neben Ministerpräsident Horst Seehofer und gemeinsam haben wir die Eröffnungsschleife der renovierten Gedenkstätte Dachau zerschnitten. Eigentlich sollte ich mich an solche Ereignisse längst gewöhnt haben. Doch jedes Mal bin ich aufs Neue gerührt, jedes Mal erinnere ich mich an den hungrigen, verschreckten Jungen in seiner dünnen, vor Läusen starrenden, gestreiften Häftlingsjacke und frage mich: Steht jetzt dieser Junge neben dem bayerischen Ministerpräsidenten und schneidet die Schleife durch?

Ein Gruß der deutschen Luftwaffe und sieben Wunderbabys

Im Januar 2010 war ich eingeladen, den israelischen Staatspräsidenten Shimon Peres auf seiner Reise nach Berlin zu begleiten. Als wir in den deutschen Luftraum kamen, eskortierten Kampfflugzeuge uns, um uns zu ehren. Am Berliner Flughafen erwarteten uns ein roter Teppich und eine Ehrenwache, und der Höhepunkt des dreitägigen Besuchs war die Rede von Präsident Peres vor dem Bundestag und dem Bundesrat.

Schimon Peres beschrieb, wie er sich von seinem Großvater, dem Rabbiner im ostpolnischen Wiszniew, verabschiedet hat, als er 1934 mit seiner Familie nach Eretz Israel ausgewandert ist, und wie sein Großvater ein paar Jahre später ums Leben kam, eingeschlossen mit seiner gesamten Gemeinde in der Synagoge, die in Brand gesetzt worden war. Er hielt Rückschau auf die Geschichte des Staates Israel und verlieh seinem Wunsch nach Erhalt der Verbundenheit zwischen den beiden Ländern Ausdruck. Da stand dieser 77 Jahre alte Präsident Peres und sprach eine gute Stunde lang. Ich betrachtete die Gesichter der Abgeordneten des Deutschen Bundestages, die wie versteinert dasaßen und ihm aufmerksam zuhörten. Auf dem Rückweg nach Israel bat Shimon Peres mich, ihm meine Geschichte zu erzählen. Diese Reise war ein unvergessliches Erlebnis.

Bei einem meiner Besuche in Dachau kam nach dem jährlichen Gedenkakt zur Befreiung ein Mann auf mich zu und erzählte mir, er lebe in Brasilien und habe an der Zeremonie teilgenommen, da er im Jahr 1945 im Lager Kaufering geboren sei.

»Wann und wo sind Sie geboren?«, fragte ich, unsicher, ob ich ihn richtig verstanden hatte.

»Im Dezember 1944, in Ihrem Lager«, antwortete er.

»Niemand ist an diesem grässlichen Ort geboren worden«, sagte ich. Der Mann schien verletzt, dass ich an seinem Worten zweifelte, und so erfuhr ich diese unglaubliche Geschichte.

Anscheinend hatten mehrere ungarische Jüdinnen, die im letzten Kriegsjahr nach Auschwitz geschickt worden waren, entdeckt, dass sie schwanger waren, noch in einem frühen Stadium. Zu ihrem Glück bemerkten die Deutschen nichts davon und schickten sie von Auschwitz zur Zwangsarbeit in Fabriken in ganz Deutschland. Irgendwie gelang es ihnen, ihre Schwangerschaft zu verbergen, so lange, bis es nicht mehr möglich war, ihre Bäuche zu verstecken, und ihr Geheimnis schließlich offenbar wurde. Zwei SS-Frauen wurden geschickt, um sie abzuholen und nach Auschwitz zu schicken – in ihren sicheren Tod. Es war Ende Januar und auf dem Weg dorthin stellten die Gefängniswächter fest, dass Auschwitz bereits den Russen in die Hände gefallen war. Aus Mangel an anderen Möglichkeiten brachten sie die Hochschwangeren ins Frauenlager Kaufering I. Der Lagerführer hatte offensichtlich begriffen, dass der Krieg verloren war, und brachte alle zusammen in einer der

Baracken unter. Vielleicht vermutete er, es könne ihm nach dem Krieg nützlich sein, wenn er sie nicht auf der Stelle töten ließ.

Dennoch brachte ihn dieser Gedanke nicht so weit, dass er ihre Ernährung oder Lebensbedingungen verbessert hätte. Sie mussten in Zwölf-Stunden-Schichten arbeiten wie all die anderen Frauen auch, und als für die Erste die Zeit der Niederkunft gekommen war, rief der Lagerführer nach einem ungarischen Arzt aus dem Männerlager, damit er die Babys holen. Der Arzt erklärte, dies nicht ohne eine bestimmte notwendige Ausstattung tun zu können, woraufhin der Lagerführer antwortete, die Frauen würden doch ohnehin sterben, da sei es doch egal, wann und wie. Die sieben Frauen halfen und unterstützten einander und brachten auf diese Weise in den letzten beiden Kriegsmonaten sieben gesunde Babys zur Welt, zwei Jungen und fünf Mädchen. Die Säuglinge wurden in Lumpen gewickelt und zwei Müttern gelang es, alle sieben zu stillen.

Ich fragte Miriam Rosenthal, eine der sieben Mütter, die aus Montreal zur Dachauer Gedenkveranstaltung angereist war, wie die Babys die eiskalten Wintermonate überleben konnten, und sie berichtete mir, dass ihr jüdischer Kapo, auch bekannt als »die Gelbe Lubka«, ihnen ein kleines Heizgerät gebracht habe. Und als die Deutschen, nachdem sie dies entdeckt hatten, sie deshalb geschlagen und ihr das Gerät weggenommen hätten, habe sie dieses durch ein neues ersetzt. Nach dem Krieg ist sie zusammen mit unserem Kapo, ihrem Ehemann, nach Eretz Israel emigriert. Nachdem sie von ehemaligen weiblichen Kauferinger Häftlingen erkannt worden war, wurde sie verhaftet, verurteilt und ins Gefängnis gebracht. Später verließ sie das Land. Die Mütter waren nach dem Krieg alle nach Ungarn zurückgekehrt, sodass niemand zu ihren Gunsten hätte aussagen können. Nur eine von ihnen kam mit ihrer Tochter nach Israel, aber erst zwei Jahre später. Nach unserer Begegnung in Dachau habe ich zu dieser Tochter, Hannale, die selbst inzwischen Großmutter ist, eine enge Beziehung, vielleicht, weil sie mich als ihren »Onkel« betrachtet.

Ich trug alle sieben »Babys« als Mitglieder unseres Dachau-Kaufering-Vereins ein, auch wenn sie nur ein oder zwei Monate in dem Lager gewesen waren und nicht dort gearbeitet hatten. Ich fand, sie hatten die Ehrenmitgliedschaft verdient. Eva Gruberová erzählt in einem Buch die Geschichte von der Geburt der sieben Babys, ein weiteres jener Wunder, die in Kaufering geschehen sind.[44]

[44] Eva Gruberová, Geboren im KZ. Sieben Mütter, sieben Kinder und das Wunder von Kaufering I, München 1998.

Der Bayerische Verdienstorden und eine Wagner-Oper

Der Höhepunkt meiner Deutschlandreisen war die Zeremonie, bei der ich mit dem Bayerischen Verdienstorden ausgezeichnet wurde. Wieder hatte ich zahlreiche Bedenken. Was sollte ich tun? Sollte ich diese Auszeichnung annehmen oder ablehnen? Schließlich beschloss ich, sie anzunehmen, unter anderem deshalb, weil mir einer meiner deutschen Freunde geraten hatte: »Wenn du Abgeordneten des Finanzministeriums oder anderer Regierungsabteilungen begegnest, und sie diese kleine Nadel an deinem Revers bemerken, wissen sie sofort, was das bedeutet, und behandeln dich mit allergrößtem Respekt, denn hier haben solche Symbole immer noch eine große Bedeutung und die Auszeichnung wird dir überall weiterhelfen.«

Die Zeremonie fand in der Bayerischen Staatskanzlei statt. Obwohl wir sehr zeitig eintrafen, war der Saal bereits voll. Viele unserer Freunde waren von weither angereist, es war sehr bewegend. Ich war gebeten worden, vom Podium aus die Rede von Ministerpräsident Horst Seehofer anzuhören.

»Diese Auszeichnung wird Ihnen verliehen für Ihren Beitrag zum Gedenken an den Holocaust und als Dank dafür, dass Sie uns helfen, die Vergangenheit nicht zu vergessen.«

Eine Dame im schwarzen Kostüm heftete mit geübten Handgriffen eine Nadel an mein Revers und übergab mir eine Schachtel, die eine Medaille in Form eines alten Kreuzes enthielt, sowie eine Urkunde. Anschließend bat ich den Ministerpräsidenten um Erlaubnis, ein paar Worte sagen zu dürfen. Erst nach dem Ende der gesamten Zeremonie erfuhr ich dann, dass andere Träger dieser Auszeichnung es für gewöhnlich damit bewenden lassen, sich zu bedanken und dann das Podium zu verlassen. Doch mir war es wichtig, die Essenz meiner Lebensgeschichte hier kurz vorzutragen, und der Ministerpräsident gab meinem Wunsch mit einem verständnisvollen Lächeln und einer einladenden Geste statt. Also trat ich vor und sprach folgende Worte:

»Sehen Sie bitte nicht den 82-jährigen Mann, der hier heute vor Ihnen steht. Stellen Sie sich bitte stattdessen einen 16-jährigen Jungen vor, gerade mal 40 Kilogramm leicht, vom Hunger ganz aufgebläht, von Schwerstarbeit erschöpft, ein Jugendlicher, der seine ganze Familie verloren hat und dessen einziger Traum es ist, endlich wieder so viel essen zu können, bis er satt ist. Und dann geschah ein Wunder: Ich habe überlebt. Nach meiner Befreiung überquerte ich völlig ohne Papiere einige Grenzen und ging an Bord eines klapprigen illegalen Kahns, um nach Eretz Israel zu gelangen. Dort waren zwei Jahre nach dem Krieg schon wieder Menschen, die meinen Tod wollten. Doch diesmal hatte ich eine Waffe zu meiner Verteidigung in der Hand und ich wusste, dass wir nach diesem Kampf um unser Überleben endlich unser eigenes Land haben würden. Vor 20 Jahren kam ich zum ersten Mal wieder nach Deutschland und fing an, mich dafür einzusetzen, dass die Erinnerung an den Holocaust bewahrt würde, denn ich habe festgestellt, dass es hier nun andere Deutsche gibt, Deutsche, die etwas wissen wollen, die sich erinnern wollen und die erinnert werden wollen.«

Applaus brandete auf und die Zeremonie war vorüber.

Als wir den Saal verließen, kam einer der Assistenten des Ministerpräsidenten auf uns zu, einen Umschlag in der Hand.

»Der Ministerpräsident bat mich, Ihnen dieses Geschenk zu überreichen«, sagte er, »er hat erfahren, dass Sie ein großer Opernliebhaber sind, darum möchte er Sie beide für morgen Abend in die Staatsoper einladen.«

»Vielen Dank«, sagte ich, »welche Oper wird gegeben?«

»›Der Fliegende Holländer‹, von Richard Wagner.«

»Wagner?« Natürlich konnte ich ihm nicht sagen, dass ich mich in Israel gegen die Aufführung und Inszenierung von Wagners Werken einsetzte.

Am nächsten Abend gingen wir also in die Oper. Wir stiegen die Stufen hinauf bis zur Königsloge in der Mitte des Rangs, welche dem Ministerpräsidenten zur Verfügung steht. Das Gebäude sah aus wie ein Palast aus dem 18. Jahrhundert. Es war nach dem Krieg, der es als Ruine zurückgelassen hatte, restauriert worden und hatte seinen früheren Glanz zurückerhalten – ein Haus im Rokokostil, mit vergoldetem Stuck, Skulpturen mythologischer Figuren und imposantem Deckengemälde. Männer und Frauen, gekleidet in ihrer besten Abendgarderobe, sahen uns neugierig an, uns Glückliche, die wir in der Loge des Ministerpräsidenten saßen. Der Vorhang hob sich über einem beeindruckenden Bühnenbild. Über 200 exzellente Sänger wirkten an der Aufführung mit. Die Deutschen verstehen tatsächlich etwas von Operninszenierung, trotzdem klingt Wagner nicht schön in den Ohren all jener, die so viel über ihn wissen.

Ehe wir den Saal betraten, hatte ich am Pausenbüfett noch köstliche belegte Brötchen entdeckt. Ich hatte einen arbeitsreichen Tag hinter mir und war ziemlich hungrig, doch die Vorstellung sollte gleich beginnen und es war keine Zeit mehr. Also nahm ich mir vor, in der Pause ein paar von diesen Brötchen zu essen. Was ich nicht wusste, war, dass die Oper drei Stunden dauern und überhaupt keine Pausen haben würde. Als wir aus dem Saal kamen, war das Pausenbüfett geschlossen. Draußen war es eiskalt und schneite heftig.

»Ich sterbe vor Hunger und die Restaurants sind jetzt zu«, sagte ich zu Judith, »alles wie immer, oder? Immer ist es kalt in Deutschland und schneit und ich muss mit leerem Magen einschlafen. Das bin ich ja gewohnt und anscheinend ist es heute Abend nicht anders.«

Sie lachte.

»Also, heute Abend musst du nicht hungrig zu Bett. In unserem Zimmer haben wir noch Schokolade, Bananen und zwei Äpfel.«

Im Januar 2011 war ich mit einigen Überlebenden aus verschiedenen Ländern zum Mittagessen beim Bundespräsidenten ins Schloss Bellevue eingeladen. Präsident zu jener Zeit war Christian Wulff, ein großer, schlanker Mann von etwa 50 Jahren, der aber jünger aussah. Bei unserem Eintreffen empfing er uns warmherzig und gemeinsam gingen wir ins Esszimmer, wo mehrere runde Tische mit allem Glanz und Gloria, dem Anlass gemäß, gedeckt waren. Durch die großen Fenster sah ich hinaus in den schneebedeckten Garten, auf den immer weiter der Schnee herabrieselte. Wir waren nur 36 Personen, verteilt auf sechs Tische, die Atmosphäre war äußerst angenehm, wie bei einem Treffen von alten Freunden. Die bestens ausgebildeten Kellner bewegten sich eilfertig um die Tische. Ich sah meine Kameraden an und dachte: Wer sind diese Menschen, die hier sitzen, exzellente Weine trinken und ausgezeichneten Lammbraten am Tisch des deutschen Bundespräsidenten essen? Sind das dieselben Jugendlichen, die damals Tag für Tag wundersamerweise dem Tode entgangen sind? Ich kann diese Gedanken noch immer nicht abschütteln, auch nach so vielen Jahren nicht.

Dr. Gabriele Hammermann, Leiterin der Gedenkstätte Dachau, die an unserem Tisch saß, erzählte uns, dass noch nie ein deutscher Bundespräsident in Dachau gewesen wäre. Sie würde den jetzigen Präsidenten sehr gerne einladen, wüsste aber nicht, wie sie es anstellen solle. Sollte sie ihm eine schriftliche Einladung schicken?

»Das ist deine Chance, Uri«, sagte sie und sah mich an, »geh du hin, sprich du mit ihm.«

»Wie bitte? Du meinst, ich soll einfach zu ihm rübergehen und ihn einladen? Nein, das traue ich mich nicht.«

»Los, ich komme mit.«

Wir traten an den Tisch von Bundespräsident Wulff, ich stellte ihm Gabriele Hammermann vor und dann lud sie ihn ein, nach Dachau zu kommen.

»Ich schaffe es erst im Oktober, auf einen Besuch zu kommen«, antwortete der Präsident, und genauso geschah es. Im Oktober 2011 besuchte zum ersten Mal ein deutscher Präsident die Gedenkstätte Dachau.

Der Richter, der Recht sprechen wollte

Bei einem der Treffen in Berlin lernte ich den Sozialrichter Jan-Robert von Renesse kennen. Einer seiner Großväter war bei der SS gewesen, seine Mutter Margot von Renesse (SPD) war von 1990 bis 2002 Mitglied des Deutschen Bundestags. Von ihm erfuhr ich zum ersten Mal, dass der Judenrat in den Gettos verpflichtet war, vom »Lohn« der jüdischen Zwangsarbeiter während des Kriegs monatliche Sozialversicherungszahlungen abzuführen. Das Geld wurde zur Reichsversicherungsanstalt nach Berlin transferiert, als würde es sich um normale Arbeitsverhältnisse handeln und nicht um einen Betrug an Zwangsarbeitern, die stets damit rechnen mussten, am nächsten Tag oder zumindest im nächsten Monat ermordet zu werden.

Als in den 1990er-Jahren die ersten Klagen von Überlebenden auf eine Rückzahlung jener Sozialversicherungsbeiträge bei den deutschen Gerichten eingingen, wurden die meisten abschlägig beschieden. Wiederholt wurden die Überlebenden mit unglaublichen Forderungen wie der Frage nach Lohnabrechnungen konfrontiert. Natürlich wussten die Richter, dass die Kläger nicht in der Lage waren, solche Dokumente vorzulegen, und so wurden die Forderungen zumeist mangels Beweismittel zurückgewiesen.

Die Berufungen gegen die erstinstanzlichen Entscheidungen in einigen dieser Fälle landeten beim Landessozialgericht Nordrhein-Westfalen, wo Renesse als Berichterstatter zuständig war für die Rentenzahlungen an Zwangsarbeiter in den Gettos nach dem 2002 vom Deutschen Bundestag verabschiedeten Gettorentengesetz.

Als sorgfältiger und gründlicher Mensch beschloss Renesse, dem Thema auf den Grund zu gehen. Er vermutete, dass die meisten Überlebenden bereits hoch betagt in Israel lebten und reiste darum hierher, zusammen mit einem Vertreter der Bundesversicherungsanstalt und zwei Historikern, um die Aussagen der Überlebenden zu protokollieren und sich darüber informieren zu lassen, wie das Gettoleben organisiert war.

»Mir war klar, dass keiner dieser Menschen je einen Gehaltszettel oder eine Lohnabrechnung von der SS erhalten hatte«, sagte Renesse mir, als ich ihn zum ersten Mal traf. Er war, nachdem er mehrere Zeugen angehört hatte, überzeugt davon, dass die Forderung der Kläger auf die Rückzahlung ihrer Sozialversicherungsbeiträge berechtigt war, und setzte sich mit Erfolg für entsprechende Urteile ein.

Trotzdem lehnten manche Gerichte auch weiterhin aus fadenscheinigen Gründen die berechtigten Forderungen der Überlebenden ab. Ich dachte, dass es vielleicht helfen könnte, wenn es Anweisungen von ganz oben gäbe. Am 20. August 2013 nahm Angela Merkel eine Einladung von Dr. Gabriele Hammermann, der Leiterin der KZ-Gedenkstätte, an. Es war mitten im Wahlkampf und ein Besuch bei einer KZ-Gedenkstätte zwei Wochen vor der Bundestagswahl war kein einfacher Schritt für einen Kandidaten, der gewählt werden wollte. Doch anscheinend hatte Merkel ihren eigenen Kopf. Sie bat darum, in Dachau Überlebende kennenzulernen.

Uri Chanoch und Bundeskanzlerin Angela Merkel, Dachau, 2013

Wir waren fünf Überlebende: drei aus Deutschland und zwei Israelis – mein guter Freund Abba Naor und ich. Der Ort der Begegnung war jener, an dem einst die Duschen des Lagers gewesen waren – ein dunkler, leerer Raum. Das Treffen dauerte ziemlich lange. Angela Merkel war sehr offen und sprach in einer Art, die nicht unbedingt typisch ist für Menschen in ihrer Position. Ich erzählte ihr, dass wir uns schon einmal in Berlin begegnet waren.

»Ich erinnere mich«, sagte sie, »Sie waren mit Herrn Peres da.«

Ich war überrascht.

»Ich habe ein gutes Gedächtnis«, sagte die Bundeskanzlerin lächelnd. Unser Gespräch verlief so mühelos, als würden wir uns täglich sehen. Ich erzählte der Kanzlerin, dass man sie in Israel sehr mochte.

»Vielleicht«, lächelte sie, »aber nicht jeder.«

»Welche Botschaft würden Sie gern nach Israel senden?«

Wieder lächelte sie und sagte: »Bitte schafft einfach Frieden.«

Ich berichtete ihr, dass alle Israelis sich dies erhofften, und sie quittierte es mit einem weiteren Lächeln. Gegen Ende unseres Gesprächs sagte sie: »Ich kann es einfach nicht verstehen, wie die meisten Deutschen dabeistehen und die Verbrechen hinnehmen konnten, die damals begangen wurden.«

Ehe wir auseinandergingen, wagte ich zu fragen, ob sie vielleicht einen Blick auf ein kurzes, eine Seite umfassendes Memorandum werfen könne, das ich vorbereitet hatte und das die Altersversorgung der Gettoüberlebenden betraf. Sie bat mich, das Memorandum einem ihrer Mitarbeiter zu übergeben und versprach, es »gleich heute Abend noch« anzuschauen. Damals dachte ich, ihr Versprechen sei eine Höflichkeitsfloskel gewesen und dass sie den Inhalt des Umschlags, den ich ihrem Mitarbeiter übergeben hatte, sogleich vergessen hätte. Schließlich ist sie eine vielbeschäftigte Frau, besonders jetzt, so kurz vor den Wahlen. Ich weiß nicht, ob mein Memorandum eine Wirkung hatte oder nicht. Vielleicht war es auch Zufall, aber später erfuhr ich, dass die Novellierung des Gettorentengesetzes Teil der Koalitionsvereinbarungen der neuen Regierung war. 2014 wurde das Gesetz tatsächlich novelliert.

Im August 2015 traf ein bewegender Brief von Renesse ein. Er wusste nicht, dass ich bereits todkrank war. Er schrieb, dass er in Litauen gewesen war, und schickte uns im Umschlag das Saatgut eines Baumes mit, der im Land meiner Geburt wächst – in der Hoffnung, dass ich es in unserem Garten aussäen könne. Die Geste dieses edlen, seelenguten Mannes bewegte mich zutiefst.

Im Januar 2014 war ich zu einem Treffen mit Regierungsvertretern und Historikern in Berlin eingeladen, das unter der Schirmherrschaft der »Stiftung Denkmal für die ermordeten Juden Europas« stattfand. Am Abend versammelten sich mehr als 150 Menschen, die meisten Historiker oder Studenten, in der »Stiftung Neue Synagoge Berlin – Centrum Judaicum«.

Der Abend begann zu später Stunde, was in Deutschland eher unüblich ist. Eine attraktive Frau von etwa 50 Jahren betrat das Podium, entschuldigte sich für die Verspätung und stellte mich dem Publikum vor. Wieder erzählte ich meine Lebensgeschichte, woraufhin es viele Fragen gab. Anschließend gingen wir mit ihr zusammen in ein nahe gelegenes Restaurant. Das Gespräch wurde sehr viel persönlicher und war höchst angenehm. Später verabschiedeten wir uns mit Umarmungen und Küssen und ich fragte die Anwesenden, wer denn die Frau gewesen sei.

»Wissen Sie das nicht?« Sie lachten. »Das ist die Beauftragte der Bundesregierung für Kultur und Medien Monika Grütters.«

Ein Jahr später traf ich sie wieder bei der Einweihung des NS-Dokumentationszentrums in München. Sie kam auf mich zu wie eine alte Bekannte und lud mich ein, sie bei ihrem ersten Rundgang durch das Museum zu begleiten. Als wir uns verabschiedeten, versprach ich ihr, dass ich ihr mein Jerusalem zeigen würde, sobald sie einmal nach Israel käme.

Ein Saatkorn Geschichtsbewusstsein und eine Warnung für die Zukunft

Meine wertvollste Arbeit in Deutschland im Laufe der letzten 20 Jahre bestand in den Kontakten, die ich zu jungen Menschen knüpfen konnte. Bei jeder Reise habe ich die Zeit zwischen zwei Konferenzen der Begegnung mit jungen Menschen gewidmet, Gymnasiasten, Studenten und Soldaten. Ich stehe da vor ihnen und erzähle ihnen meine Lebensgeschichte, und auf diese Weise eben die Geschichte des Holocaust. Wenn ich zu ihnen spreche und sehe, wie sie still zuhören, manchmal eine Träne verdrücken, wie sie sich anschließend dicht um mich drängen und mich mit Fragen bestürmen, dann betrachte ich mich selbst als jemanden, der ein Saatkorn für historisches Bewusstsein und Wissen sowie eine Warnung für die Zukunft in die Herzen junger Deutscher pflanzt. Es ist nicht gerade leicht, zwei Stunden lang zu reden und immer wieder die eigene Holocaustgeschichte zu erzählen, doch für mich ist das eine heilige Mission.

Einmal war ich eingeladen, um in einer ziemlich abgelegenen Stadt zu sprechen. Man brauchte mehrere Stunden, um hinzukommen, sodass wir die Nacht dort verbringen mussten. Am nächsten Morgen traf ich mich vor der Veranstaltung mit dem Direktor der Schule, der mir erklärte, dass es sich um eine Berufsschule handele. Er berichtete mir, dass er lange mit sich gerungen habe, ob er mich einladen solle, weil ein Teil der Jungen und Mädchen an seiner Schule Lernschwierigkeiten hätte. Er hatte Sorge, ob sie die Geduld haben würden, einer schwierigen Geschichte wie der meinen zuzuhören.

Nachdem wir die Aula betreten hatten, informierte der Direktor die Schüler darüber, dass diese Stunde nicht verpflichtend sei und dass sie, falls sie nicht zuhören wollten, die Erlaubnis hätten, zu gehen. Wer bleiben wolle, solle sein Handy draußen lassen. Es waren zwischen 80 und 90 Jungen und Mädchen, 17, 18 Jahre alt, die Haare in allen Regenbogenfarben gefärbt, mit Irokesenschnitt, oder Skinheads mit Ringen in Nasen, Ohren und Augenbrauen. Sie hörten mir in vollkommener Stille zu. Ehe ich zum Ende kam, sagte ich etwas, das ich normalerweise nicht sage: »Vielleicht hört ihr, was die Neonazis auf der Straße sagen, und vielleicht klingt deren Botschaft überzeugend und verführerisch. Wenn ihr sie beim nächsten Mal hört, denkt an das, was ich euch erzählt habe und versucht zu verstehen, was in Deutschland geschehen ist.«

Einige der Jungen und Mädchen drängten sich danach um mich und stellten weitere Fragen, solange, bis der Direktor sie zurück in ihre Klassenzimmer schickte. Er lud uns auf eine Tasse Kaffee ins Lehrerzimmer ein und bedankte sich herzlich dafür, dass wir die Mühe auf uns genommen und den weiten Weg von München gekommen waren, um vor seinen Schülern zu sprechen.

»Das war eine Riesenüberraschung für mich«, sagte der Direktor, »ich hätte nie gedacht, dass die Ihnen so konzentriert zuhören würden. Ich bin überzeugt, dass Sie ein Pflänzchen des Verständnisses in ihre Köpfe und Herzen gepflanzt haben, sodass sie verstehen können, was in diesem Land vor über 70 Jahren geschehen ist und was wieder geschehen könnte, und außerdem haben Sie Zweifel in ihnen gesät bezüglich dessen, was sie auf der Straße hören.«

Als meine Kinder auf weiterführende Schulen kamen, bin ich am Holocaust-Gedenktag in ihre Schulen gegangen, um dort den Schülern meine Geschichte zu erzählen. Jetzt mache ich das in den Schulen meiner Enkel. Ich werde außerdem in Schulen im ganzen Land eingeladen und bin immer darauf vorbereitet, in die entferntesten Winkel des Landes zu fahren. Als mich der Direktor der Schule von Ramat haGolan einlud, bin ich sechs Stunden dort hin und wieder zurückgefahren.

Am liebsten spreche ich vor unseren Soldaten. Ich erzähle ihnen die Geschichte des Palmach und wie wir monatelang in den Bergen von Jerusalem gekämpft haben, nach lediglich wenigen Tagen Ausbildung und mit lächerlich wenigen Waffen – und wie wir trotz dieser Schwierigkeiten niemals aufgegeben haben. Eines Tages lernte ich den Kommandanten eines Luftwaffenstützpunktes kennen und er erinnerte mich daran, wie ich vor 25 Jahren vor den Kadetten seines Jahrgangs gesprochen hatte. Er besaß ein gutes Gedächtnis und wiederholte meine Geschichte bis ins kleinste Detail. Das hat mich sehr berührt und erfreut.

Der erste Premierminister, der sich um die Überlebenden kümmert

Im Jahr 2008, nachdem der Dachverband der Holocaust-Überlebenden in Israel sich bereits seit fünf Jahren mit zahlreichen Aktivitäten für die Interessen der Überlebenden eingesetzt hatte, ohne wirklich etwas erreicht zu haben, beschlossen wir, vor der Knesset eine Demonstration zu organisieren. Jemand schlug vor, dass all jene Überlebenden, die ihre gestreifte Häftlingskleidung aufbewahrt hatten, diese während des Protestes tragen sollten. Ich lehnte ab, da ich befürchtete, dies könne eines der Symbole des Holocausts profanieren. Doch andere dachten anders und so trugen einige Demonstranten tatsächlich ihre gestreiften Sachen.

Während sich draußen ein starker Protest entlud, baten Premierminister Ehud Olmert und Finanzminister Roni Bar-On zwölf Vertreter der Organisationen zu einem Gespräch in einen der Konferenzräume. Zwei Stunden lang saßen sie mit uns zusammen und hörten geduldig zu. Einige erhoben ihre Stimmen und die Bitternis ihrer Herzen strömte nur so aus ihnen heraus, andere sprachen sehr ausführlich.

Als ich an der Reihe war, als Letzter, habe ich mich gefragt, ob es da noch etwas hinzuzufügen gebe. Während die anderen sprachen, dachte ich außerdem daran, wie gering die Entschädigungszahlungen waren, die Israel von Deutschland erhalten hatte, in Relation zu dem, was das Land hätte zahlen müssen, und dass wir nun von unserer Regierung erwarteten, dass sie uns für die Verbrechen, welche die Deutschen an uns begangen hatten, entschädigten. Doch hatten wir eine Chance? Ich beschloss, trotzdem zu sprechen. Ich sprach nicht über mein Leben im Getto und im Konzentrationslager, ich sprach lediglich über das Jahr nach meiner Befreiung aus Dachau und wie ich hier in diesem Land angekommen war, wo ich zusammen mit meinen Kampfgefährten in genau dieser Stadt hier, nicht weit weg von der Knesset, für die Errichtung dieses Staates gekämpft hatte. Ich erzählte, dass es viele wie mich gegeben habe, von denen nicht alle die Schlachten überlebt hatten. Ich berichtete, wie wir damit gerungen hatten, uns in den folgenden Jahren ein neues Leben aufzubauen, und wie gleichgültig und falsch die Haltung der jeweiligen israelischen Regierung uns gegenüber immer gewesen war.

Olmert und Bar-On schienen aufmerksam zuzuhören, doch wir waren in der Vergangenheit so oft enttäuscht worden und dachten, dass eine solche Haltung seitens eines Premierministers auch Ausdruck seines guten Benehmens sein könnte und seines Wunsches, eine angenehme Atmosphäre zu schaffen. Dann gingen sie aus dem Raum. Als sie wenige Minuten später zurückkehrten, beendete der Premierminister das Gespräch mit dem Versprechen, sich um die Überlebenden zu kümmern. Er versprach, ein Komitee einzurichten unter der Führung der Richterin Dalia Dorner, welches den Sachverhalt prüfen und Empfehlungen aussprechen sollte, wie man den Überlebenden helfen könne, und er betonte, dass die Entscheidungen des Komitees die Regierung zum Handeln verpflichten sollten.

Viele Stunden lang saßen wir mit den Mitgliedern dieses Komitees fortan zusammen und beantworteten zahlreiche ihrer Fragen. Am Ende der Gespräche wandte sich Richterin Dorner an mich.

»Sag mal, Uri«, fragte sie, »was denkst du könnte eine angemessene Rente sein?«

Ich zögerte einen Moment lang. Aus meiner geschäftlichen Erfahrung wusste ich, dass ich bei überzogenen Forderungen am Ende weniger bekommen würde, zumindest in den meisten Fällen war es so. Also sagte ich: »Ich denke, ihr solltet unsere Rente derjenigen gleichstellen, welche Deutschland an jene gezahlt hat, die nicht sofort hierhergekommen sind, vor der Staatsgründung im Jahr 1948. Die israelische Regierung sollte eigentlich das Gleiche zahlen wie die deutsche.«

Das Komitee legte seine Vorschläge der Regierung vor und Ehud Olmert, diesem klugen und gesitteten Mann, muss es hoch angerechnet werden, dass er der erste Premierminister war, der auf die Anliegen der Überlebenden eingegangen ist. Zusammen mit seinem Finanzminister Roni Bar-On leitete er ein Gesetz in die Wege, das die Situation der Holocaust-Überlebenden maßgeblich verbesserte und das für sie sorgte. Doch es gibt nach wie vor eine große Zahl von Menschen, die keine Wiedergutmachung erhalten. Das sind die »vergessenen Überlebenden«, Menschen, die zur Zeit des deutschen Einmarsches in der Sowjetunion lebten oder die zu Beginn des Zweiten Weltkriegs nach Russland geflohen waren, die Mitglieder ihrer Familie verloren haben und ihre Häuser, ihren Besitz und die nach großem Leid gerettet worden sind. Die meisten von ihnen sind alte Menschen, die vollkommen mittellos und von Armut geplagt sind. Auch um diese Menschen muss man sich kümmern.

Einige Jahre vergingen, bis im Mai 2015 in der Oper während der Pause ein mir bekannt vorkommender Mann auf mich zukam, an dessen Namen ich mich nicht erinnern konnte. Er bemerkte meine Verlegenheit und lächelte.

»Ich bin Roni Bar-On«, sagte er, »und ich bin glücklich, Ihnen heute hier über den Weg zu laufen, denn seit Jahren will ich Ihnen schon etwas sagen. Erinnern Sie sich, wie wir in der Knesset zusammensaßen und uns unterhalten haben, während draußen eine laute Demonstration vonstattenging? Die Vertreter von Überlebenden-Organisationen haben lange gesprochen und Sie, Uri, waren als letzter dran. Sie haben nichts davon erzählt, was Ihnen während des Krieges zugestoßen ist, sondern stattdessen über das, was mit den Überlebenden geschehen ist, nachdem sie hierherkamen, nach Israel. Als Sie damals zum Schluss kamen, sagte Ehud zu mir: ›Roni, lass uns kurz mal nach draußen gehen.‹ Draußen sagte er dann: ›Hast du diesen Mann gehört? Seine Ausführungen haben mich wirklich überzeugt davon, dass wir etwas tun müssen, um diese ungerechte Situation endlich zu beenden.‹«

Überrascht sah ich Roni Bar-On an. »Wegen mir?«

»Ja, wegen Ihnen, und ich bin überglücklich, Sie getroffen und Ihnen das erzählt zu haben.«

Es war eine Quelle der Befriedigung für mich, dass ich helfen konnte, in dieser lebenswichtigen Angelegenheit die Dinge in Ordnung zu bringen. Es war ein bewegender Moment der Genugtuung.

Im Januar 2015 fand im Berliner Hilton Hotel eine Konferenz von rund 300 Holocaust-Überlebenden statt, die damals noch Kinder gewesen waren. Am Abend lernte ich in der Lobby eine gut aussehende, elegante Frau kennen, die mir erzählte, dass sie in Paris geboren sei und mit ihrer älteren Schwester an eine französische Familie übergeben worden sei, welcher dafür, dass sie für die Kinder sorgen wollte, eine regelmäßige Entlohnung gezahlt worden war. Als aber die Eltern verschwanden und die Zahlungen aufhörten, wurden die Schwestern aus dem Haus geworfen und standen von da an auf der Straße, ganz allein. Die Ältere nahm die Jüngere mit hinunter in die Metrostation, um dem Schnee und der Kälte zu entkommen und um Geld für Essen zusammenbetteln zu können.

Ich hörte ihr zu und stellte mir zwei kleine Mädchen in einer Pariser Metrostation vor, allein, hungrig, verloren und hilflos. Sie war damals fünf Jahre alt und ihre Schwester erst sieben. Zu ihrem Glück wurden sie von einer gutherzigen Frau aufgenommen, der die beiden aufgefallen waren und die gleich wusste, was mit ihnen los war und was aus ihnen werden würde, wenn sie weiterhin in der Metrostation blieben. Nach dem Krieg waren sie nach Australien gezogen und sind von dort zu dieser Konferenz gekommen. Ich betrachtete die Frau und fragte mich, welches Geld dieser Welt sie je für ihre verlorene Kindheit und den Verlust ihrer Eltern würde entschädigen können. Ihre Geschichte war nur eine von vielen, die ich an jenem Abend der Konferenz mit den Vertretern des Bundesfinanzministeriums zu hören bekam.

Am nächsten Tag kamen die Mitglieder des Verhandlungsgremiums in einem der Konferenzräume des Ministeriums zusammen. Ich betrachtete das schicke, moderne Mobiliar und die Behördenvertreter in ihren grauen Maßanzügen. Welches Verständnis würden diese Menschen für die Kinder haben, in deren Namen wir Schadensersatzzahlungen forderten? Was diese Kinder während des Holocausts erlitten haben, ist in der heutigen Realität unvorstellbar. Wir forderten den Erlass eines Gesetzes, das jeden, der während des Krieges als Kind benachteiligt gewesen ist, entschädigen sollte. Die Ministerialbeamten schlugen vor, dass die Überlebenden ihre Klagen einreichen mögen, unterstützt von Dokumenten, welche beweisen sollten, dass sie unter körperlicher Versehrtheit oder psychischen Verletzungen litten.

Ich konnte nicht länger an mich halten und brüllte: »Was glauben Sie, ist mit Kindern passiert, die in Verstecken leben mussten, die ohne Eltern aufgewachsen sind oder vielleicht gar nicht wussten, wo ihre Eltern waren? Brauchen Sie wirklich Beweise, dass diese Menschen psychische Traumata erlitten haben oder dass ihre Gesundheit deshalb beeinträchtigt ist?«

Es herrschte auf einmal Stille im Raum. Die Beamten erleben es nicht so oft, dass seriöse Menschen während Verhandlungen ihre Stimme erheben. Ich aber habe mich darum nicht geschert.

Am Ende eines langen Verhandlungstages wurde ein Kompromiss erzielt, der in meinen Augen ein Fehler war. Anstatt der 5000 Euro, die das Finanzministerium nach der Vorlage von Dokumenten zu zahlen bereit gewesen war, beschloss man nun, dass 2500 Euro gezahlt werden sollten, ohne dass zur Bestätigung weitere Dokumente vorgelegt werden sollten – eine beschämend kleine Summe für jemanden, der seine Eltern und seine Kindheit verloren hat. Dennoch war ich der Einzige, der dagegen war. Meine Partner in der Debatte dachten anders, vielleicht, weil ihnen klar geworden war, dass die Deutschen des Zahlens müde waren. Wären diese Forderungen einige Jahre vorher gestellt worden, als noch eine größere Bereitschaft herrschte, die Versäumnisse der Vergangenheit zu korrigieren, wären wir womöglich erfolgreicher gewesen und hätten mehr erreicht.

Ein Gedicht und ein Stück Schokolade, versteckt in meinem Pyjama

Ich bin Mitglied von zehn Organisationen, außerdem von zahlreichen Vereinen und Komitees. Aus diesem Grund reise ich oft von einem Ort zum nächsten, von einer Konferenz zur anderen, und wenn ich abends nach einem langen Tag heimkomme, fragt Judith mich oft: »Warum tust du das? Ist es nicht an der Zeit, damit aufzuhören? Damit du Zeit hast für die Dinge, die du so liebst, Lesen zum Beispiel, am Strand spazieren gehen, oder im Café sitzen, einfach ein bisschen Auszeit zum Faulenzen. Schließlich währt ein Leben auch nicht ewig …«

»Ich tue alles, was nötig ist, damit ich Türen öffnen kann«, antwortete ich.

Im Laufe der Jahre habe ich gelernt, dass es einfacher ist, anderen zu helfen und Vorhaben umzusetzen, wenn man Menschen persönlich kennenlernt. Neben meinem Bedürfnis zu helfen, habe ich Menschen kennengelernt, die ich unter anderen Umständen niemals kennengelernt hätte; und wenn ich etwas für andere Notwendiges erreicht habe, so ist das sinnvoller als eine Stunde der Ruhe oder irgendein anderer angenehmer Zeitvertreib.

Wenn ich allein zu einer Konferenz ins Ausland reise, dann versteckt Judith immer ein paar Bonbons oder eine Tafel Schokolade in meinem Schlafanzug, zusammen mit einem Brieflein, manchmal auch mit einem kleinen Gedicht, in dem sie mich bittet, nicht immer so viel herumzurennen und besser auf mich zu achten. Ehe ich im Hotelzimmer in einer fremden Stadt einschlafe, suche ich nach dem Betthupferl, das sie für mich versteckt hat. Das Folgende stand auf einem Zettel, den Judith einmal in meinem Koffer versteckt hat, ehe ich nach Vilnius reiste:

Wieder einmal bist du in Vilnius in heiliger Sache
mit historischen Beweisen und überzeugender Rede
ein Kämpfer für die jüdische Sache
mit deiner Zunge schlägst du die bösen Litauer.

Anstatt in den Norden zu reisen
um in eine warme Quelle einzutauchen
bist du immer weit fort auf wichtiger Mission.
Zu beschäftigt, um dich mit derlei Quatsch zu verwöhnen
eilst du Tag für Tag auf die nächste Versammlung
von allerhöchster Bedeutung.
Vergiss bitte nicht auf dich selbst achtzugeben.
Pass auf, wenn du die Straße überquerst.
Nimm dich vor Taschendieben in Acht
und vor falschen Taxifahrern
die schon bei deinem Anblick glücklich sind.

Nun schlaf gut und sicher von Kopf bis Fuß,
die Schokolade kommt von Herzen und mit einem Kuss.

Zu Beginn meiner Arbeit für die Interessen der Holocaust-Überlebenden bin ich ausschließlich auf europäische Konferenzen gefahren. Eines Tages erhielt ich einen Anruf des Ministers für Rentenangelegenheiten, Rafi Eitan[45], der mich bat, nach Jerusalem zu kommen. Man teilte mir mit, dass ich als einer von zwei Regierungsvertretern für die Conference on Jewish Material Claims Against Germany ausgewählt worden sei. Es war meine erste Begegnung mit Rafi Eitan, und diese Berufung überraschte mich. Mit der Zeit wurde meine Beziehung zu Rafi Eitan, der ein besonderer Mann war, und seiner warmherzigen, charmanten Frau Miriam eine Freundschaft.

Als ich in New York zum ersten Treffen der Claims Conference eintraf, erfuhr ich dort, dass diese Organisation, ein Zusammenschluss vieler wichtiger jüdischer Organisationen, 1951 in New York gegründet worden war, um Entschädigungsansprüche jüdischer Opfer des Nationalsozialismus und Holocaust-Überlebender zu vertreten.

Im Lauf der Jahre handelte die Claims Conference Entschädigungszahlungen für gestohlenen öffentlichen jüdischen Besitz aus, später für jüdisches Privateigentum ohne bekannte Erben in Deutschland und den im Krieg eroberten Gebieten. Im Lauf der Zeit summierten sich die Zahlungen an den Fonds auf viele Millionen Dollar, die den Überlebenden des Holocaust zugutekommen sollten.

Bei meinem ersten Treffen stellte ich zu meiner Überraschung fest, dass es keine angemessene israelische Vertretung dort gab. Das war schon seit Jahren der Fall, obwohl die Mehrheit der Überlebenden in Israel lebt. In der Zwischenzeit hat sich das geändert und die Vereinigungen, die die Überlebenden in Israel repräsentieren, sind mit einbezogen worden. Einer von ihnen war Reuven Merhav, der Staatssekretär im Außenministerium war und heute Vizepräsident der Claims Conference ist. Er ist ein kluger, geistreicher Mann, dem ich in warmherziger Freundschaft verbunden bin. Die andere Repräsentantin war die Diplomatin Colette Avital, die von 1992 bis 1996 Generalkonsulin in New York gewesen ist. Vor einigen Jahren wurde sie zur Vorsitzenden des

45 Rafi Eitan (1938–2019) war ein israelischer Geheimdienstoffizier, unter anderem verantwortlich für die Operation des Mossad, die zur Verhaftung von Adolf Eichmann führte. Von 2006 bis 2009 vertrat er die Partei »Israelische Rentner in die Knesset« im Parlament und war Minister unter Ehud Olmert.

Dachverbands der Holocaust-Überlebenden in Israel gewählt. In dieser Position hat sie für die Situation der Überlebenden dank ihres Fleißes und ihrer diplomatischen Fähigkeiten sehr viel erreicht.

Auch andere Mitglieder der Claims Conference lernte ich kennen und freundete mich mit ihnen an, so auch mit Julius Berman, einem bekannten New Yorker Anwalt, der seit 2014 Präsident der Claims Conference ist. Zu ihm hatte ich eine besondere Affinität, da er ebenfalls Litvak ist. Außerdem gab es auch Amerikaner und Kanadier, die sich für Überlebende engagierten, obwohl sie selbst erst nach dem Krieg auf die Welt gekommen waren. Unter ihnen war der Mäzen Ron Lauder, der seit 2007 Präsident des World Jewish Congress ist, Bill Hess aus New Orleans, ein freundlicher Mann mit einem ausgeprägten Sinn für Humor, und Alan Pines, ein Immobilienmakler aus New Jersey – ein besonderer Mann, klug, großzügig, offenherzig, der zu einem guten Freund geworden ist. Ich kann die Zeit und die Energie, die all diese Menschen für dieses wichtige Anliegen aufbrachten, nicht hoch genug schätzen, und es ist mir jedes Mal eine große Freude, ihnen zu begegnen, wenn ich nach New York komme; es ist eine große Freude, wenn wir gemeinsam etwas erreichen können, um den Überlebenden in den letzten Jahren ihres Lebens helfen zu können.

Die Claims Conference unterstützt nicht nur bedürftige Holocaust-Überlebende, sondern sie finanziert auch Altenheime und unterstützt Krankenhäuser, da unter den Patienten und Bedürftigen viele Überlebende sind. Diese Organisation bringt sehr vieles zuwege, doch es scheint nie genug. Immer noch leben Überlebende in kläglicher Armut und es ist eine Schande, dass wir nicht in der Lage gewesen sind, ihnen ein sicheres und angenehmes Alter zu ermöglichen.

Ich war hocherfreut, als Julius Berman mich bat, bei den Verhandlungen über die Rückgabe von öffentlichem jüdischem Besitz in Litauen als einer der Repräsentanten dabei zu sein. Ich hatte diese Frage bereits zusammen mit meinen Kollegen der World Jewish Restitution Organisation bearbeitet, doch bisher ohne Erfolg, weshalb ich mir von einer Kooperation beider Organisationen einen Fortschritt in dieser Sache erhoffte. Auf der nächsten Reise nach Litauen begleitete mich Rabbi Andy Baker und ich hoffte, dass wir mit amerikanischer Unterstützung die historische Ungerechtigkeit des Raubs von jüdischem Eigentum wiedergutmachen könnten.

Als Vertreter all meiner Vorfahren

Als ich erstmals zu Verhandlungen in Litauen eintraf, war es der Beginn einer neuen Ära. Die Sowjets waren abgezogen, das Land war wieder unabhängig. Litauen schien bereit zu sein, Verantwortung für die Taten der Vergangenheit zu übernehmen. Ich hatte das Gefühl, mit der von mir übernommenen Rolle einen Zauberstab in der Hand zu haben, der es mir ermöglichte, Druck auf die Litauer auszuüben, damit sie Schadensersatz leisteten für die schrecklichen Ungerechtigkeiten, die hier begangen worden waren. Ich sehnte die Gelegenheit herbei, sie mit ihrer Vergangenheit zu konfrontieren. Ich glaubte, zwei Generationen später würden sie sich zu den Verbrechen ihrer Vorfahren bekennen und versuchen, Entschädigungen zu zahlen für die Morde und Diebstähle, die immer noch am besten dieser Bibelvers beschreibt: »Du hast gemordet und zugleich geerbt.« Ich erwartete, dass sie den Besitz, der den 140000 Juden während des Krieges und danach weggenommen worden war, den rechtmäßigen Eigentümern zurückgeben würden.

An einem verregneten Morgen trafen wir im Büro von Premierminister Algirdas Brazauskas ein. Einige höhere Beamte und Vertreter des Finanzministeriums warteten bereits. Viele von ihnen waren Menschen zwischen 40 und 50, mit guten Umgangsformen und exzellent gekleidet. Ich war als einziger Litvak in der Delegation sehr angespannt. Mir kam es so vor, als stünden hinter mir all die großzügigen, freundlichen Juden, die ihr Geld gespendet hatten, um Synagogen, Waisenhäuser, Schulen und Krankenhäuser für ihre Gemeinden zu bauen, so wie das wunderschöne Krankenhaus, in dem ich geboren wurde. Mir war, als hörte ich sie mir ins Ohr flüstern: »Sprich! Wir haben so lange darauf gewartet« … Ich hatte mein Litauisch verlernt, aber die meisten Anwesenden sprachen Englisch und uns stand ein kompetenter Übersetzer zur Verfügung. Unser Ziel war es, die Rückgabe allen jüdischen Eigentums zu fordern, welches nach dem Zerfall der Sowjetunion in die Hand der Regierung gefallen war als den Erben der sowjetischen Verwaltung.

Zuerst lehnten die Litauer Reparationszahlungen aufgrund ihrer miserablen ökonomischen Situation ab. Später, als sie im Begriff waren, der Europäischen Union und der NATO beizutreten, baten sie darum, noch so lange zu warten, bis ihre Mitgliedschaft bestätigt sei, und versprachen, angemessene Reparationen zu leisten, sobald sich ihre ökonomische Situation verbessert habe. Im Rückblick war dies eine offensichtliche Vermeidungstaktik. Vielleicht hätten sie, wenn wir den Druck erhöht und gedroht hätten, uns ihrem Beitritt zur EU zu widersetzen, keine andere Wahl gehabt als eine Vereinbarung zur Rückgabe von Eigentum zu unterzeichnen. Wie auch immer, wir haben nichts dergleichen unternommen, da wir noch immer glaubten, sie würden einer Rückgabe von Eigentum oder wenigstens einer Zahlung von Entschädigungen zustimmen, so wie viele europäische Länder es getan hatten.

Die Litauer haben es weder rundheraus abgelehnt, zu zahlen, noch haben sie gesagt: »Nein, wir geben nichts zurück.« Sie haben immer den Eindruck erweckt, dass sie unser Recht auf Entschädigungszahlungen nicht bestreiten würden. Nach vielen Begegnungen jedoch wurde uns klar, dass hier niemals eine Chance auf Rückgabe von Privateigentum bestehen würde. Später versprachen sie, dass Menschen mit litauischem Pass einen Anspruch auf ihren Besitz erheben dürften. Als sie dann bemerkten, dass einige Litvaks zu diesem Zweck die litauische Staatsbürgerschaft beantragten, wurden die Bedingungen verschärft und nur noch Litauer, die tatsächlich in Litauen wohnten, durften Besitzansprüche stellen. Sie wussten ganz genau, dass Juden niemals in Litauen würden leben wollen, nur um ihren Besitz zurückzuerhalten. Kein anderes Land in Europa verlangte, dass Juden zurückkehren und dort leben müssen, um ihre Häuser zurückzuerhalten, die ihre Familien einst verlassen mussten. Aufgrund dieser Bedingungen der litauischen Regierung beschlossen wir, uns mit unserer Klage auf das öffentliche Eigentum wie Schulen, Waisenhäuser und Krankenhäuser zu konzentrieren.

Ich weiß nicht mehr, wie oft ich aus diesem Grund nach Litauen gereist bin. Ich habe in zahlreichen Konferenzen mit Vertretern der litauischen Regierung gesessen und es ist niemals etwas dabei herausgekommen. Niemals haben die Litauer die Verantwortung übernommen für all die Morde, welche ihre Eltern und Großeltern an ihren jüdischen Nachbarn verübt haben, und aus diesem Grund ist es ihnen auch niemals in den Sinn gekommen, die zahlreichen schönen Gebäude, welche Mitglieder der jüdischen Gemeinden im ganzen Land gebaut hatten, an deren rechtmäßige Besitzer zurückzugeben. Regierungen kamen und gingen, und jede von ihnen hatte andere Gründe, warum sie den Abschluss der Verhandlungen bezüglich des jüdischen Besitzes ablehnten und Vereinbarungen, welche die Rückgabe an die Besitzer regeln sollten, nicht unterzeichneten.

Jahrelang habe ich versucht, jeden hochrangigen israelischen Politiker, der nach Litauen reiste, über die Haltung dieses Landes gegenüber den Juden und seine Politik hinsichtlich Reparationszahlungen aufzuklären. Ich hoffte, dass einer von ihnen erfolgreich darin sein würde, die Litauer davon zu überzeugen, dass sie ihre Ablehnung aufgeben sollten.

Ich traf mich mit unserem Präsidenten Reuven Rivlin, als er Sprecher der Knesset war, und mit Juli-Joel Edelstein, Minister für Alija und Integration, und anderen, ehe sie dorthin reisten. Ich glaubte, dass sie vielleicht etwas erreichen könnten, doch nichts half und die Haltung der Litauer in dieser Angelegenheit blieb unverändert.

Im Jahr 2008 bat mich Rafi Eitan, ihn auf eine Reise nach Lettland und Litauen zu begleiten, wo er versuchen wollte, die Verhandlungen über die Rückgabe von jüdischem Eigentum voranzubringen, in der Hoffnung, dass die Einbeziehung einer bekannten israelischen Persönlichkeit helfen könnte. Die Reise mit Rafi und Miriam Eitan war sehr bewegend, vielleicht, weil ich diesmal zum ersten Mal auch Ponary besuchte, das Massengrab des litauischen Judentums. Der Respekt und die Wertschätzung, welche die Premierminister von Lettland und Litauen dem israelischen Minister Rafi Eitan entgegenbrachten, beeindruckten mich und weckten in mir die Hoffnung, dass dieser Besuch nun endlich die Wende bringen würde.

Zwischen Rafi, Miriam und mir entwickelte sich im Lauf der Reise eine besondere Beziehung. Es war, als wären wir für ein paar Tage von dieser Welt abgeschnitten und auf einem anderen Planeten gelandet. Dennoch erwiesen sich all die festlichen Zeremonien und Versprechungen später als leere Worte, die Litauer änderten ihre Position in keiner Weise und lehnten die Rückgabe von jüdischem Besitz oder Ausgleichszahlungen weiterhin kategorisch ab.

Das Folgende ist ein Auszug aus Miriam Eitans Tagebuch, das sie während der Reise nach Litauen und Lettland führte. Hier sind ihre Worte:

> Als Rafi Eitan, Minister für Rentenangelegenheiten, verantwortlich war für die Verhandlungen über die Rückgabe jüdischen Besitzes durch osteuropäische Länder, unternahm er mehrere Reisen. In jedem Land stand ihm ein sachkundiger Mann von Ansehen zur Seite, einer der Überlebenden aus dem jeweiligen Land. Auf diese Weise kam er in den Genuss der Hilfe von Moshe Nativ in Rumänien und Moshe Sanbar in Ungarn.
>
> Während der Reise nach Litauen im Mai 2008 war Uri Chanoch der Mann, der im Grunde die Mission anführte. Ich begleitete Rafi wegen seines Alters und seiner Sehbehinderung, aber ich war nicht Mitglied des Teams, sodass ich Zeit hatte, alles zu beobachten und aufzuzeichnen.

28. Mai 2008

Uri Chanoch ist ein großer und beeindruckender Mann. Wir begegneten uns zum ersten Mal. Uri begleitete uns und erzählte während der ganzen Reise seine Geschichten. Ich hatte viele Fragen, die er mir beantwortete. Wir profitierten von seinem Beitrag zu dieser Reise. Ich bereue es nicht, die beiden begleitet zu haben, und ich fühle mich auch nicht mehr überflüssig, auch wenn ich kein Mitglied der Delegation bin.

Auch ich glaube nicht, dass sie Erfolg damit haben werden, in diesem antisemitischen Land Schadensersatz zu erhalten für den verlorenen jüdischen Besitz. Für mich sind Lettland und Litauen nicht mehr Namen auf Wegweisern, sondern Realität. Die Geschichten, Erinnerungen, die Historie, die ich einst gelernt und längst vergessen hatte, die Bücher, die ich künftig lesen werde, sind nun mit etwas verbunden, mit Gegenden und ihren Landschaften, mit Identitäten, geografischen Orten, Farben, Gerüchen, Wirtschaft, Politik und in allererster Linie mit einer Vergangenheit. Das litauische Jerusalem ist nun kein leerer Name mehr für Vilnius und auch der Gaon von Vilnius[46] ist nicht mehr nur ein Name.

140 000 litauische Juden, Mitglieder blühender Gemeinden, gebildet und dynamisch, nicht unbedingt religiös, sondern zum überwiegenden Teil weltliche Juden, Bewohner von Städten und kleineren Orten, sie alle kamen im Holocaust ums Leben – mit der Ausnahme von 24 000 Überlebenden. Manche wurden von ihren litauischen Nachbarn mit Äxten und Macheten erschlagen. Andere wurden bei lebendigem Leibe in Synagogen, in denen sie zusammengetrieben und eingesperrt wurden, verbrannt, doch die meisten von ihnen wurden auf großen Feldern, die zu Massengräbern wurden, systematisch ermordet – 140 000 friedliebende Bürger, die 1939 noch glaubten, im Paradies zu leben. Ich schloss vor allem durch Uris Geschichten im Lauf der Reise Bekanntschaft mit ihnen.

Wir sind erst seit zwei Tagen unterwegs und bereits jetzt habe ich so viel erfahren. Jetzt endlich finde ich die Zeit, Tagebuch zu schreiben und darin Zeugnis abzulegen von dem, was sich hier ereignet hat; möge es nicht nur ein aufmerksames Ohr finden, sondern auch

[46] Elijah ben Salomon Salman, bekannt als der »Gaon von Vilnius«, war der führende Vertreter des aschkenasischen Judentums litauischer Prägung und ein Gegner des Chassidismus.

ein verstehendes Herz. Uris Geschichten über seine Familie haben mich sehr ergriffen. Während wir auf der Straße alle zusammen im sicheren Auto saßen, begleitet von vier Polizeiwagen mit Sirene und Blinklicht vor und hinter uns, erinnerte Uri sich an seine glückliche Kindheit und das wunderschöne Leben, das sie hier hatten, wie im Paradies auf Erden. Sie hätten niemals gedacht, am Rand eines aktiven Vulkans zu leben. Ich höre Uri zu und nehme dabei nicht nur seine Worte wahr, sondern auch seine Sehnsüchte, seinen Schmerz, die intensiven Beschreibungen seiner Familie, seine Zornesausbrüche über das, was dort geschehen ist – all dies machte diese Reise für mich so real und so bedeutend.
Heute war es besonders emotional. Seit dem Morgen sind wir von einer Konferenz zur nächsten gerast, von einem Regierungsbüro zum nächsten, von einem großen Haus zum nächsten, angefangen beim Büro des stellvertretenden Außenministers über das Justizministerium und weiter zum Verein der Freunde Israels im Parlament und zu anderen Büros, an die ich mich nicht mehr erinnere. Überall saßen die Delegationen auf beiden Seiten langer Tische. Mein Platz war an der Ecke einer Seite, und nachdem jeder sich und seine Funktion vorgestellt hatte, erklärte Rafi meine Anwesenheit und sagte: »Seit ich 80 geworden bin, begleitet meine Frau mich auf all meinen Reisen.« Die Konferenzen waren brisant und spannungsgeladen, trotz der Aura der Diplomatie. Zum ersten Mal kamen auf einem Treffen scharfe Argumente zur Sprache sowie die »Kleinigkeit«, aus der Rückgabe wenigstens eines geringen Teils des jüdischen Besitzes ein großes Thema zu machen.
Uri nahm an allen Begegnungen teil und war der Hauptredner, den Ministern und ihren Stellvertretern zugewandt, die meist junge, wohlgenährte Menschen waren und eine diplomatische Sprache guten Willens beherrschten, die durchsetzt war von einer Aura aus verdecktem Antisemitismus. Dagegen behauptete sich Uri – ein stolzer, beeindruckender Charakter, der ihre Forderungen bestritt und eine nach der anderen zerschlug. Als sie erklärten, sie würden in Treu und Glauben verhandeln, erklärte er ihnen, in welchem Maße sie gerade arglistig verhandelten. Als sie argumentierten, es gebe einen Streit innerhalb der jüdischen Gemeinde, erinnerte Uri sie daran, dass sie einen bestimmten Rabbi instrumentalisierten, der ihnen einige Synagogen abgepresst habe und den sie als Feigenblatt benutzen würden, um die Wahrheit zu verdecken, dass 80 Prozent der jüdischen Bürger Litauens zwischen den beiden Weltkriegen säkular

gewesen seien, gebildet, gleichwertige Partner im litauischen Staatsgebäude, ihrer gemeinsamen Heimat.
Immer wieder erinnerte er sie daran, dass die Rückgabe einiger weniger Synagogen an dieselbe Person nur ein Ausweichmanöver sei hinsichtlich des wirklichen Problems. Wie konnte es sein, dass nach dem Krieg Privateigentum an alle früheren Besitzer zurückgegeben wurde, nur nicht an die Juden? Wie konnten sie ihn mit den immer gleichen lahmen Ausreden abweisen, die sie schon in all den Jahren benutzt hatten, die er nun in dieser Angelegenheit tätig ist? Nun war es endlich an der Zeit, ihn nicht länger zu vertrösten. Er ist die dritte Generation nach seinem Großvater, welchem der Besitz gehörte, und nach der dritten Generation bestehen keine Rechtsansprüche mehr. Diese dritte Generation, sagte er, sei gerade noch eine Handvoll Überlebender, die noch da seien, alle längst über 80 Jahre alt.
Die Formulierungen änderten sich ein wenig von Konferenz zu Konferenz. Die Art von Verantwortung und Beteiligung der örtlichen Diplomaten, mit denen die Delegation sich traf, unterschied sich ein bisschen, doch der Geist dessen, was gesagt wurde, war der Gleiche – dies ist die letzte noch verbleibende Gelegenheit, etwas zu tun, das Recht der wenigen Überlebenden anzuerkennen, wenigstens teilweise, eine neue Brücke der Beziehungen zwischen den beiden Nationen, den beiden Ländern zu bauen. Als das letzte Treffen vorbei war, reisten wir ab und fuhren nach Ponary[47].
Ich wusste nicht, wo Ponary lag. Noch nie hatte ich davon gehört oder darüber gelesen, was wirklich dort geschehen ist, abgesehen von dem Lied:

Still, still, mein Sohn, sei still!
Still, still, mein Sohn!
An diesem Ort wachsen Gräber,
gepflanzt von denen, die hassen.

An jenem Tag fiel mir der Text des Liedes wieder ein, Wort für Wort:

47 Ponar, wie der Ort in der Jiddisch sprechenden jüdischen Gemeinde von Vilnius hieß (Ponary auf Deutsch und Paneriai auf Litauisch), ist ein Vorort von Vilnius. Nach der deutschen Besatzung, die im Juli 1941 begann, wurde das Gebiet zum zentralen Schauplatz des Massenmords. Hier wurden vor allem Juden, aber auch Russen, Polen und Litauer ermordet.

Hier sind die Wege,
die nach Ponary führen,
einen Weg zurück nach Hause gibt es nicht,
Vater haben sie dorthin gebracht, nie kam er zurück,
und mit ihm ging auch unser Licht von uns.

Ich glaube, das war das erste Lied, das uns in Israel nach dem Holocaust erreichte, zusammen mit ersten, frühen Berichten über das Geschehen – damals war ich ein neun- oder zehnjähriges Mädchen. Aus irgendeinem Grund habe ich immer angenommen, Ponary sei in Russland.

Während wir von Büro zu Büro rasten, von einem großen Haus zum nächsten, von einem Diplomaten zum nächsten, in unserem kugelsicheren Auto, erkundigte ich mich bei den Menschen um mich herum, ob irgendjemand von ihnen das Lied kannte. Die 60-Jährigen (Ella Bar-Or) konnten sich nicht mehr daran erinnern, und die 30-Jährigen (Rafis Mitarbeiter Eran Mosel) hatten noch nie davon gehört. Rafi hatte noch eine vage Erinnerung, aber nicht mehr an die Melodie. Auf einmal hatte ich das Gefühl, dieses Lied mit allen um mich herum teilen zu müssen, als wenn nur dieses Lied genug Kraft besäße, zu vermitteln, was dort geschehen war; doch ich selber war mir nicht vollständig bewusst, was genau dort vonstattengegangen war und auf welche Weise, außer dass ich wusste, dass es wirklich schrecklich war.

Auch wenn ich mein Bestes versuche, so kann ich doch unseren Besuch in Ponary nicht wirklich beschreiben. Es war eine jener von der Realität erzeugten Situationen, die stärker sind als jedes ersonnene Ereignis. Die enge Straße war überfüllt mit Fahrzeugen und Polizeiwagen, die mit Warnlicht vor uns herfuhren und den Verkehr umleiteten, um den Weg für uns frei zu machen. Wir flogen dahin, begleitet von dieser Eskorte aus roten und blauen Lichtern, während die Fahrer der entgegenkommenden Fahrzeuge anhielten, da sie gezwungen waren, an den Straßenrand zu fahren, und die normalen Menschen, die nicht wussten, wer da nach Ponary fuhr, reckten die Hälse, um uns sehen zu können.

Rafi war ziemlich müde und mit seinen Gedanken woanders. Uri war sehr still. Ich betrachtete die herrlichen Bäume, diesen wunderschönen Wald aus Koniferen und anderen Bäumen, großartige, sehr hohe Bäume, dicht gewachsen und Dutzende Meter hoch aufragend – und ein weiteres Wort, eine weitere Zeile kam hier und da zu dem Lied

hinzu, das sich mit aller Kraft in mein Hirn drängte. Die Straße endete abrupt im Herz des Waldes auf einem gepflasterten Platz, an dessen Seite ein scheußlicher Gedenkstein aus schwarzem Basalt stand. An diesem gravierten Stein stand eine Gruppe Menschen. Wir stiegen aus und mischten uns unter sie. Schon auf unserem Weg dorthin hatte einer der Männer im Auto festgestellt, dass wir keine Kippa bei uns hatten und auch kein Gebetbuch. Wie sollten wir das El male rachamim sprechen? Niemand war streng religiös. Sie versuchten, das Gebet aus dem Gedächtnis zu sprechen, doch auch ihr gemeinsames Wissen konnte nicht alle fehlenden Worte ergänzen.
Auf dem Gedenkstein befand sich eine steinerne Platte, in welche in drei Sprachen die Worte eingraviert waren: »Zwischen 1941 und 1944 wurden hier 130000 Menschen ermordet, 70000 von ihnen waren Juden«. Wir wussten immer noch nichts. Von Zeit zu Zeit gab Uri einen Satz von sich, als spräche er zu sich selbst:
»Nach dem Hitler-Stalin-Pakt, als die Russen die Kontrolle über Litauen übernommen hatten, haben sie hier tiefe Gruben ausgehoben, um Panzer und Kraftstoff zu lagern. Ehe sie die Arbeiten beendet hatten, brach der Krieg aus und kein Liter Kraftstoff traf jemals hier ein. Doch die Gruben waren fertig, der Platz im Inneren des Waldes war passend und gut abgekapselt. Sie fingen an, die Juden hierher zu treiben.«
Das war die Information, die er uns gegeben hatte, bevor wir Ponary erreichten. Vielleicht dachte ich, er wüsste die genauen Details des Geschehens nicht oder wäre nicht in der Lage, darüber zu reden.
Als wir näherkamen und uns zu den Menschen rund um den Gedenkstein gesellten, hörten wir sie Englisch sprechen, und uns war klar, dass sie Juden waren. Es war eine Gruppe von Jugendlichen, Erwachsenen und älteren Leuten aus Kanada, England, Südafrika und den USA.
»Wie sollen wir das Kaddisch sprechen? Sind wir genug, haben wir zehn Männer?«
Ich zählte rasch. In beiden Gruppen zusammen waren neun Männer, einschließlich der Sicherheitsleute.
»Vielleicht seid ihr reformierte Juden«, sagte jemand, »in diesem Fall können wir die Frauen mitzählen.«
»Wir sind tatsächlich reformierte Juden«, antworteten sie.
Trotzdem gab es in der ganzen Gruppe niemanden, der das ganze Kaddisch-Gebet aus dem Gedächtnis sprechen konnte.
»Ich kann das«, sagte ein kleines Mädchen mit zerzausten Locken

und einer roten Kappe, das Englisch mit einem russischen Akzent sprach.
»Fang du an, wir helfen dir«, erklärten wir anderen. So sprach sie das Kaddisch in der Aussprache der Aschkenasim und die ganze gemischte Gruppe, rund 20 Menschen, antwortete ihr mit »Amen«.
»Wer seid ihr?«, fragten sie uns. Wir waren sehr gut gekleidet, so wie man aussieht, wenn man direkt von einer diplomatischen Konferenz kommt, und sie trugen alle gewöhnliche Reisekleidung.
»Der Mann hier«, sagte Ella und deutete auf Rafi, »war verantwortlich für die Verhaftung von Eichmann. Er ist ein israelischer Minister.«
Sie versuchte zu erklären, wer wir waren und was wir hier taten. Und Rafi stand da, ein kleiner alter Mann mit grauem Gesicht in grauem Anzug, besorgt und verschlossen aussehend, so vollkommen anders als das Bild eines Helden. Es stellte sich heraus, dass die Touristen alle Mitglieder einer Familie waren, die ihre Verwandten aus der ganzen Welt zusammengebracht, eine Reiseleiterin engagiert und sich aufgemacht hatten, nach ihren Wurzeln zu suchen. Heute waren sie nach Ponary gekommen.
Rasch entspann sich ein Gespräch zwischen Uri und der Reiseleiterin, und von diesem Moment an spielte sich bis zum Ende des Besuchs ein unglaublicher Dialog ab, bei dem die Reiseleiterin die Geschichte erzählte und Uri sie immer wieder unterbrach, sie korrigierte, ihre Ausführungen ergänzte und ihre Geschichte präzisierte. Dann hörte er wieder auf, und sie fuhr an dieser Stelle fort. Er berichtete von seinen persönlichen Erinnerungen, brach währenddessen in Tränen aus und setzte dann seine Beschreibungen fort. Wenn er sich unterbrach, setzte sie die Geschichte fort – und auf diese Weise gingen sie von Grab zu Grab, von einem Gedenkstein zum nächsten, und entfalteten auf diese Weise die fürchterliche Geschichte von der Auslöschung der 70000 Juden, die hier in sechs Gruben geworfen worden waren. Sie erzählten von den Versuchen einiger, den verübten Gräueltaten zu entkommen, davon, dass Babys lebendig in die Gruben geworfen wurden, um Kugeln zu sparen. Manchmal kamen jene, die auf wundersame Weise unverletzt geblieben waren, wieder zu Bewusstsein und versuchten hier und dort, herauszukriechen und zu fliehen. Einer von ihnen war es gelungen, einer Ärztin, sie floh zurück nach Vilnius und erzählte dort, was in Ponary geschehen war. Doch niemand schenkte ihr Glauben und man brachte sie in ein Irrenhaus.
Und so trafen Uri, dieser große und eindrucksvolle Mann in seinem

dunkelblauen Anzug, dem man in seinem aufrechten Körper, bei seinem exakten Gedächtnis und all seiner Energie die 80 nicht ansah und der damals ein 13-jähriger Junge gewesen ist, und Rafi, der 20 Jahre später die Verhaftung Eichmanns geleitet hatte und der nun ein Minister war, auf eine jüdische Familie, die aus allen vier Erdteilen hier zusammengekommen war. Sie schritten von Grab zu Grab und hörten den Geschichten zu, die von Uris Weinen unterbrochen wurden. Auf diese Weise gingen wir den ganzen Nachmittag lang dort weiter, eine Zusammenkunft von Menschen, die von ihrem jüdischen Schicksal durchdrungen waren.

Für die Familie Chanoch
in Liebe
von Rafi und Miriam

Wenn ich in Vilnius war, und nach einem Tag voller Sitzungen nicht zu müde, dann bummelte ich manchmal durch die Alleen der Altstadt. Die Litauer wussten um die touristische Bedeutung des jüdischen Viertels. Sie hatten die Häuser renoviert und einigen Straßen wieder die ursprünglichen Namen gegeben. In den Hinterhöfen gibt es kleine Cafés, wo man Gerichte mit jüdischen Namen bekommt – Hering und Borschtsch, Lokschensuppe (Nudelsuppe) und Kohlrouladen. Einmal an einem Freitag ging ich nach einer langen und anstrengenden Sitzung hinaus, um frische Luft zu schnappen, und kam in jene Straßen, die einst zum Getto von Vilnius gehörten; dort setzte ich mich in ein Café. Die Abenddämmerung war bezaubernd schön, die letzten Sonnenstrahlen leuchteten in den Fenstern der umliegenden Häuser, die einst von Juden bewohnt gewesen sind.

Auf einmal fiel mir ein, dass es Freitag war, also Sabbat. Was tat ich nur hier, warum war ich nicht zuhause, in meinem gemütlichen Haus, und wartete darauf, dass meine Kinder zum Abendessen kamen? Da schien der Hof zum Leben zu erwachen, so wie es wohl um diese Tageszeit gewesen sein muss, als die Juden hier noch lebten. Zu Beginn des Sabbats entzündeten die Frauen die Kerzen in den Wohnungen, auf deren Fenster ich gerade blickte, während die Männer und Kinder, festlich gekleidet, über den Hof eilten, der Synagoge entgegen. Aus einem der Fenster waren Geigenklänge zu hören. Eine traurige Melodie – ein jüdisches Lied? Ringsum saßen glückliche Menschen in dem Café und genossen den Sommerabend, und ich dachte an all die verlorenen Leben.

Ich unterdrückte meine Tränen, doch ich fühlte, wie es mir das Herz brach.

Gelegentlich fuhr ich von Vilnius nach Kaunas, das eine Autostunde entfernt lag, nur um noch einmal durch die Straßen meiner Kindheit zu gehen. Dann warf ich einen Blick in den Hof meines ehemaligen Zuhauses und sog den Geruch des nahe gelegenen Flusses ein. Ich besuchte Thereza, die bei uns aufgewachsen war, und ihre beiden Töchter, Rassa und Yolanta. Für sie war ich ein großzügiger alter Onkel.

Eine abgelehnte Auszeichnung

Eines Tages erhielt ich einen Anruf von Faina Kukliansky, der Vorsitzenden der Jüdischen Gemeinde Litauens. Sie teilte mir mit, dass der litauische Staatspräsident mich mit einer Ehrenmedaille für meine jahrelangen Aktivitäten auszeichnen wolle. Er hatte sie gebeten, herauszufinden, ob ich diese Auszeichnung auch annehmen würde. Ohne auch nur einen Moment zu zögern, lehnte ich ab. Ich erklärte Faina Kukliansky, dass ich nicht bereit sei, eine Ehrenmedaille zu akzeptieren von einem Land, das den Mord an den Juden durch seine eigenen Bürger nicht als Schuld anerkannt habe und jedes nur erdenkliche Hindernis ersonnen habe, um die Rückgabe von privatem und öffentlichem jüdischen Eigentum an die rechtmäßigen Besitzer zu verhindern. Später erfuhr ich, dass die Litauer beleidigt waren. Sie wollten mir die allerhöchste Ehre zuteilwerden lassen und ich hatte abgelehnt. Ich habe mich nicht weiter darum bemüht, zu erklären, warum ich eine solche Auszeichnung nicht am Revers tragen wollte.

Auch die Theresienstädter Erklärung vom 30. Juni 2009 hat nichts verändert. Der Erklärung ging eine Konferenz in Prag und Theresienstadt voraus, bei der 47 Staaten, auch Litauen, ihre Bereitschaft erklärten, wirtschaftliche Schäden, die Juden in den Jahren der Verfolgung erlitten hatten, wiedergutzumachen.

Es war eine sehr bewegende Konferenz. Viele Holocaust-Überlebende, darunter Elie Wiesel, nahmen daran teil. Wir unternahmen auch einen ergreifenden Besuch des Gettos Theresienstadt und sahen dort eine Aufführung der Kinderoper »Brundibár«, die 1942/43 von den Häftlingen immer wieder aufgeführt worden war. Der 40-köpfige Kinderchor musste immer wieder neu besetzt werden, weil viele Mitwirkende deportiert wurden. Es ist schwer zu beschreiben, wie gruselig und auch furchterregend es war, hier zu sitzen am selben Ort, an dem die Juden gelebt hatten, und diese Musik zu hören und die Stimmen der Kinder.

Endlich eine schlechte und schändliche Vereinbarung

In all den Jahren, die die Verhandlungen mit der litauischen Regierung andauerten, gab es zu keinem Zeitpunkt das Eingeständnis, dass die Litauer ihre jüdischen Mitbürger ermordet hatten, manche auch schon vor dem Einmarsch der Deutschen. Und sie fand es auch nicht nötig, Entschädigungen zu zahlen für das ehemals jüdische Eigentum, das nach der Wiedererlangung der Unabhängigkeit dem litauischen Staat anheimfiel. In den Folgejahren hat die Regierung den öffentlichen jüdischen Besitz für viele Millionen Dollar und Euro an ausländische Investoren verkauft, die daraus Apartments, schicke Hotels und luxuriöse Einkaufszentren gemacht haben.

Am Ende haben die Litauer rein gar nichts zurückgegeben. Sie haben lediglich angeboten, eine Pauschalsumme von 36 Millionen Euro, verteilt auf zehn Jahre, als Entschädigung für das gesamte öffentliche jüdische Eigentum zu zahlen. Es gibt eine Klausel in dieser Vereinbarung, die besagt, dass eine symbolische Entschädigung nur an jene Juden gezahlt werden würde, welche heute in Litauen leben. Das waren wenige 100 arme, ältere Menschen, die meisten von ihnen Russen, die nach dem Krieg nach Litauen gekommen waren und die eine niedrige Rente erhielten, die aufgebessert werden sollte.

Anderen Litvaks wurde eine Einmalzahlung in Höhe von 250 Euro pro Person angeboten. Soweit ich weiß, haben die meisten von ihnen dieses peinliche Almosen ignoriert. Gemäß der Vereinbarung sollte ein Teil des Fonds dafür verwendet werden, »das jüdische kulturelle Leben in Litauen« zu unterstützen. Wie zynisch! Von welcher jüdischen Kultur ist da die Rede, wo doch alle Juden schon lange tot und vergessen sind.

Im Rückblick scheint es so, dass kein einziger litauischer Ministerpräsident, selbst wenn er gewollt hätte, es gewagt hätte, die Vereinbarung zu geltendem Recht zu machen und den Juden ihren Besitz zurückzugeben, aus Angst vor der feindlich gesonnenen öffentlichen Meinung, und vielleicht sogar auch, weil keine Regierung sich je zu den Verbrechen bekannt hätte, welche die Litauer während des Krieges verübt haben.

Der größte Teil der litauischen Presse ist von Antisemitismus vergiftet, und am Ende gibt die Presse den Ton vor.

Dennoch hoffe ich, dass die litauische Regierung eines Tages die Rolle anerkennt, die das Volk beim Mord an den Juden gespielt hat. Immerhin haben in letzter Zeit viele junge Litauer damit begonnen, sich mit der Geschichte ihrer Vorfahren und mit ihrer Rolle bei der Verfolgung und Ermordung der Juden zu beschäftigen.

New York, New York ...

New York ist eine der Städte, die ich besonders liebe. Ich kann dort stundenlang durch die Straßen spazieren und werde doch nicht müde. New York ist auch eine Stadt, in der ich viele Freunde habe, die ich immer wieder gerne sehe. Es ist längst zur Tradition geworden, den ersten Morgen unserer New-York-Aufenthalte mit Moishale und seiner Frau Marilyn zu verbringen, die eine Holocaust-Überlebende aus Polen ist. Moishale war mein Klassenkamerad am Jüdischen Gymnasium und mein Freund im Getto und im Lager I. Nach dem Krieg ist er mit seinem Vater nach New York gegangen und dort Importeur für Perlen aus dem Nahen Osten geworden.

Judith und ich treffen vormittags in ihrem Büro an der Fifth Avenue, Ecke 47. Straße ein, meist zu einer vergleichsweise ruhigen Zeit; und auch wenn dies einmal nicht so ist, schließen sie die Tür, und der Straßenlärm verschwindet, zusammen mit der ganzen Welt da draußen. Der Tisch ist bereits gedeckt mit köstlicher Pastrami und Corned-Beef-Sandwiches, die besten aus ganz Manhattan, mit Cornichons und Krautsalat. Das ist ein Festmahl für mich, und zwischen den Leckerbissen segeln wir auf dem Meer der Erinnerungen davon.

In einer Sekunde verschwinden all die vergangenen Jahre, wir sind wieder elfjährige Schüler unserer wunderbaren Schule; und dann gehen wir weiter, ziehen ins Getto und von da ins Lager I. Wir können reden und reden und hören gar nicht mehr auf. Wenn die Zeit es zulässt, treffen wir uns mehrmals, doch es gibt nichts Schöneres als diese Pastrami-Stunde am ersten Morgen jeder unserer New-York-Besuche.

Unsere Basisstation in New York ist die Wohnung von David und Mirielle Taub. David ist Judiths französischer Cousin, in dessen Elternhaus wir im Herbst 1957 gewohnt haben, als Judith sich das Bein gebrochen hatte bei jenem »Glücksunfall«, der zu unserer Heirat führte.

David lebte schon seit vielen Jahren in den USA. Wenn wir in New York sind, verbringen wir viel Zeit mit ihm und Mirielle. Je nachdem, wie viel Zeit wir haben, unternehmen wir Touren und reisen noch an andere, weiter entfernte Orte. Im Lauf der Jahre sind auch ihre inzwischen erwachsenen Kinder, Billy, Peter, Elizabeth und ihr Mann Richard sowie deren Sohn Sam zu guten Freunden geworden. Dem Altersunterschied zum Trotz ist es eine Liebe, die über Generationen hinweg reicht. Sie wissen immer, wo es gerade eine spannende Ausstellung zu sehen gibt, und wir verbringen viele schöne Stunden miteinander, besuchen Museen und genießen gemeinsame Mahlzeiten.

Davids Eltern, Tante Annette und Onkel Maurice, die mich damals an meinem ersten Tag in Paris so warmherzig aufgenommen haben, sind schon vor vielen Jahren gestorben. Trotzdem entdecken wir jedes Mal, wenn wir uns sehen, neue Geschichten über die Kriegsjahre in Frankreich und wie Tante Annette allen Mitgliedern der Familie Taub das Leben gerettet hat. Ich denke oft daran, wie mutig es von ihr war, den gelben Stern von ihrer Kleidung und auch von der des kleinen David zu entfernen, als sie sich auf den weiten Weg nach Nordfrankreich gemacht hat. Dort gelang es ihr, ihren 18-jährigen Sohn Jacques aus einem Arbeitslager zu befreien, von wo aus er in ein Konzentrationslager nach Deutschland deportiert worden wäre. Er überlebte den Krieg mit gefälschten Papieren, die ihre Nachbarn ihnen besorgt hatten, arme Eisenbahnarbeiter aus dieser elenden Straße in Paris. Es gibt kein Ende in dieser Geschichte und dies ist nur eine von so vielen.

Einmal besuchten wir Rochelle und Maks Etingin. Rochelle, eine Sabra der fünften Generation und Judiths Freundin seit Kindertagen, ging zum Studium nach New York und blieb dort, nachdem sie Maks Etingin kennengelernt hatte. Maks ist in meinem Alter, ein Litvak, gebürtig aus Vilnius. Er gehört zu jener Gruppe Überlebender, welche die Vergangenheit abgekapselt haben und nicht mehr über die schlimmen Zeiten sprechen möchten. Doch an jenem Tag in ihrem wunderschönen Haus am Ufer des Sees in Connecticut erzählte Maks uns seine erstaunliche Geschichte.

Vor dem Krieg war Maks' Vater ein Autoimporteur in Vilnius gewesen, der auch Autos an Taxifahrer verkaufte. Eines Tages brachte einer von ihnen sein Auto zurück, weil er nicht in der Lage war, die ausstehenden Raten zu bezahlen. Maks' Vater erklärte ihm, er solle das Auto behalten und erst dann seine Schulden zurückzahlen, wenn sich seine Situation verbessert habe.

Die Familie Etingin – Maks, sein jüngerer Bruder, seine Mutter und sein Vater – überlebten wie durch ein Wunder drei Jahre im Getto von Vilnius. Als sein Vater eines Tages zur Zwangsarbeit aus dem Getto geschickt wurde, begegnete er diesem Taxifahrer, der ihm heimlich einen Zettel mit einer Adresse darauf zusteckte und ihm flüsternd erklärte, dass er ihm gerne helfen würde, wo immer es nötig sei. Nachdem Maks' Vater zurück im Getto war, berichtete er seiner Frau von dem Ereignis, und sie sagte: »Die Deutschen verkleinern das Getto Tag für Tag und stationieren immer mehr Soldaten hier. Sie werden es bestimmt bald liquidieren. Lass uns die Kinder nehmen und abhauen. Vielleicht ist der Mann bereit, uns zu verstecken.«

»Der Taxifahrer hat mir nur gesagt, dass er uns helfen will, er hat nichts von Verstecken gesagt.«

Doch Maks' Mutter war unerbittlich. »Das ist unsere einzige Chance, zu überleben. Lass uns heute Nacht fliehen. Morgen könnte es schon zu spät sein.«

Und so erzählte Maks uns seine Geschichte weiter:

»Wir wohnten direkt neben dem Gettotor und irgendwie ist es uns gelungen, im Schutz der Dunkelheit und der Kälte zu fliehen. Es schneite und wir konnten kaum erkennen, wo wir langliefen. Unterwegs verirrten wir uns und verloren unsere Eltern aus den Augen, doch zum Glück haben wir sie bald wiedergefunden. Wegen des Sturms waren die Straßen vollkommen leer. Irgendwie schafften wir es, das Haus des Taxifahrers zu erreichen, das in einem der kleinen Vororte lag. Ich glaube, er war überrascht, uns da bei Tagesanbruch auf der Türschwelle zu sehen, doch er sagte kein einziges Wort. Er nahm uns auf in seiner armseligen, aus einem einzigen Raum bestehenden Behausung, wo wir uns verstecken konnten. In der zweiten Nacht ging er hinaus in den Hof und grub unter einem Hügel, der den Hof begrenzte, einen Tunnel. Der Schacht war zwei Meter lang und einen Meter breit und verfügte über eine verborgene Lüftung. Wir konnten darin nicht stehen, nur sitzen, und wenn wir uns nachts bewegen oder umdrehen wollten, mussten wir das alle gemeinsam tun, gleichzeitig, im Liegen. Zehneinhalb Monate blieben wir dort versteckt.

Jeden Tag oder wenigstens jeden zweiten brachte er uns Essen und entleerte unsere Notdurft. Er musste das im Dunkeln tun, damit die Nachbarn es nicht bemerkten. Wo konnte er etwas zu essen auftreiben? Lebensmittel waren längst rationiert. Wie konnte er uns am Leben halten? Ich wusste nicht viel über diese Dinge, denn ich war noch ein Kind, auch wenn ich schon 15 war. Als die Deutschen sich zurückzogen und die sowjetische Armee Vilnius befreite, hat unser Wohltäter den Tunnel geöffnet und uns herausgeholt. Mein Bruder, der jünger ist als ich, und auch ich selbst konnten nicht mehr laufen. Auf allen vieren krochen wir zurück in die Stadt, wie Hunde. Wir mussten uns rasch davonmachen und unseren Taxifahrer mit seiner Familie mitnehmen, denn wenn die Nachbarn herausgefunden hätten, dass er Juden versteckt hatte, so hätten sie wohl Rache an ihm genommen – ja, sogar noch, als die Deutschen sich zurückgezogen hatten und der Krieg vorüber war. Unsere Familie hat diese barmherzige Rettungsaktion des Taxifahrers nie vergessen. Wir haben ihn und seine Kinder ihr Leben lang unterstützt und bis heute sind wir in Kontakt.«

»Dieser litauische Christ war ein sehr ungewöhnlicher Mann«, sagte Rochelle. »Wir haben ihn eingeladen, uns hier in den USA zu besuchen, und eines Tages, als wir am Rand des Swimmingpools saßen, bei Maks´ Bruder Henry, da hat er sich plötzlich vorgebeugt, etwas aus dem Wasser gefischt und an die Seite gelegt. ›Frag ihn, was er da herausgeholt hat‹, sagte ich zu Maks, denn ich spreche kein Litauisch. ›Ich habe eine Biene gerettet, die beinahe ertrunken wäre‹, antwortete er. ›Die hätte dich doch stechen können‹, sagte Maks. ›Ja, aber ich wollte sie nicht ertrinken lassen und sie hat mich nicht gestochen. Vielleicht hat die Biene ja gespürt, dass ich ihr helfen wollte. Sieh her, sie ist schon davongeflogen.‹«

Aus der Kaffeekanne, die Rochelle hereinbrachte, stieg der Geruch von exzellentem Kaffee auf, der Tisch war stilvoll gedeckt mit Platten voll Kanapees und köstlicher Kuchen. Draußen glänzten die Wellen des grünen Sees in den letzten Sonnenstrahlen, während die Zweige der schattigen Bäume sich sanft im Wind schaukelten, und wir kehrten zurück ins schöne, ruhige Amerika.

Im Januar 2014 flog ich nach New York, um an einer Sitzung der Claims Conference teilzunehmen. Es war ein eiskalter Wintertag, und nach der Konferenz fand ich kein Taxi, sodass ich die 30 Blocks zurück zum Hotel zu Fuß ging. Dort brach ich zusammen. Judith rief einen Krankenwagen. Ich kann mich an diesen Abend so gut wie gar nicht erinnern. Es stellte sich heraus, dass ich eine schwere Magenblutung hatte, bei der ich sehr viel But verloren habe, außerdem hatte ich noch einen Herzinfarkt. Ich kam gleich auf die Intensivstation, wo ich vier Bluttransfusionen erhielt. Am folgenden Tag entfernten zwei Gastroenterologen die Magengeschwüre, welche die Blutung verursacht hatten, und vier Tage später fühlte ich mich schon viel besser und bestand darauf, das Krankenhaus zu verlassen.

Nach kurzer, zweitägiger Pause ging ich wieder draußen in New

York spazieren. So bin ich. Ich erhole mich rasch, und wenn ich in New York bin, hält mich nichts auf. Darum nahm ich, wie ich es meinem Freund Dr. Zvi Simon versprochen hatte, an einem Spendenfrühstück teil, bei dem Geld für das Sheba Krankenhaus in der Nähe von Ramat Gan gesammelt werden sollte.

Dort erzählte ich meine Geschichte, wie ich als junger Soldat mit gebrochenem Knie in genau diesem Krankenhaus gelandet war und welch bedeutende Rolle es im Leben der Menschen in Israel spielt. Die Gäste spendeten großzügig für die verschiedenen Abteilungen des Krankenhauses. Niemand von ihnen ahnte auch nur, dass ich erst wenige Tage zuvor noch in Lebensgefahr geschwebt hatte. Ich fühlte mich gut und war glücklich, dass wir am nächsten Tag nach Israel zurückkehren würden.

Nach der Ankunft in Israel ging ich zur Untersuchung ins Sheba Krankenhaus. Nachdem man mir dort bescheinigt hatte, dass alles in Ordnung sei, habe ich die ganze Angelegenheit vergessen. Ich verstand nicht, dass es eine Warnung war. Wir schenken den Signalen, die unser Körper uns sendet, so wenig Beachtung. Das Jahr flog vorüber wie ein Blitz – Sitzungen, Ereignisse, die Oper, die Kinder und Enkel. Das Leben ging so rasant weiter und es schien, als würde das immer so sein. Von Monat zu Monat verlor ich an Gewicht. Ich dachte, das läge daran, dass ich weniger esse. Außerdem schmeckte mir nichts mehr so wie früher. Meine Leibspeisen reizten mich nicht mehr. Doch ich war viel zu beschäftigt, um auf solche Bagatellen zu achten.

Im Juli 2015 flogen wir wieder nach New York zur Sitzung der Claims Conference. Die Konferenz erstreckte sich über vier aufeinanderfolgende Tage. Ich genoss die Begegnung mit Menschen, die zu Freunden geworden waren, und war glücklich, Dinge bewegen zu können, etwas zugunsten verbesserter Lebensbedingungen der Holocaust-Überlebenden. Ich war müde, doch ich machte weiter wie immer. Ich ahnte nicht, dass dies mein letzter Besuch in New York sein würde.

Ich will zu Hause sterben

Als wir wieder zu Hause waren, dachte ich zunächst, ich würde unter dem Jetlag leiden, doch nachdem ich mich nach zwei Wochen immer noch wie erschlagen fühlte, beschloss ich, einen Arzt aufzusuchen. Er schlug vor, ein CT des Unterleibs zu machen. Ich war überrascht, dass ich die Ergebnisse nicht sofort erhielt, sondern dass diese an meinen Hausarzt gehen sollten. Gleich am Nachmittag suchte ich ihn auf.

»Sie haben Magenkrebs«, teilte er mir mit, »kommen Sie bitte morgen ins Sheba Krankenhaus und dann sehen wir weiter.«

Krebs? In meinem Magen?

Als ich am nächsten Tag nach den Untersuchungen erwachte, sah ich in die Gesichter von Danny, Fridi und Judith, die an meinem Bett standen. Sie sahen besorgt aus. Später fragte der Arzt mich, wann ich schon einmal eine Magenoperation gehabt hatte, und erklärte mir, der Krebs säße genau im Narbengewebe, dort, wo die Ärzte im Hadassah-Krankenhaus mich wieder zugenäht hatten, als ich 22 war. Ich fand es eine Ironie des Schicksals, nach so vielen Jahren nun an den Löchern in meinem Magen sterben zu müssen, die durch den Hunger und das Essen von Salz im Konzentrationslager verursacht worden waren.

Am nächsten Tag suchten wir eine Onkologin auf, eine tüchtige junge Frau.

»Litt einer Ihrer Eltern an Krebs?«, fragte sie.

»Woher soll ich das wissen? Meine Eltern sind im Konzentrationslager umgekommen, als sie noch jung waren.«

»Es ist ein sehr aggressiver Tumor.«

»Gibt es denn trotzdem eine Behandlung, die mein Leben verlängern könnte?«, fragte ich.

»Es gibt ein neues Medikament namens ›Keytruda‹, aber das wurde bisher nur an Melanompatienten getestet.«

»Muss ich sterben? Wie viel Zeit habe ich noch?«

Sie antwortete nicht. Selbst im Alter von 87 dauert es noch, sich an den Gedanken zu gewöhnen, dass das Leben zu Ende geht.

Auf dem Weg nach draußen konnte ich kaum laufen. Krankenhausflure sind so endlos lang. Als die Kinder nach Hause fuhren, sagte ich zu Judith: »Bitte hilf mir, zu Hause zu sterben.«

»Keine Sorge. Selbst wenn ich zu Hause ein Krankenhaus einrichten müsste, sollst du nicht leiden, und du musst auch nicht in die Klinik.« Wenn es um mich geht oder um die Kinder, wird Judith zur Löwin.

In meinem Kopf schwirrt es, ein Gedanke jagt den nächsten. Vielleicht würde mir die Behandlung mit Keytruda etwas mehr Zeit geben. Judith und die Kinder telefonieren in der ganzen Welt herum, um herauszufinden, ob dieses Medikament eine Möglichkeit wäre, mein Leben zu verlängern.

Wie rasch mir die Lebenskräfte schwinden und mich verlassen. Inzwischen kann ich nicht viel mehr als zwei oder drei Bissen zu mir nehmen, und ich trinke auch nur sehr wenig, doch ich verliere nicht die Hoffnung. Judith zwingt mich, noch einen Schluck zu trinken, noch einen Teelöffel voll zu essen, so wie bei einem Baby. Ich verstehe sie, sie hat Angst, dass ich verhungere.

Es fällt mir schwer, nach unten zu gehen, aber ich will nicht im Bett bleiben. Ich fühle mich wohler, wenn ich in meinem Lehnsessel sitze. Mein ganzes Leben lang habe ich viel zu selten darin gesessen. Mir fehlt inzwischen die Geduld, das zu tun, was ich mein ganzes Leben lang geliebt habe: mit Menschen zu reden. Ich habe nicht einmal mehr Lust, ans Telefon zu gehen. Nachts wache ich sehr oft auf. Wenn ich mich aufsetze, dann wacht auch Judith sofort auf. Sie weiß, dass ich es nicht mag, wenn sich Fremde um mich kümmern, darum hat sie keine Pflegerin engagiert. Ich weiß, dass Judith ihre Tränen unterdrückt. Sie will nicht, dass ich sie verzweifelt sehe. Ich spreche mit ihr nicht über den Tod und ich frage mich, wie es Menschen gelingt, durch diese Lebensphase zu kommen, ohne einen Menschen neben sich zu haben, der sie liebt.

Gestern bin ich ausgerutscht und gefallen. Judith sah mich voller Angst an. Ich glaube, sie dachte, nun müsse sie mich in die Klinik bringen. Sie half mir auf.

»Keine Angst«, sagte ich, »ich habe mir nichts gebrochen. Meine Knochen sind stark, vielleicht wegen des Lebertrans, den meine Mutter mir immer aufgezwungen hat, als ich ein Kind war.«

Ich denke oft an meine Mutter in letzter Zeit. Wie seltsam, dass sich ein alter Mann immer noch nach seiner Mutter sehnt. Ich denke an das letzte Jahr im Leben meiner Mutter und meiner Schwester, nachdem ich von ihnen getrennt worden war, auf dem Weg nach Dachau. Ich denke an die Schrecken im Konzentrationslager Stutthof. Ich weiß, dass Mutter wenige Tage, nachdem die Rote Armee das Lager befreit hat, gestorben ist, und anschließend starb meine Schwester. Fruma und Bella, die Töchter meiner Tante Leah, die bei ihnen waren, haben mir erzählt, dass Miriam, nachdem Mutter gestorben war, nicht mehr leben wollte. Hätten sie gewusst, dass Danny und ich überlebt haben, vielleicht hätten sie die Hoffnung und Kraft gefunden, weiterzuleben.

Die Kinder und Enkel kommen jetzt jeden Nachmittag zu Besuch. Ich habe mein ganzes Leben lang für die Familie gelebt, und es tut jetzt so gut, sie alle um mich zu haben. Nur Galia fehlt. Sie soll am Dienstag eintreffen. Ich hoffe, ich lebe noch so lange, bis ich sie sehe. Wie seltsam: Alles, was mal wichtig war, ist verschwunden, und das ist nun das Einzige, das mich beschäftigt.

Freitag

Gestern Abend kam Dr. Simon nach einem langen Arbeitstag in der Klinik noch bei uns vorbei, um nach mir zu sehen. Er ist nicht nur ein großartiger Arzt, sondern auch ein guter Freund. Ich frage nach seinem Rat. Was soll ich tun? Soll ich es mit Keytruda versuchen? Ich verstehe, dass er nicht daran glaubt, dass in meinem Fall dieses Wundermittel helfen könnte. Er erklärt mir, dass es den Ruf habe, für unangenehme Nebenwirkungen zu sorgen. Bevor er geht, sagt Dr. Simon mir: »Wissen Sie, es fällt mir schwer, Ihnen etwas zu raten, aber ich denke, ich persönlich würde genau diesen Weg zu sterben wählen, zu Hause, umgeben von der Familie.«

Jetzt weiß ich, dass es keine Hoffnung mehr gibt. Es kann nichts mehr getan werden.

Heli und Danny kommen jeden Tag. Er ist 84, aber er ist immer noch mein kleiner Bruder. Mein Leben lang habe ich mich für ihn verantwortlich gefühlt. Wer soll jetzt auf ihn aufpassen?

»Danny«, rief ich ihm nach, als er aus dem Zimmer ging, »du gehst so gebückt. Halt dich grade!«

Ich habe ihn gebeten, nach draußen zu gehen, weil ich mit Heli allein sprechen wollte. Ich sprach mit ihr über den Tod. Mir fiel auf, dass sie sich unwohl fühlte und nicht wusste, was sie mir sagen sollte. Selbst Psychologen fällt es schwer, über den Tod zu sprechen.

Sabbat

Als ich mittags erwachte, saß Shlomi neben mir.

»Wo ist Fridi?«, fragte ich.

»Sie hat Mutter in die Klinik gebracht.«

»Was ist passiert?«

»Sie hat sich übernommen, und außerdem hat sie ein Problem mit den Augen, wahrscheinlich nichts Schlimmes. Sie ist bald wieder hier.«

Ich habe nicht einmal mehr die Kraft, mir Sorgen um sie zu machen. Es fällt mir schwer, zu atmen. Shlomi hat mir ein tragbares Sauerstoffgerät gebracht. Das ist zwar laut, aber der Sauerstoff hilft mir beim Atmen. Ich möchte sprechen, aber es ist einfacher, still zu bleiben.

Montag

Judith ist in der Notfallchirurgie. Fridi ist bei ihr. Sie ist meiner Mutter so ähnlich. Ich weiß nicht, was wir ohne sie täten. Jeden Morgen um sieben trifft sie hier ein und geht nicht vor Mitternacht; erst, wenn sie sieht, dass wir schlafen gehen, verlässt sie das Haus und schließt die Tür hinter sich zu. Das macht sie Tag für Tag, als hätte sie kein eigenes Leben. Sie füttert mich mit einem Teelöffel und bringt mich zum Lachen, mein liebes, liebes Mädchen.

Seit dem Nachmittag ist Judith aus der Klinik zurück. Sie darf sich nicht mehr anstrengen. Eine Pflegerin hilft nun, sich um mich zu kümmern. Mir geht es so schlecht, dass es mir egal ist, ob jemand Fremdes mich betreut. Morphium? Ein kleiner Pieks in den Oberschenkel mildert die Schmerzen und lässt mich schlafen. Ich dämmere vor mich hin, wache auf, schlafe wieder ein. Mir ist, als höre ich aus der Ferne Galias Stimme. Sie ist da, sitzt bei mir, streicht mir über den Kopf.

Dienstag

Wo bin ich? Ich stehe am Fluss in Palankine, im Litauen meiner Kindheit. Es ist ein herrlicher Sommertag. Die Sonne scheint und vom Fluss weht eine kühle Brise herüber. In meiner Hand halte ich eine Angel. Irgendwas bewegt sich. Es ist ein Fisch. Langsam, langsam hole ich die Leine ein, halte den kleinen Fisch in meiner Hand. Seine silbernen Schuppen glänzen im Licht der Sonnenstrahlen. Vorsichtig nehme ich ihn vom Haken und passe auf, ihm nicht wehzutun. Der Fisch zappelt in meiner Hand. Ich werfe ihn zurück in den Fluss, damit er weiterleben kann. Aus der Ferne höre ich Mutter nach mir rufen. »Urinke, komm nach Hause, es ist schon Mittag, Urinke!«

»Ich komme, Mama, ich komme.«

Ich möchte rufen, aber es ist so schwer zu sprechen oder gar zu atmen. Aus weiter Ferne, von ganz weit her, höre ich Galia, Fridi und Shlomi flüstern. Judith sitzt neben mir, streicht mir über den Kopf, hält meine Hand. Ich höre Schluchzen. Ich möchte die Augen öffnen. Aber es fällt mir leichter, mich davonzumachen

Am 1. September 2015, 76 Jahre nach jenem Tag, an dem der Zweite Weltkrieg seine Welt zerstörte, und einen Monat nach der Krebsdiagnose, hörte Uris Herz auf zu schlagen. Er starb zu Hause, im Kreis seiner Familie.

Viele begleiteten Uri auf seinem letzten Weg, zum kleinen Friedhof von Kfar Shmaryahu. Er liebte die Menschen so sehr. Hätte er sie nur sehen können. Zwei kleine Steine – Steine aus der Betonwand jenes Gebäudes, welches einst »Lager I« genannt wurde im Dachauer Außenlager Kaufering, geschickt von Oberstleutnant Odinius aus dem »Bunker« – wurden ihm auf seinen Grabstein gelegt.

Nachwort von Edith Raim

Der ungarische Holocaust-Überlebende Dr. Ivan Hacker besuchte 1957 Kaufering und Landsberg, um dort nach den Überresten des Dachauer KZ-Außenlagers Kaufering III nahe dem Kauferinger Bahnhof zu suchen, wo er von Juli 1944 bis Ende April 1945 inhaftiert gewesen war. Seine Erlebnisse beschrieb er wie folgt: »Als ich am 24. und 25. Oktober 1957 in Kaufering war, ging ich zuerst in Kaufering ins Gemeindeamt oder Rathaus, dann in Landsberg zur Gemeindeverwaltung. Ich sprach mit einigen der Kauferinger Gemeindebediensteten – keiner wusste, keiner wollte etwas davon wissen, dass es in Kaufering ein Lager gegeben hatte. Es war für mich schwer, die Nerven nicht zu verlieren – es waren seit Auflösung des Lagers ja erst zwölf Jahre vergangen. Ich sagte den Leuten, dass ich ihnen präzise sagen könne, wo das Lager gewesen ist, wo die Küche war. Niemand wollte von dem Lager etwas gehört haben. Jüngere Bedienstete, ältere Bedienstete haben gesagt: Da war nie ein Lager. [...] Es wurde absichtlich verschwiegen und abgeleugnet, dass hier je ein Lager war. Die Leute haben mich in Kaufering als nicht normalen Menschen betrachtet, vielleicht als Schwindler. Sie wollten über diese Sache überhaupt nichts wissen. Genau dasselbe ist mir dann in Landsberg passiert.«[48]

Die Erfahrungen des Kauferinger Überlebenden Dr. Ivan Hacker waren für viele Jahre symptomatisch für den Umgang mit der NS-Geschichte vor Ort: Bestreiten und Verleugnen dominierten. Falls die Tatsachen nicht bestritten werden konnten, versuchte man durch Verharmlosung jegliche Verantwortung von sich zu weisen. Kommunen bemühten sich nach Kräften, alle baulichen Relikte zu beseitigen, Anwohner wollten sich an nichts mehr erinnern, Ortschroniken ignorierten die NS-Vergangenheit. Überlebende stießen auf eine Mauer des Schweigens und der Lügen. Ihre Besuche an den ehemaligen Lagerorten erwiesen sich als frustrierend und trugen im schlimmsten Fall zu einer erneuten Traumatisierung bei.

Nicht zuletzt diese zutiefst verstörenden Erfahrungen von KZ-

[48] Ivan Hacker, zitiert nach Gernot Römer: Für die Vergessenen. KZ-Außenlager in Schwaben – Schwaben in Konzentrationslagern, Augsburg 1984.

Überlebenden mit der Nachgeschichte der Orte ihres Leidens bildete die Motivation für lokales Engagement von Bürgerinnen und Bürgern, das im Folgenden in groben Zügen skizziert werden soll. Diese Initiativen führten zu Begegnungen mit israelischen Überlebenden, darunter Uri Chanoch.

In Landsberg und Kaufering waren die Überreste der meisten Lager schon bald nach der Befreiung 1945 dem Erdboden gleichgemacht worden: Die Erdhütten, die in dem Kauferinger Außenlagerkomplex gebaut worden waren, galten als Seuchenherde, sodass amerikanische Besatzungssoldaten die Beseitigung vorantrieben; hinzu kam, dass Anwohner sich u.a. aus den SS-Baracken brauchbare Materialien holten. Bis in die 1950er-Jahre hinein dienten ehemalige SS-Baracken Heimatvertriebenen und Flüchtlingen als Unterkunft. Anders als in Dachau gab es keinen Vorstoß ehemaliger Häftlinge, eine Gedenk- oder Dokumentationsstätte einzurichten. Die meisten Überlebenden waren nach Israel und Übersee emigriert und bauten sich dort ein neues Leben auf. Überdies gab es, anders als in Dachau, nicht ein großes Lager, sondern fast ein Dutzend Lager, was die Schaffung eines zentralen Gedenkortes behinderte. Lediglich Massengräber, die bis etwa 1950 in Friedhöfe umgestaltet wurden, blieben.[49]

Flüchtlinge und Heimatvertriebene konnten frühere SS-Baracken der Bewacher bald gegen bessere Behausungen tauschen. Die letzten originalen Überreste befanden sich nun im ehemaligen KZ-Außenlager Kaufering VII bei Erpfting, wo mehrere Tonröhrenbauten das Kriegsende und die Nachkriegszeit, allerdings sehr zum Missfallen der Stadt Landsberg, überdauert hatten. Noch 1978, ein Jahr vor der Ausstrahlung der Serie »Holocaust« im deutschen Fernsehen, wurden Forderungen nach der Beseitigung laut, weil die »Bunker« angeblich eine Gefährdung darstellten.[50]

Zeitlich parallel zu diesen Entsorgungsversuchen der NS-Vergangenheit entwickelten sich gegenläufige Bestrebungen. Die örtliche Gewerkschaftsjugend begann Anfang der 1980er-Jahre auf den zahlreich vorhandenen KZ-Friedhöfen um Landsberg an die NS-Verbrechen in der Region zu erinnern.[51] Im Würmtal entstand 1985 auf Initiative des

49 Vgl. »An diese Gräber wird niemand treten. Tausende von KZ-Häftlingen ruhen im Bereich Landsberg. Abseits liegen die Friedhöfe«, Süddeutsche Zeitung, 31.10.1957.

50 »Erpftings Bunker werden gesprengt«, Landsberger Tagblatt, 16./17.12.1978.

51 »DGB-Jugend gedenkt der Reichskristallnacht«, Landsberger Tagblatt, 9.11.1982; »Jugendliche kümmern sich um jüdische Friedhöfe. Zwischen KZ-Gräbern

Bürgermeisters der Gemeinde Gauting, Dr. Ekkehard Knobloch, eine Arbeitsgruppe, der u.a. die Überlebenden Max Mannheimer (1920–2016) und Charlotte Knobloch (Präsidentin der Israelitischen Kultusgemeinde München) angehörten. Ausgangspunkt war der 40. Jahrestag des Kriegsendes. Drei Anträge auf Denkmäler waren bei Bürgermeister Dr. Knobloch eingegangen: eines für Flucht und Vertreibung, eines für die deutsche Teilung und eines für die Opfer des Nationalsozialismus. Mit seiner Entscheidung für Letzteres wurde eine Entwicklung eingeleitet, deren wichtige Folgen keineswegs absehbar waren. Gautings Vorreiterrolle war nicht vorgezeichnet, war Gauting doch nur eine von vielen Gemeinden gewesen, durch die der Todesmarsch führte. Betrachtet man die Nachkriegsgeschichte, so wäre ein Denkmal für die Flüchtlinge naheliegender gewesen, denn Gauting hatte nach 1945 einen großen Zustrom von Flüchtlingen aus dem Sudetenland und Schlesien erfahren. Viele ehemalige Flüchtlinge, die nun schon länger in Bayern lebten als in ihren Geburtsorten, nahmen den Jahrestag des Kriegsendes 1985 zum Anlass, die frühere Heimat zu besuchen und Erinnerungen aufleben zu lassen.

Und dennoch war deutlich, dass das schrecklichste Ereignis des Krieges für Gauting nicht die Bombenabwürfe waren, denen rund drei Dutzend Menschen zum Opfer gefallen waren, sondern der Todesmarsch der mehreren tausend KZ-Häftlinge, die kurz vor Kriegsende durch Gauting und das Oberland gezogen waren. Der Anblick der ausgemergelten Häftlinge und das Geklapper der Holzschuhe hatten sich in die Erinnerung vieler Zeitgenossen eingebrannt.

Nach Kriegsende waren zahlreiche Überlebende Patienten im Krankenhaus Gauting gewesen. Diejenigen unter ihnen, die die KZ-Haft nur kurz überlebten, sind auf dem neu angelegten jüdischen Friedhof Gauting begraben. Um das geplante Denkmal des Todesmarschs zu einem »lebendigen« Mahnmal zu machen, suchte die Gemeinde Gauting Überlebende in Israel, um sie nach Deutschland einzuladen.[52] Das war alles andere als einfach. Zwar konnte die KZ-Gedenkstätte Dachau unter ihrer Leiterin Barbara Distel Informationen zu dem Weg des Todesmarschs und zu Personalien von Häftlingen zur Verfügung stellen, doch das Schicksal der jüdischen Überlebenden nach ihrer Emigration aus Deutschland war – von Einzelfällen abgesehen – unbekannt. Zum

Autoreifen entdeckt. Gedenkfeiern als Sühne-Zeichen«, Landsberger Tagblatt, 12.11.1982.

52 »Ein ›lebendiges‹ Mahnmal«, Kreisbote (Germeringer Anzeiger), 26.1.2017.

Zweck der Suche schaltete die Gemeinde Gauting Zeitungsannoncen in Israel und bat die Deutsche Botschaft um Hilfe, um Kontakt zu Überlebenden zu herzustellen.

Am 12.7.1989 wurde das erste Todesmarschdenkmal in Gauting enthüllt, 39 Überlebende aus Israel, außerdem Charlotte Knobloch und Max Mannheimer, wohnten der Zeremonie bei. Mit dieser Pioniertat erfolgte erstmals eine Einladung an die Opfer. Die Einwohner Gautings und der Umgebung waren mit rund 600 bis 800 Personen auf dem Zug zur Denkmalenthüllung ebenfalls zahlreich vertreten. Tatsächlich sollte sich dieser erste Besuch israelischer Überlebender in Gauting als vielleicht folgenreicher erweisen als das Denkmal selbst.

Zu den Organisatoren der Reise auf israelischer Seite gehörten die beiden Kaufering-Überlebenden Abraham Shul und Zwi Katz. Die Gemeinde Gauting bot ein einwöchiges Programm für die israelischen Gäste. Die Kosten wurden geteilt: Flug und Unterkunft übernahmen die Israelis, das umfangreiche Besuchsprogramm bezahlte die Gemeinde Gauting. Das Besuchsprogramm war nicht ohne Tücken. Beim Besuch des ehemaligen Rüstungsbunkers bei Landsberg, der von der Bundeswehr genutzt wird, fand eine strenge Einlasskontrolle statt, bei der die Papiere der Besucher geprüft werden mussten. Sicherheitstechnisch eine notwendige Maßnahme, doch für Überlebende des Holocaust, die zudem selbst als Zwangsarbeiter an dem Bau des Rüstungsbunkers beteiligt waren, auch befremdlich. Doch es gab auch außergewöhnlich glückliche Zufälle. Bei einem Mittagessen in einer großen Gaststätte in Bad Tölz fragte die Wirtin, wer denn die Gäste seien. Als sie erfuhr, dass es Überlebende des Todesmarschs seien, zeigte sie eine Häftlingsuniform. Bei Kriegsende war ein Häftling in ihr Gasthaus geflohen und hatte sich dort versteckt. Um ihn vor dem Zugriff der SS zu schützen, gab ihm die Wirtsfamilie Zivilkleider. Die Häftlingsuniform verblieb bei ihnen und wurde über mehr als 40 Jahre von der Familie aufgehoben.

Das deutsch-israelische Projekt stieß bei Amtsträgern auf ein geteiltes Echo. Während Orte wie Gräfelfing und Grünwald das Vorgehen unterstützten und ihren Beitrag leisteten, indem sie Einladungen zu Brotzeiten und Abendessen aussprachen, gab es ebenso Ablehnung und Kritik. Der Landrat von Bad Tölz teilte belehrend mit, wer einlade, müsse auch bezahlen. Selbst wohlhabende Landkreise wie Starnberg hielten sich finanziell zurück.

Dem ersten Todesmarschdenkmal in Gauting sollten 22 weitere folgen. Geschaffen hatte sie der Bildhauer Hubertus von Pilgrim, finanziert wurden sie durch Gemeinden oder Bürger. Die Reaktion auf die

Idee der Denkmale war zunächst eher verhalten. Dr. Ekkehard Knobloch schrieb 20 Gemeinden an, von denen sich zunächst nur sieben beteiligen wollten. Interessanterweise waren zwei Bürgermeister dabei, einer in Berg und einer in Krailling, die selbst Kriegsgefangene gewesen waren und nicht zuletzt aufgrund der am eigenen Leib erfahrenen Gefangenschaft das Projekt nachdrücklich unterstützten. Aber nicht nur Amtsträger, sondern auch Bürger engagierten sich: In Icking setzte sich beispielsweise der Sportjournalist Harry Valérien (1923–2012) für die Verwirklichung des Mahnmales ein, der Kaufmann Otto-Ernst Holthaus in Grünwald. Es ist das einzige kommunale Denkmal, von dem ein Abguss auch in der israelischen Gedenkstätte Yad Vashem in Jerusalem steht, eine erweiterte Fassung ist im NS-Dokumentationszentrum in München zu sehen.

Bei der Enthüllung des Mahnmals in Gauting 1989 sprachen Zwi Katz und Charlotte Knobloch. In einer aufrüttelnden Rede von Abraham Shuls Tochter Zahava Saarets wurde deutlich, wie wenig von der Geschichte des Todesmarschs bekannt war und wie wichtig eine Begegnung zwischen den Überlebenden, ihren Nachkommen und den Deutschen war. Es war der Beginn eines großen Projektes, das bis heute andauert: Besuche und Gegenbesuche von Überlebenden und Anwohnern der Würmtal-Gemeinden, Engagement für die Errichtung der Mahnmale entlang der Routen des Todesmarschs, steter Austausch in Telefonaten, Briefen, E-Mails … Waren es am Anfang vor allem die Überlebenden, die 1990, 1995 und 2002 kamen, so sind es nun mehr und mehr die Kinder und Enkelkinder, die die Orte des Leidens aufsuchen. Wichtig war für viele Überlebende auch, konkrete Informationen über ihre Haft zu erhalten. Die Leiterin der KZ-Gedenkstätte Dachau, Barbara Distel, stellte diese für die zahlreichen Überlebenden zur Verfügung. Der Journalist Friedrich Schreiber begann im Zusammenhang mit den jährlichen Gedenkfeiern in der KZ-Gedenkstätte Dachau die Organisation eines Gedenkmarsches auf der Route des Todesmarschs, der bis heute jährlich stattfindet.

1990 kam Uri Chanoch erstmals für die Gedenkfeier nach Gauting. Er gehörte wie Zwi Katz, Abba Naor und Solly Ganor der Organisation litauischer überlebender Juden in Israel an und erfuhr auf diese Weise von der Gautinger Initiative. In Israel gründeten sie die Vereinigung der Überlebenden von Landsberg/Kaufering, »The Association of Survivors Landsberg/Kaufering Outer Camps of Dachau«. Uri Chanoch wurde ihr erster Vorsitzender, Zwi Katz der zweite Vorsitzende. Solly Ganor fungierte als Schriftführer, Abba Naor kümmerte sich um

Organisation und Finanzen. Zwi Katz und Max Volpert, der einer der jüngsten Kaufering-Überlebenden ist, bemühten sich insbesondere um die Gedenkarbeit in Kaufering.

Wegen des großen Interesses der Überlebenden beschlossen die Beteiligten, zu den Gedenkfeiern bei runden Gedenktagen nach Bayern zu reisen, was u. a. 1995 und 2000 geschah. Viele Israelis bekundeten zudem Interesse an einer Fahrt nach Berlin, sodass ab 2000 neben Bayern auch Berlin auf dem Programm stand. Die Hotelkosten für die Gäste in Berlin wurden von der Gemeinde Gauting getragen. Mittlerweile war die Verbundenheit so groß geworden, dass die Israelis beschlossen, anlässlich des Abschieds von Ekkehard Knobloch aus dem Bürgermeisteramt im Jahr 2002 auch zu Besuch zu kommen. Auch seine Nachfolgerin im Amt sprach Einladungen zu Besuchen 2005 und 2008 aus. Darüber hinaus setzte sie die Idee des Überlebenden Abba Naor und ihres Vorgängers tatkräftig um, einen Schüleraustausch zwischen dem Brenner-Gymnasium in Naan (bei Rehovot) und dem Otto-von-Taube-Gymnasium Gauting einzurichten und nahm sogar selbst an einigen Fahrten nach Israel teil.Mittlerweile sind insgesamt rund 700 bis 800 Israelis Gäste der Gemeinde Gauting gewesen.

Retrospektiv scheint dies alles einfach und folgerichtig. Doch man muss sich ins Gedächtnis rufen, wie schwer der Weg der Erinnerung in Bayern war. Viele Jahre wurden darauf verwendet, alle Überreste zu tilgen und alle Erinnerungen zu löschen. Noch 1986 lehnte die CSU-Landtagsfraktion den Antrag zweier SPD-Abgeordneter ab, die »durch geeignete Maßnahmen« an sämtliche Außenlager von Dachau und Flossenbürg erinnern wollten, weil sonst der Eindruck entstehe, »als wäre ganz Bayern, ja gerade Bayern und nur Bayern ein einziges KZ-Lager gewesen«.[53] Es sollte bis 1995 dauern, dass erstmals ein bayerischer Ministerpräsident, Dr. Edmund Stoiber, die seit 1965 bestehende KZ-Gedenkstätte Dachau besuchte. Dem Besuch Stoibers folgte eine Einladung für die Überlebenden in die Münchner Residenz zu einem Empfang.

Es waren gerade die persönlichen Begegnungen zwischen Israelis und Deutschen, die weitere Schritte ermöglichten: Die Firma Leonhard Moll AG trat im Jahr 2000 als erste Baufirma der deutschen Stiftungsin-

[53] Edith Raim: Gescheiterte Gedenkinitiativen. Die Beispiele Kaufering und Landsberg, in: Bettina Bannasch/Hans-Joachim Hahn (Hrsg.): Darstellen, Vermitteln, Aneignen. Gegenwärtige Reflexionen des Holocaust, Göttingen 2018, S. 415–432, hier S. 424.

itiative »Erinnerung, Verantwortung, Zukunft« bei. Uri Chanoch lobte in einem Brief diesen Beitritt als »Akt guten Willens, die Verantwortung zu übernehmen und sich mit der Vergangenheit auseinanderzusetzen, was wir zu schätzen wissen.«[54] Es entstanden persönliche Freundschaften zwischen Überlebenden und Deutschen.

Die Gautinger Initiative trat eine »Lawine« des Erinnerns los: Auf den Busfahrten erzählten die Überlebenden oft detailliert von KZ-Haft und Todesmärschen. Es waren oft die Besuche in Deutschland, die den Auslöser für die Erinnerungen bildeten. Für Kinder und Enkel, die die Überlebenden begleiteten, entstanden in der Folge des Besuchs in Deutschland schriftliche Erinnerungen und Familienchroniken, die durch die Wiederbegegnung mit den Orten des Leidens initiiert wurden. Viele verarbeiteten so ihre Erfahrungen, die sie über viele Jahrzehnte notgedrungen verdrängt hatten. Die Werke dienten der Erinnerung, manchmal auch der Selbstbestätigung: Man hatte Hitler überlebt und besiegt – das galt es festzuhalten für die Nachkommen. Hinzu kamen die Besuche in Schulen und Bildungsstätten: Die Überlebenden sprachen an vielen Schulen in Oberbayern mit Schülerinnen und Schülern. Die intergenerationelle Kommunikation, die dadurch entstand, würde eine eigene Erforschung verdienen. Die Erfahrungen von Solly Ganor, Zev Birger, Zwi Katz, Abba Naor und Yehuda Beilis – um nur einige zu nennen –, die nicht zuletzt aus den Reisen nach Gauting entstanden sind, können wir in ihren Büchern nachlesen. Da ist es nur logisch, dass mit dem vorliegenden Buch endlich auch Uri Chanochs Erinnerungen öffentlich zugänglich sind.

Uns bleibt die Hoffnung, dass sie Teil eines kollektiven Gedächtnisses vor Ort werden, damit nie wieder behauptet werden kann: »Da war nie ein Lager.« Da waren elf Lager und da waren Menschen, die aus ganz Europa verschleppt wurden und unsägliches Leid erfuhren, das Tausende nicht überlebten, und die, die überlebten, trugen das Lager mit sich herum – auf der ganzen Welt, in die sie ihr Lebensweg führte. Aber sie kehrten eines Tages nach Deutschland zurück und sahen, dass neue Generationen bereit waren, sich mit diesem Thema auseinanderzusetzen, zu lernen und Verantwortung zu übernehmen für die Zukunft.

54 Brief Uri Chanoch an Georg Drost, 20.3.2000.

Danksagung des Herausgebers

Uri Chanochs Erinnerungen »Von Kowno und Dachau zu einem neuen Leben«, auf Hebräisch geschrieben, wurden in Zusammenarbeit mit der Gedenkstätte der Märtyrer und Helden des Staates Israel im Holocaust Yad Vashem ins Englische übersetzt und 2020 veröffentlicht. Wir bedanken uns bei den Verantwortlichen von Yad Vashem für die Genehmigung, auf der Grundlage der englischen Ausgabe eine deutsche Übersetzung herauszubringen. Für die Übersetzung ins Deutsche konnte Sabine Zaplin gewonnen werden, der wir für ihre Arbeit herzlich danken.

Viele haben dazu beigetragen, dass dieses Buch, das ein wichtiger Beitrag zur Erinnerungskultur ist, zugleich auch ein Andenken an die Opfer und die Leiden der Überlebenden im Dachauer KZ-Außenlager Kaufering und nicht zuletzt ein Zeitzeugnis vom Aufbau des Staates Israel, auf Deutsch herauskommen konnte. Der Bund Widerstand und Verfolgung in Bayern e. V. bedankt sich herzlich bei den Initiatoren und großzügigen Unterstützern aus dem deutschen Freundeskreis um Uri Chanoch, der Stiftung Bayerische Gedenkstätten, der Familie Chanoch sowie der Conference on Jewish Material Claims Against Germany.

PD Dr. Edith Raim hat die Übersetzung ab der Schilderung der Geschehnisse im Konzentrationslager Dachau und dem Außenlager Kaufering durchgesehen und aus historischer Sicht geprüft. Außerdem hat sie unter Einbeziehung der Erinnerungen von Dr. Ekkehard Knobloch, Altbürgermeister der Gemeinde Gauting und Initiator der Todesmarschmahnmale, ein Nachwort verfasst.

Wir danken Prof. Dr. Ernst Piper für die Aufnahme des Bandes in die »Lebenszeugnisse« in der von ihm herausgegebenen Reihe »Beiträge zur Geschichtswissenschaft« sowie dem Verleger des Allitera Verlages Alexander Strathern und der Lektorin Dietlind Pedarnig für die stets angenehme Zusammenarbeit.

Robert Hagen,
Geschäftsführer Bund Widerstand und Verfolgung (BWV-Bayern) e. V.,
München, im Sommer 2021

Epilog – dem Buch zum Geleit

Zeitzeugen bilden eine der Säulen in der Arbeit der Stiftung Denkmal für die ermordeten Juden Europas. Die Stiftung betreut das sogenannte Holocaust-Mahnmal mit dem Ort der Information sowie die Denkmäler für die im Nationalsozialismus verfolgten Homosexuellen, für die ermordeten Sinti und Roma Europas und den Gedenk- und Informationsort für die Opfer der nationalsozialistischen »Euthanasie«-Morde. Unsere Einrichtung hat den Auftrag, dazu beizutragen, die Erinnerung an alle Opfer des Nationalsozialismus und ihre Würdigung in geeigneter Weise sicherzustellen. Zwischen 2007 und 2014 führten wir über 70 Videointerviews mit Überlebenden des Holocaust durch. Auf diese Weise hinterließen sie nachfolgenden Generationen ein Archiv, das vom Bedürfnis nach Weitergabe ihrer Erinnerungen geprägt ist und für das sie sich einer schwierigen Aufgabe gestellt haben: *Sprechen trotz allem*. Unter ihnen war Uri Chanoch, der am 19. Mai 2012 im israelischen Kfar Shemaryahu bei Tel Aviv fast viereinhalb Stunden Auskunft gab.

Neben lebensgeschichtlichen Interviews nehmen Gespräche mit Zeitzeugen einen gewichtigen Platz unserer Arbeit ein: Am 22. Januar 2015 sprach Uri Chanoch in Berlin in der Neuen Synagoge vor einem großen Publikum. Am Tag darauf traf er sich mit Schülerinnen und Schülern verschiedener Berliner Gymnasien im Ort der Information des Denkmals für die ermordeten Juden Europas. Er berichtete aus seinem Leben und stellte sich den Fragen der 15- bis 16-Jährigen. Mit einem Appell für Offenheit und Solidarität schloss Uri Chanoch das zweistündige Gespräch und erinnerte daran, dass es seine Aufgabe sei, die neue, junge Generation an seiner Geschichte teilhaben zu lassen: »Es ist meine Pflicht zu erinnern. Seid neugierig! Seid offen und wach! Ob man antimuslimisch ist oder antijüdisch, das ist das Gleiche. Anti darf man nicht sein.« Chanoch berichtete als authentischer Vermittler der Vergangenheit in vielen Schulklassen und leistete so über Jahre wertvolle Erinnerungsarbeit. Das Zeitzeugengespräch mit ihm ist mir ganz besonders in Erinnerung geblieben. Es berührte mich, wie sehr dieses Treffen Eindruck bei den Jugendlichen hinterließ. Einer der Schüler fasste die Begegnung im Ort der Information hinterher mit den Worten zusammen: »Was Sie uns erzählt haben, hat mich aufgeweckt. Ich habe verstanden, dass wir – unsere Generation – aktiv werden muss. Wir müssen uns erinnern. Das ist unsere Aufgabe!«

Uri Chanoch, 22. Januar 2015 im Stelenfeld des Holocaust-Denkmals in Berlin
© Stiftung Denkmal für die ermordeten Juden Europas, Foto Marko Priske

Diese Worte kommen mir immer wieder ins Gedächtnis, wenn ich dieses Porträt von Uri Chanochs sehe, das direkt nach der Schülerbegegnung im Stelenfeld des Holocaust-Denkmals entstand.

Uwe Neumärker
Direktor der Stiftung Denkmal für die ermordeten Juden Europas,
Berlin, im Frühjahr 2021

Acknowledgement of the Chanoch family

Our heartfelt thanks and gratitude to our dear friends, who's generosity, hard work and devotion enabled the German edition of the book:

Sabine Zaplin
Dr. Edith Raim
Dr. Ekkehard and Gabriele Knobloch
Robert Hagen
Otto Ernst Holthaus
Dr. Hans Moll and Franz Moll
Georg and Eva Drost

and to all of the other wonderful people who helped with the publication of this book.

Special thanks go to Dr. Karl Freller, Chairman of the Bavarian State »Stiftung Bayerische Gedenkstätten«, Munich, Dr. Helmut Ritzer, chairman of the association »Bund Widerstand und Verfolgung, Bayern e.V.« and Uwe Neumärker, Director of the »Stiftung Denkmal für die ermordeten Juden Europas«.

The Chanoch Family,
Israel, 2021

Danksagung der Familie Chanoch

Wir möchten aus ganzem Herzen unseren lieben Freunden unseren Dank und unsere Hochachtung aussprechen. Ihre Großzügigkeit, engagierte Arbeit und Hingabe hat die deutsche Herausgabe dieses Buches überhaupt erst ermöglicht:

Sabine Zaplin
Dr. Edith Raim
Dr. Ekkehard und Gabi Knobloch
Robert Hagen
Otto Ernst Holthaus
Dr. Hans Moll and Franz Moll
Georg und Eva Drost

und all die anderen wunderbaren Menschen, die mitgeholfen haben, dieses Buch herauszugeben.

Ein besonderer Dank gilt Dr. Karl Freller, Vorsitzender der »Stiftung Bayerische Gedenkstätten«, München, Dr. Helmut Ritzer, Vorsitzender des Vereins »Bund Widerstand und Verfolgung, Bayern e. V.« sowie Uwe Neumärker, Direktor der Stiftung »Denkmal für die ermordeten Juden Europas«.

Familie Chanoch,
Israel, 2021